"十二五"普通高等教育本科国家级规划教材

U0864911

学校体育学

Xuexiao Tiyu Xue

沈建华　陈　融　主编

高等教育出版社·北京

内容提要

本书是高等学校体育教育专业主干课教材。全书共十二章，内容包括学校体育发展概况、学校体育的地位、功能、目标、体育教学过程、体育教学内容、体育教学方法、体育课教学的组织与管理、体育教学设计、体育课的备课与说课、体育教学评价、学校体育管理、课外体育活动、体育教师等。

本书可作为全国体育院校、师范院校体育专业本、专科学生的通用教材，也可作为体育专业硕士研究生、广大体育教师和学校体育管理部门的参考书。

图书在版编目（CIP）数据

学校体育学/沈建华，陈融主编．—北京：高等教育出版社，2010.7(2024.5 重印)

ISBN 978-7-04-029732-4

Ⅰ.①学… Ⅱ.①沈…②陈… Ⅲ.①学校体育-高等学校-教材 Ⅳ.①G807

中国版本图书馆 CIP 数据核字（2010）第 091408 号

策划编辑 范 峰　责任编辑 王 玲　封面设计 刘晓翔　责任绘图 尹 莉
版式设计 张 岚　责任校对 杨雪莲　责任印制 朱 琦

出版发行 高等教育出版社
社 址 北京市西城区德外大街 4 号
邮政编码 100120
印 刷 唐山市润丰印务有限公司
开 本 787×960 1/16
印 张 18.5
字 数 310 000
购书热线 010-58581118
咨询电话 400-810-0598
网 址 http://www.hep.edu.cn
http://www.hep.com.cn
网上订购 http://www.landraco.com
http://www.landraco.com.cn
版 次 2010 年 7 月第 1 版
印 次 2024 年 5 月第 18 次印刷
定 价 35.80 元

物 料 号 29732-00

编　委　会

主编：沈建华　陈　融

编委会成员（按姓氏笔画排序）：

王　健（华中师范大学　教授）

汤卫东（南京师范大学　教授）

张志勇（山东师范大学　教授）

沈建华（上海师范大学　教授）

陈　融（福建师范大学　教授）

陈玉忠（上海体育学院　副教授）

崔颖波（华南师范大学　教授）

曹可强（上海师范大学　教授）

韩会君（广州体育学院　教授）

前 言

学校体育学是高等学校体育教育专业的一门主干课程，直接为体育教育专业学生日后从教奠定基础。近年来，学校体育工作者对教材建设倾注了许多的精力，进行了深入探究，已有数种版本的学校体育学教材相继问世，这对我国学校体育实践具有重要的指导意义。本书以素质教育为指导思想，以培养实用型人才的目标为依据，以科学性、实用性、教育性、师范性为编写基本原则，视角独特，力图突破以往教材多从学科内容体系来构建学校体育学框架的局限，凸显实践能力的培养在学校体育学内容体系中的地位，在章节构成、作业题、示例等方面均体现了应用性的特点。

本书由沈建华教授、陈融教授任主编，第一章、第二章由华南师范大学体育科学学院崔颖波博士、教授编写，第三章、第四章由广州体育学院韩会君博士、教授编写，第五章由山东师范大学体育学院张志勇教授编写，第六章第一节至第六节由福建师范大学体育学院陈融博士、教授编写，第七节由上海师范大学体育学院沈建华博士、教授编写，第七章由上海师范大学体育学院曹可强博士、教授编写；第八章由上海师范大学体育学院沈建华博士、教授编写，第九章由华中师范大学体育学院王健博士、教授编写，第十二章由南京师范大学体育学院汤卫东博士、教授编写，第十章由福建师范大学体育学院陈融博士、教授编写，第十一章由上海体育学院陈玉忠博士、副教授编写。

全书最后由沈建华教授和陈融教授统稿。本书在编写过程中参阅了兄弟院校的相关资料，也引用了其他同志的一些研究成果，同时还得到了高等教育出版社文科出版中心体育分社的关心与指导，以及上海师范大学重点学科的支持，在此一并致谢。

由于编者水平有限，加之时间匆促，书中难免有不足之处，恳请同行及广大读者批评指正。

编 者

2010 年 3 月

目　录

第一章　学校体育发展概况

本章提要：　本章梳理了近现代学校体育的发展历程，剖析“身体教育”、“通过运动进行的教育”、“运动教育”的含义及其影响。介绍了我国学校体育发展的轨迹。

第一节 世界学校体育的发展概况

具有国民普通教育的性质，把体育作为教育一部分的历史，可以追溯到公元前7世纪的古希腊城邦时期。

在公元前7世纪的古希腊城邦时期，自由公民的主要任务是作战和祭神，以及平时为此而做的准备。他们通过同其他民族或种族之间的战争夺取殖民地和奴隶，掠夺殖民地的劳动成果，并把一切劳动转嫁给奴隶，从而享受富裕和闲暇，专注于作战和祭神，以及为此而做的准备。

在作战的准备和祭神中，当时的希腊人发展了体操和音乐。为了城邦的存续和发展，他们建立了由体操和音乐组成的教育制度。在角力学校里，以立定跳远、铁饼、短跑、标枪、摔跤等为主教授体操；在音乐学校里，以合唱、器乐、舞蹈以及包括文法、初级读写算等为主教授音乐。

在古希腊，由体操和音乐组成的这种教育只限于自由公民，从事生产的奴隶被拒之门外。但是，这种教育已经具有囊括各种身份的公民在内的国民教育的性质。

随着时代的发展，希腊人不仅从国家和军事的目的，而且从伦理道德和审美的目的出发，实施体操和音乐的教育。体操的教育旨在发展匀称的体格，增进健康和增强体力，培养果断坚定的意志品质，发展性格，发展美的身姿与美的心灵。音乐的教育把韵律与和谐注入人的灵魂，使人乐于抑恶求善，最终造就既美且善的人性。因此，不能重体操而轻音乐，否则，性格将会变得粗野凶残。反之，也不能重音乐而轻体操，否则，性格将会变得温顺柔弱。只有使体操和音乐获得适度的平衡，才能培养圆满的人格。

然而，到了希腊文明时代，体操同音乐一道衰弱了。因为当时的教育被上层阶级所垄断，他们在个人主义和自由主义风潮高涨的情况下，对国家的关心淡薄，为了丰富的精神生活，为了行乐消遣而去追求“百科全书式的教养”。

世界各国普遍开始重视学校体育，则是在近代。至今，近现代学校体育已经有200多年的历史。从学校体育的目标看，近现代世界学校体育的发展经历了“身体教育”、“通过运动进行的教育”和“运动教育”三个阶段。这三个阶段也称“体操科”、“体育科”和“运动科”时代。

一、“身体教育”阶段

17至18世纪，工商业得到了发展，近代产业逐渐普及于农村，家庭工业发展起来了。在这种情况下，顺应自然、全面发展人的能力，以培养能够满足生活一切需要的自立自为的人，这一顺应自然的教育学学派，使身体锻炼重新受到了重视。

夸美纽斯(1592—1670)认为，身体要免于疾病和死亡，就得尽量注意身体锻炼，以使健全的精神寓于健全的身体。他提出了养生之道的若干原则，即：有规律、有节制地生活，尤其是适度的饮食、运动，以及必要的睡眠与休息。

洛克(1632—1704)认为，健全的精神寓于健全的身体。健康是人类工作与幸福必不可少的。因此，锻炼健壮的体魄是教育的主要任务。他对锻炼身体发表了自己的见解：无论冬夏，儿童的衣服不宜过暖；每天用冷水洗脚，洗冷水浴，游泳；饮食应清淡、简单，等等。

卢梭(1712—1778)继承洛克的思想，奠定了近代身体训练说的基础。培养“自然人”是卢梭的教育目标。他认为，强健的体魄是“自然人”不可缺少的素质。同时，身体是意志及精神陶冶的基础。身体愈壮，精神也就愈强，锻炼身体是巩固人的更高级能力的基础。因此，他强调身体锻炼。在锻炼儿童身体的方法上，卢梭提出，要严格锻炼，当孩子开始学步时，要让他自由地走、跳，以锻炼身体。为了适应当时逐渐发展起来的工业化、技术化的需要，卢梭还强调发展动作技能，使人的每一种感官都各尽其能，以便能够合理地处理事物。

卢梭身体训练的思想由巴泽多(1724—1790)继承，并在泛爱派中间产生了近代体操的理论及体系。巴泽多认为，教育的主要目的在于使儿童为公益的、爱国的幸福生活做准备。因此，儿童从小就要锻炼身体，要培养克服各种困难的习惯。同时，要学会登山、爬绳、投球、走独木桥、游泳、划船、掌舵、骑马、射击等各种有用的运动技能。1774 年，巴泽多在德绍创办的泛爱学校中实现了这个想法。在那里，除了教授舞蹈、击剑、骑马外，还增添了希腊体操、沙坑跳远、悬球跳高、平衡术、爬梯等体操练习。

巴泽多的泛爱学校虽然并未持续多长时间，但此后在各地创办了许多效仿这一做法的学校。1784 年，曾在巴泽多的泛爱学校担任宗教课教师的萨尔兹曼创办了吉尼本多尔泛爱学校。在那里，顺应自然的教育在理论上和实践上都获得了长足的发展。萨尔兹曼继承巴泽多的精神，强调从实用的观点，尤其是从节省费用的观点实施身体技能的教育。1785 年，安德烈(1763—1821)成为吉尼本多尔泛爱学校的体操教师，负责学生的身体锻炼。在他的指导下，每天 11 时左右，学生便走出教室到附近山冈的树阴下上体操课，这里也同德绍的泛爱学校一样，进行沙坑跳远、悬球跳高、平衡术等体操练习。除此之外，还增设了投靶、跳绳、爬杆等练习。雨天，则是在室内照常进行各种体操练习。

1786年，古茨穆斯(1759—1839)继承了安德烈的工作，经历50年的研究，完成了此后被称为体操的体系。在德绍和吉尼本多尔的泛爱学校，安德烈创造了各式各样的体操练习。古茨穆斯对此作了进一步的修正，并在此基础上，追加了如爬绳梯、爬钢索、引体向上、投铁饼、摔跤等体操练习。古茨穆茨的主要功绩有两个：第一个是研究各种体操练习，并配置相应的必要器具；第二个是系统地阐述已经发展了的体操理论与方法。他在《少年体操》一书中，论述了身体训练和体操的意义、重要性、目的、效果等，并对各种体操练习作了翔实的说明。

由古茨穆斯发展起来的近代体操，在19世纪初，通过费里德里希·路德维格·杨(1778—1852)结合当时的民族主义、爱国主义浪潮，很快在全德国乃至全球普及。当时的普鲁士败于耶拿战争，在拿破仑的铁蹄下呻吟。唤起国民的民族意识，团结一致，使德意志民族获得解放，是他的心愿。杨把成功之道寄托于体操，借助于体操，恢复其对人性的陶冶，唤起爱国心和国防意识，锻炼出能够从压迫者手中夺回自由的强健的体魄。为此，杨让他的学生在课后集中去野外进行游戏、运动、远足等各种练习。雨天时，在室内仍然执行他的课外活动计划。在野外的山冈上，备有木马、双杠等，在那里，杨建造了德国第一个体操场。在杨所指导的体操练习中，穿插了丰富的爱国歌曲和爱国故事。在杨的体操场上，设有固定的教学程序，强调活动的自由与个人的创造。顺应自然，也是他的体操精神。杨认为，体操使每个人的自然能力有得以成长发展的机会，要让每个人选择各自喜欢的体操练习。在1814—1818年的自由解放战争期间，在席卷德国的爱国热潮的刺激下，杨的体操得以迅猛的普及。

杨的体操不是学校的一门正规课程，而是在课外实施的。在德国，把体操列入学校正规课程的一部分，并获得社会承认的是斯皮斯(1810—1858)。斯皮斯最重要的贡献是根据男女性别与年龄造成的能力差异，选择和排列适当的体操练习，并把体操列为所有年级的必修课。他设计了不使用任何器械的“徒手体操”。1852年，斯皮斯创建了德国最早的近代室内体操馆。他建议所有学校都应附设体操场，以便在任何时候都能够开展体操练习。

在德国，古茨穆斯曾试图将体操理论及其实践同生理学、解剖学理论挂起钩来。不过，在体操与解剖学、生理学的结合上做得更好的则是在瑞典。在古茨穆斯的理论影响下，瑞典的佩尔·亨里克·林(1776—1839)对人体做了大量的科学研究，并以此为基础创立了瑞典体操。林认为，体操理论应是符合人体生理规律的身体运动的科学，而身体运动的目的必须使身体各部分得到均衡、协调的发展。既适于体格强健者，又适于体格弱者，与其说对集体，毋宁说对个人更为适用，这就是林的瑞典体操的特点。

进入19世纪后，出于军事目的的需要，一些国家开始重视身体锻炼，并把体操作为学校的一门课程。1805年，丹麦政府指令中学开设体操课。1814年，丹麦政府又颁布训令，把体操课列为普通教育的内容。与此同时，还明确规定了小学体育教师的录用和运动场地设备的要求。1820年，瑞典政府颁布了在男子中学实施体操的法令。其后，所有的公立学校都陆续施行了体操。在德国，普鲁士内阁于1842年下令规定：体操是男子教育的组成部分。两年后，体操被作为文科中学、市立高等学校和师范学校男生的选修科目。1860年，普鲁士当局规定，所有小学男生一律开设选修的体操课；两年以后，又把体操定为必修科目。1865年，普鲁士当局又规定，所有的新式中学必须开设体操课。至1890年，几乎所有的高等学校都把体操列为必修课。1894年，还规定了体操为女子学校的必修课。在日本，将体操列入学校教育的内容，是在明治维新后的1872年。1913年，文部省公布了《学校体操教授细目》，对各类学校的教材内容、教材分配、课外活动以及注意事项等都作了具体规定。

英、美两国把体育作为学校的一门课程的历史相对较短。1885年，英国政府规定，体育为小学必修科目。对于中学必修体育，直至20世纪30年代才有了统一的规定。在美国，联邦政府没有统管全国学校体育的部门，各学校的体育事宜由所在的州管理。直到20世纪初，美国的各级公立学校才逐渐把体育列为正式课程。

欧洲大陆一些国家以及日本等国把体操作为学校的一门课程，而英、美两国则把体育作为学校的一门课程。之所以会出现这种情况，一方面是因为目的不同，英、美两国把体育作为学校的一门课程，是出于“三育”（德、智、体）教育的需要，而不是像德、日等国那样，出于军事目的的需要；另一方面是因为体育的成分不同，英、美两国的体育，是以户外运动、游戏，以及在此基础上发展起来的竞技运动为主，而德、日等国的体育是以体操为主。

近代由于英、美两国把体育作为学校的一门课程较晚，所以近代学校体育主要是在欧洲大陆一些国家以及日本等国展开的。重视身体锻炼是近代学校体育的主流，而且体育学科的名称以体操为主。因此，近代世界学校体育的发展处于“身体教育”阶段，也称“体操科”时代。

二、“通过运动进行的教育”阶段

18世纪后半叶，当欧洲大陆国家热衷于德国体操和瑞典体操的时候，英国则盛行狩猎、钓鱼、骑马、射箭、旅行、登山、划船、滑冰、投石、地滚球、羽毛球、板球、高尔夫球、曲棍球、橄榄球、足球等传统的户外运动和游戏。这些户外运动和游戏，有的是英国固有的，有的则是早些时候从欧洲大陆传过去的。球类、田径、水上项目等竞技运动是在这个基础上发展起来的。

早在独立战争之前，英国盛行的户外运动和游戏就已经在美国流行。19世纪中叶，德国体操、瑞典体操也开始在美国传播、盛行。不过，在体操与户外运动和游戏之间，美国人更加偏爱后者。在美国的户外运动和游戏中，首先发展起来的是棒球。1840年，美国就已经出现了业余棒球组织和比赛。至19世纪末，棒球已成为美国最风行的运动，有着“国技”之称。1860年以后，板球、地滚球、曲棍球、滑冰、游泳、田径、网球、高尔夫球等也都得到了广泛的开展。1891年，美国人发明了篮球；1895年，排球也在美国诞生了。

英美两国的户外运动、游戏和竞技运动，不同于德国和瑞典两国的体操。体操是“非自然”的，或“人工设计”的体育，而户外运动、游戏则是符合人的本性的“自然”的体育。

18世纪60年代，当时资本主义最发达的英国发起产业革命。至19世纪30年代末，产业革命在英国基本完成。美、法、德、日等国也在19世纪内先后完成了产业革命。产业革命促进了户外运动和游戏，以及在此基础上发展起来的现代竞技运动的发展。一方面，社会化的机器大生产，使人们在紧张的劳动之余对户外运动、游戏、竞技运动的需求增大；另一方面，生产力的提高，又为人们提供了更多的余暇以从事户外运动、游戏和竞技运动。

英、美两国盛行户外运动、游戏和竞技运动，除了得益于产业革命外，还与其资本主义自由竞争的经济社会运行规则有着密切的关系。借助于对外扩张，竞技运动很快在全球得到了普及。

由于把体育作为学校的一门课程的目的和盛行的体育不同，所以美国的学校体育从一开始就与欧洲大陆国家以及日本等国的学校体育有着明显的区别。美国的学校体育注重身心健全发展，把运动(身体活动)看作是体育的手段，通过运动，促进身心健全发展。由于注重身心健全发展，所以在手段的选择上，以竞技运动、游戏等美国社会上盛行的“自然”的体育为主。美国的这种注重身心健全发展的学校体育与欧洲大陆国家以及日本等国的注重身体锻炼的学校体育，即“身体教育”有着明显的区别。为了区别这两种不同的学校体育，就把美国这种注重身心健全发展的学校体育，称作“通过运动进行的教育”。

“通过运动进行的教育”与“身体教育”的区别主要有两点：一是在身心（身体和精神）两方面的发展上，“通过运动进行的教育”注重身心健全发展（但这并不意味着轻视身体），而“身体教育”则是注重身体发展；二是在内容，即体育手段的选择上，“通过运动进行的教育”以竞技运动为主，而“身体教育”则以体操为主。

19 世纪末 20 世纪初，实用主义教育在美国兴起，其代表人物杜威（1859—1952）所提出的“教育即生活”、“学校即社会”、“从做中学”等观点，在世界范围内得到了普遍认同。借助于实用主义教育的影响，“通过运动进行的教育”也在世界范围内得到了普遍认同，逐渐取代“身体教育”。第一次世界大战后，世界学校体育的发展由“身体教育”阶段进入“通过运动进行的教育”阶段。至 20 世纪 60 年代末，“通过运动进行的教育”是这一时期世界学校体育的主流。由于这一时期体育学科的名称都已称作“体育科”，所以“通过运动进行的教育”阶段也称“体育科”时代。

三、“运动教育”的趋势

20 世纪 60、70 年代，欧美一些国家以及日本等发达国家开始关注经济社会发展引发的余暇和健康问题。为解决余暇和健康问题，这些国家纷纷出台政策，致力于发展社会体育。这一时期兴起的终身教育，为如何发展社会体育提供了新的思路，这就是：发展终身体育。

在发展终身体育前，学校体育与社会体育是两个独立的系统，彼此之间并无关联。但是，发展终身体育后，这种情况就改变了。发展终身体育，就可以把学校体育纳入到终身体育的体系中来，使以往并无关联的学校体育与社会体育有机地衔接起来，有利于社会体育的发展。发展终身体育后，学校体育不再仅仅是教育的一部分，而是既是教育的一部分，也是终身体育的一部分。

为了适应终身体育发展的需要，世界各国从这一时期开始修订体育教学大纲（体育课程标准）。在体育学科的目标中，增加了“培养终身体育能力”的内容。这样，学校体育的目标就由过去的“促进身心健全发展”，变成了“促进身心健全发展”和“培养终身体育能力”。这一变化，与过去的学校体育，即“通过运动进行的教育”就有了极大的区别。为了区别两者，就把注重“促进身心健全发展”和“培养终身体育能力”的学校体育，称作“运动教育”。

“运动教育”取代“通过运动进行的教育”后，以往作为手段的运动，不再仅仅是手段，而是既是手段，也是目的和内容。但在内容上，并没有发生变化，仍以竞技运动为主。在“培养终身体育能力”的方面，开始重视体验运动的乐趣，培养喜爱运动的习惯。这也是学校体育由“通过运动进行的教育”阶段进入“运动教育”阶段后所发生的变化。

为了区别这两个阶段的学校体育，有些国家还把体育学科由“体育科”改称“运动科”。如 1970 年前后，前东德和前西德把高中体育学科的名称由“体育科”改为“运动科”。

第二节　我国学校体育的发展概况

一、近代我国学校体育的发展概况

在奴隶社会我国就有了文武合一的教育，如西周时期的“六艺”即礼（礼仪）、乐（音乐）、射（射箭）、御（驾车）、书（识字）、数（计算），但不论是在教育的性质上，还是在教育的目的和内容上，都与古希腊城邦时期以及近现代学校体育相距甚远。

1840 年鸦片战争后，洋务派在洋务运动中，开始创办西方式的新式学堂，包括军事学堂。在这些学堂中，把体操作为一门课程，内容以瑞典式、德国式、日本式的普通体操和兵式体操为主。虽然洋务派办的西方式新式学堂极少，但对近代我国学校体育的发展以及西方体育在我国的传播起到了不可忽视的作用。与此同时，美国等国的各教派在我国创办了不少教会学校。这些教会学校对我国学校体育的发展也产生了很大影响。这些教会学校虽然没有开设正式的体育课，但十分注重课外体育活动，开展球类、田径等竞技运动。

甲午战争后，洋务运动失败，继起的是改良主义的维新运动。以康有为、梁启超、严复等为代表的维新派积极提倡西学。他们认为，各级各类学校都应重视学生身体的发育与健康，强调体育在学校教育中的地位和作用。这些主张对我国学校体育的发展产生了深远的影响。

1903 年，清政府拟定了《奏定学堂章程》，规定各级学堂都设体操科，主要内容为德国、日本的普通体操和兵式体操，小学堂每周 3 学时，中学堂（初中）每周2学时，高等学堂（高中）每周3学时。这一新学制的执行，在结束了我国学校教育中没有体育的历史的同时，也使近代学校体育得到普遍实施。但是，由于新学制基本上是仿效日本的学制，因而受到军国主义教育的影响，课程内容以兵式体操为主。

1912年，民国成立，取消了清政府“忠君”、“尊孔”的教育宗旨。受欧美“三育”教育的影响，提出了“德、智、体、美四育平均发展”。但是，学校体育并无根本改变，仍沿袭清末的军国民教育，以兵式体操为主。不过，由于受教会学校和基督教青年会的影响，许多学校则在课外开展球类、田径等竞技运动。

在爱国运动和“五四”新文化运动的冲击下，《壬戌学制》于1922年出台。《壬戌学制》是受美国实用主义教育的影响，参照美国“六三三”的形式，并结合我国的实际情况制定的。它的出台，标志着军国主义教育在我国的没落。

1923年，《新学制学科标准》公布，正式把“体操科”改为“体育科”。教学内容也由以兵式体操为主，改为游戏、竞技运动和普通体操等综合教材。“体操科”改为“体育科”，标志着我国学校体育进入新的发展阶段。

1936年，国民党政府教育部又编写出版了中、小学体育教授细目。1940年，制定并公布了《各级学校体育实施方案》。这是我国近代史上第一个比较全面的学校体育实施方案。与此同时，聘请了国内外专家，编写了各种体育教材和教学参考书。这些举措，对我国近代学校体育的发展起到了积极的作用。

在近代，我国的学校体育先后受到德国、日本的军国主义体育、美国的自然主义体育的影响。这两种不同的体育，对促进我国近代学校体育的发展起到了积极的作用。

二、新中国成立后我国学校体育的发展概况

（一）改革开放前我国学校体育的发展概况

1949年中华人民共和国成立后，党和政府就非常重视学校体育。1950年6月，针对当时广大学生健康状况不良的严重情况，毛泽东做出了“健康第一”的指示。1951年8月，政务院发出了《关于改善各级学校学生健康状况的决定》，对于扭转忽视学生健康，忽视学校体育的旧观念起到了重要作用。1953年，毛泽东发出了“身体好，学习好，工作好”的三好号召。

1952年,国家教育委员会(以下简称国家教委)和中央人民政府体育运动委员会联合颁布了《学校体育暂行规定》,其中明确指出我国学校体育的基本目标是:促进学生身心发展,增强体质,并对学生进行道德品质的教育,使他们很好地完成学习任务,从事社会主义建设和保卫祖国。从而使我国学校体育有了明确的目标。国家教委在1952年出台的《各级各类学校教育计划》中正式规定:从小学到大学二年级,体育课为必修课,每周2学时。为了提高体育教学质量,国家教委在1953年组织翻译了苏联的体育教学大纲。1956年,国家教委又在此基础上编订并颁发了新中国第一部中小学体育教学大纲。这部体育教学大纲规定:体育的目的是培养学生成为全面发展的社会主义建设者和保卫者,提出了全面性、实用性、科学性、健康性的基本原则。从此,全国中小学体育教学有了统一的内容和要求。

通过学习苏联的《劳卫制》,并结合当时的实际情况,于1951年制定和实行了《体育锻炼标准》。1954年,又在此基础上制定并公布了《准备劳动与卫国体育制度》。该制度旨在训练人民参加社会主义劳动与保卫祖国。它的实施,对宣传我国体育的目的意义,激发学生有组织、有计划地参加体育锻炼,增进健康,提高学习效率,以及推动当时的体育教学改革等都起了积极的作用。

但是,新中国成立初期,在学习苏联的过程中,存在着生搬硬套,结合我国实际不够的问题。在批判旧中国和西方学校体育时,出现了全盘否定的倾向,由此形成了学校体育理论与实践发展的单一模式。

1958年,在"大跃进"的影响下,学校体育也出现了冒进的做法,如大搞"四红"运动,即所有的学生都要达到《劳卫制》一级、二级、三级和普通射手的标准。搞突击,限期通过,违背了体育锻炼的客观规律。在体育教学上,否定了1956年编订的体育教学大纲,破坏了体育教学的科学性、系统性和正常的体育教学秩序。加上这阶段国民经济遭遇三年困难,体育课和课外体育活动被迫减少或停止,学生体质和健康水平普遍下降。

1961年,在总结执行1956年体育教学大纲经验的基础上,人民教育出版社组织编写了中小学体育教材,明确提出从增强学生体质出发的指导思想,增添了武术、篮球等我国人民喜闻乐见、锻炼价值较高的内容,并把教材分为基本教材和选用教材两部分,以适应我国幅员辽阔、地域差异较大的情况。随着国民经济的全面好转,课外体育活动又有了比较广泛的开展,《劳卫制》改为《体育锻炼标准》,在实施的过程中,各地普遍注意了贯彻自愿的原则,防止形式主义,讲求锻炼实效,使学生体质和健康水平有所改善。

1966年至1976年,是"文化大革命"的10年,学校体育遭到空前的浩劫，新中国成立以来所取得的成果和经验被否定，学校体育的组织领导、师资队伍、规章制度、场地器材等都被破坏。在极左思想的影响下，以劳动代替体育，以军训代替体育，学校体育处于大混乱、大倒退的状态。

(二) 改革开放后我国学校体育的发展概况

1978 年 12 月，中共十一届三中全会召开。全会之后，党和政府拨乱反正，实行了一系列改革开放政策，学校体育也进入了一个蓬勃发展的新阶段。1979 年 10 月，教育部和国家体育运动委员会联合下发了《高等学校体育工作暂行规定》(试行草案)和《中小学体育工作暂行规定》(试行草案)。这两个规定对学校体育工作的基本任务、内容和学校体育工作成绩的评定作了详细的规定；对体育教学、课外体育活动、体育场地器材、体育教师等分别提出具体的要求。在经过近十年施行的基础上，1990 年 3 月经国务院批准颁布了《学校体育工作条例》，从而使我国学校体育工作开始真正走上法制化的轨道。

为了适应社会发展和教育、体育事业对学校体育的要求，教育部于 1978 年重新修订并颁布了十年制中小学体育教学大纲和教材。这套大纲和教材在总结以往经验和教训的基础上，着重强调了“必须以增强学生体质为准则”，从而在体育课上增加了“课课练”这一发展身体素质的内容。随着体育教育改革的发展，1987 年在修订十年制中小学体育教学大纲教材的基础上，编写了九年义务教育体育教学大纲。

回顾我国学校体育发展的历程，1987 年出台的这部体育教学大纲对我国学校体育指导思想的改革具有指导作用。在这部体育教学大纲的体育教学基本任务中，小学部分出现了“培养学生对体育的兴趣，养成锻炼身体的习惯和主动性”；初中部分出现了“使学生懂得锻炼身体的基本原理和独立进行科学锻炼的方法，以适应终身锻炼身体和生活娱乐的需要”、“培养学生为祖国而自觉锻炼的社会责任感和献身精神，养成经常参加体育锻炼的兴趣和习惯”的表述。这些表述与国外“运动教育”阶段体育学科目标中有关“培养终身体育能力”的表述是完全一致的。这部体育教学大纲的出台，标志着我国学校体育的发展在 20 世纪 80 年代追赶上了世界学校体育发展的潮流。因此，1987 年是我国学校体育发展过程中的一个分水岭。在此之前，我国的学校体育是围绕着“促进身心健全发展”展开的；从此以后，我国的学校体育是以“促进身心健全发展”和“培养终身体育能力”为主线，把学校体育作为终身体育的基础环节，由重视在校学习期间的效益向重视学校体育的长远效益转变。

20 世纪 90 年代以来，在我国陆续颁布的体育教学大纲或体育健康课程标准中，都是把“促进身心健全发展”和“培养终身体育能力”作为学校体育的目标。也就是说，目前我国的学校体育是围绕着“促进身心健全发展”和“培养终身体育能力”展开的。

进入 21 世纪后，为了适应社会发展，特别是推动素质教育的需要，我国进行了新一轮体育课程改革，颁布了《体育与健康课程标准》。与以往的体育教学大纲相比，《体育与健康课程标准》在课程的名称、指导思想、目标体系、学段划分、内容标准、教学时数、评价方法等许多方面都发生了变化。

2002 年，为了进一步贯彻落实学校体育“健康第一”的指导思想，教育部和国家体育总局联合颁布了《学生体质健康标准(试行方案)》。

思考题

1. “身体教育”的特点是什么?
2. “通过运动进行的教育”的特点是什么?
3. “运动教育”的特点是什么? 对当前学校体育改革有什么启示?

作业题

1. 划分近现代学校体育发展三个阶段的主要依据是什么?
2. 简述“身体教育”、“通过运动进行的教育”、“运动教育”之间的主要区别。

第二章 学校体育的地位、功能、目标

本章提要： 本章阐明了学校体育教育与德育、智育、美育的关系，分析了学校体育对促进社会体育，竞技体育发展的作用。重点介绍了我国学校体育功能和目标，以及实现学校体育目标的基本途径与要求。

第一节 学校体育的地位

学校体育既是教育的一部分，也是体育的一部分。作为教育一部分的学校体育与德育、智育紧密结合，其任务是为社会培养德智体全面发展人才；作为体育一部分的学校体育是社会体育和竞技体育的基础，对社会体育和竞技体育的发展产生深远的影响。

一、学校体育在学校教育中的地位

学校体育是全面发展教育的学校教育的重要组成部分之一，其本身包含着德育、智育等方面的全面教育任务。

学校体育在学校教育中的地位是由学校体育的功能以及社会发展对学校体育的要求所决定的。马克思在《资本论》中写道：未来教育对所有已满一定年龄的儿童来说，就是生产劳动同智育和体育相结合，他不仅是提高社会生产的一种方法，而且是造就全面发展的人的唯一方法。1917 年，毛泽东在《体育之研究》中写道：体育一道，配德育与智育，而德育皆寄予体，无体是无德也。1950 年，毛泽东作出了“健康第一”的指示，1957 年，毛泽东在《关于正确处理人民内部矛盾的问题》一文中，明确指出：我们的教育方针，应该使受教育者在德育、智育、体育几方面都得到发展，成为有社会主义觉悟的有文化的劳动者。这些论述即表明了体育在学校教育中的重要地位，同时也指出体育与德育、智育具有密切的关系。

（一）学校体育与德育

体育属于人类文化的范畴，它本身就是社会精神文明的一个组成部分。奥林匹克精神不仅是体育精神的表现，更是人类对公平、和谐与竞争的经典诠释。学校体育同德育的密切关系首先取决于体育教育教学过程的特殊性。体育教育教学过程是一个在开放环境中实施的，以身体活动为手段，以师生间、学生间多向互动为纽带，以自我超越、竞争、对抗为特征的教育教学活动。这一特殊的教育教学过程对学生的协作、竞争、团队意识等都起到了潜移默化的影响和教育。其次，体育运动是在规则允许范围内的体力和智力的较量。因此，学校体育不仅能够培养学生的集体主义的精神，更有助于培养青少年学生在规则许可范围内的合理、公平的竞争意识。

在体育课的教学中以及课外体育活动中，学生互相接触、共同协作、互相竞争的机会比其他课程多。而且都是实际的活动，学生的思想行为容易显露出来，因此学校体育具有培养学生良好道德品质的较好条件。

学校体育对学生良好道德品质的养成作用具体表现在如下几个方面：第一，学校体育可以培养学生的道德认知与信念，如公平、法律、规则、纪律、尊重、合作、民主、竞争等；第二，学校体育能有效地营造一个特殊的德育环境，使学生的道德信念通过体育活动得到强化，并内化为学生具体的道德行为；第三，学校体育能有效地培养学生的个性意志品质，如勇敢、顽强、对挫折的承受能力、对困难的忍受力等；第四，学校体育还能培育学生的集体主义和爱国主义精神以及责任感和荣誉感。这一切，不仅是学校德育教育的重要内容，也是现代人所必备的重要素质。

学校体育中的德育充分体现了对学生良好德育教育的特点。在体育教学中可以通过制定、执行严格的课堂教学规范影响学生；通过球类、长跑、游戏等不同项目培养学生的协作精神和意志品质等；通过及时果断地处理课堂突发事件培养学生果敢、自信的品质。教育过程中的具体方法可以采用制度要求、榜样示范、奖惩等。

（二）学校体育与智育

智力是指一个人认识客观事物和解决实际问题的能力。由于人在认识客观事物和解决实际问题的时候，总是要通过观察、记忆、想象、思考、判断等心理活动表现出来。因此，心理学上又把人的注意力、观察力、记忆力、想象力和思考力等统称为智力。智力的发展水平受遗传和环境的影响，同时也和学校体育有着密切的关系。

学校体育为智力开发提供良好的物质基础，是一种增强智力的手段。人的智力发展是建立在大脑这个物质基础之上的。研究证明，一个人的智力水平，与其大脑的物质结构和功能状况有密切关系。坚持经常的体育锻炼，能够保证大脑能源物质与氧气的充足供应，促进大脑神经细胞发育，有利于提高分析综合能力，为智力发展创造良好的生理条件。有的科学家认为，测定一个人的脑细胞的反应速度，就可以看出他的思考速度和智力。许多体育活动不仅是体力的活动，同时包括丰富的智力活动，如在做游戏或一场篮球比赛时，在表现良好体力的同时，也表现高度的智力水平。

体育运动不仅能增强人的体质，提高人的组织结构功能，而且能使人的感知能力(空间知觉和时间知觉)、注意力、想象力、思考力及反应能力等智力活动的能力得到全面发展，从而使学生提高学习的效率，最大限度地发挥和完善智力活动能力。体育教学中教师要对学生加强学习目的性的教育，并经常强化、激发其学习热情，同时要改革教学方法，注意培养学生具有广泛的学习兴趣和爱好，克服兴趣的片面性，这样才能有助于学好各门课程，促使全面发展。

此外，人的智力发展不是学校阶段所能完成的，而是要依靠终身努力、不断进取。但学校教育是基础，能否承担长期接受教育的要求，最主要的一环就是身体机能能不能持续到老年而延缓衰老；影响这个问题的虽然有许多因素，但很大程度上与青少年时期能不能正确地进行体育锻炼，实行健康投资有关。

（三）学校体育与美育

列宁说：有健全的身体，才有健全的精神！是说人的精神与身体的不可分割性。同时，我们从“成于中而形于外”的体育美的角度来看，身体美的一个显著的特点是生命美、活力美、能动性美。学校体育是对学生实施美育的有效途径。通过体育活动，可以使学生的身体各部分的骨骼和肌肉都得到均衡、协调的发展，培养学生的形体美、动作美、姿态美、仪态美、心灵美，以及提高学生感受美、鉴赏美、表现美、创造美的能力，充分发挥美的形式对学生身心健康的重要作用，能够获得以美育身心的良好效果。

总之，学校体育与德育、智育、美育等紧密结合，互相促进，相辅相成，对促进学生全面发展具有重要作用。

二、学校体育在体育中的地位

随着我国政治、经济、文化的改善与蓬勃发展，体育事业结构体系也不断地完善。1995年颁布的《中华人民共和国体育法》中明确规定：我国的体育由学校体育、竞技体育和社会体育构成。三者在目的、任务、对象、性质等方面既相互独立，又存在着密切的关系。在体育实践的发展中，它们相互联系、相互渗透，又相互补充、相互制约。社会体育和竞技体育的发展必须以学校体育的发展为基础，学校体育的发展变革要体现社会体育的需求与方向，同时要通过竞技体育的精神内涵体现其文化品位和价值。

（一）学校体育与社会体育

社会体育是与学校体育和竞技体育相对应的概念，也称“群众体育”、“大众体育”，由企、事业单位职工，以及城镇居民与农民，为达到健身、健心、健美、娱乐、医疗等目的而进行的内容丰富、形式多样的身体锻炼活动。按区域特征可分为：城市体育、乡镇体育、农村体育；按职业可分为：职工体育、农民体育、军人体育；按活动场所可分为：家庭体育、社区体育、企业体育等。

在体育领域，学校体育与社会体育分属两个不同的范畴，其差异主要体现在对象、内容、手段、活动空间、组织形式、管理体制等方面。但是，这些差异主要体现在外部形式上而不是本质上的差异。从本质上来说学校体育与社会体育都是国民体育的重要组成部分，是相互联系、相互影响的有机整体。一般来说学校体育是社会体育的基础，社会体育是学校体育的延续。因为社会体育的发展从根本上来讲是靠社会成员的体育意识、习惯和能力而实现的，而人的这些体育习惯、兴趣和能力是从学校体育阶段获得的。因此，学校体育是社会体育的基础环节，其作用主要表现在以下两个方面：

首先，学校体育培养了学生的社会体育的基础。在学校学习的儿童青少年，他们正处在身心发展的关键时期，遵循其身心发展规律，施以良好的体育教育，能有效地促进其身体形态、机能和素质的正常发展，增进健康，增强体质，使之精力充沛地投入学习，也可以为其走上社会后的学习、工作、生活和从事终身体育打下坚实的体质基础。

其次，学校体育能培养学生终身体育的意识、习惯和能力。学校体育是一个有目的、有计划的体育教育过程，在这个教育过程中，学生通过学习与掌握系统的体育科学知识技能和科学锻炼身体的原理和方法，一方面可以促进其身体健康，增强体质，另一方面可以培养其终身体育的意识、习惯和能力。终身体育的意识，一般可以理解为对终身体育的认识，只有认识了终身体育的价值，锻炼身体才能成为自觉地行动。终身体育的习惯一般可以理解为在认识的前提下，坚持体育锻炼而形成对体育锻炼的兴趣，进而形成习惯，这样才能坚持不懈；终身体育的能力，可以理解为从事终身体育的本领。有了体育锻炼能力，才能更好地从事终身体育。锻炼能力主要包括自学、自练、自评、创造等能力。自学能力是指学生掌握体育知识与技能的本领；自练和自评能力一般是指学生在体育锻炼中能根据自身情况以及实际条件，对体育锻炼的内容选择、计划、组织，以及生理负荷调控和效果评定等本领。创造能力一般是指学生创造性地运用已掌握的体育知识与技能的本领。这些能力互相联系构成了终身体育能力的整体。学生对这种能力的掌握与运用，能使学生终身受益。

此外社会体育既是学校体育的延续，也是学校体育改革的指挥棒。主要表现在社会体育的活动内容、方式对学校的教学内容改革、教学模式改革产生影响。学校体育要关注社会体育发展的现实需要，关注社会发展与人们休闲生活方式的变化，积极推进学校体育与社会体育的接轨，促进学校体育的改革与发展。

（二）学校体育与竞技体育

学校体育的目的主要体现在全面锻炼学生的身体，促进身体形态结构、生理功能和心理的发展，提高身体素质和基本活动能力以及对社会环境和自然环境的适应能力，有效地增强学生的体质。而竞技体育则表现为最大限度地发挥个人在体格、体能、心理和运动成绩等方面的潜力，取得优异运动成绩。由此来看，竞技体育必须以学校体育为基础才会有可持续的发展空间；学校体育需要竞技运动的内容和形式，竞技运动是学校教育中不可缺少的文化形式。

《中华人民共和国体育法》第二条规定：国家发展体育事业，开展群众性的体育活动，提高全民族身体素质。体育工作坚持以开展全民健身活动为基础，实行普及与提高相结合，促进各类体育协调发展。在过去很长一段时间中我国一直在努力解决学校体育与竞技体育协调发展的问题，也就是普及与提高的协调发展问题。在计划经济体制下我国竞技体育与学校体育间的协调问题在一定程度上能够通过制度框架予以解决。其原因是侧重提高的竞技体育具有较强的泛政治化和工具化色彩，而这一时期学校体育的自主权较小，在教育制度的框架内通过设定教学内容、确立人才培养体制等可以有效地为竞技体育的发展提供人力资源保障。

进入新的世纪，我国的学校体育与竞技体育的关系问题成为一个具有中国特色的体育问题。因为这一时期我国的社会主义市场经济体制基本成熟，竞技体育体制在适应社会主义市场经济体制的过程中面临竞技体育人才队伍培养、体育竞赛表演市场培育等多个问题。如果这些问题不能很好解决，竞技体育将面临严重的资源枯竭，而学校体育也将道路越走越窄。经过近三十年的探索，我国的体育界与教育界在"体教结合"的体育体制的探索上取得了显著的成效，消弭了二者隔阂，逐步形成了学校体育与经济体育良性运行的机制。

处理好学校体育与竞技体育的关系必须立足于如下认识：学校体育是发现和培养体育后备人才，提高竞技运动水平的基础和保障。运动训练实践证明，要想达到竞技运动的高水平，就要从少年儿童抓起，选好苗子，进行长期系统的训练，才能提高运动技术水平。国内外许多有成绩的高水平运动员，都是通过学校教育阶段的启蒙，或者在学校经过长期的训练，因此学校体育是培养体育后备人才的摇篮。此外我国竞技体育的职业化是否能够走入良性发展轨道，也取决于我国青少年儿童体育兴趣、爱好、习惯的培养，因为青少年是未来潜在的体育竞赛表演业市场的主要受众人群。

第二节 学校体育的功能

一、健身功能

(一) 促进身体生长发育,提高机能水平

大量的研究证明,经常参加体育锻炼对于促进身体生长发育,全面提高体能具有重要作用。体育锻炼能有效促进儿童少年呼吸系统的发育,提高功能水平。运动时,肌肉活动产生的二氧化碳刺激呼吸中枢,使呼吸加快、加深,促进二氧化碳排出和氧气吸入。经常参加体育锻炼者呼吸肌发达,胸围扩大,呼吸深度、肺通气量和肺活量等显著增强,对各种病菌侵袭的抵抗力提高,上呼吸道感染性疾病的发生率明显减少。

体育锻炼可促进心血管系统发育,提高其功能水平。调查发现,参加业余体育学校训练一年以上的14～17岁少年运动员,心脏的体积、横径和纵径都较一般同龄者大,从而使心脏的收缩力增强,故心脏的每搏输出量也随之增大。

体育锻炼对运动系统(包括神经、骨骼和肌肉)的发育有显著促进作用。参加体育锻炼可掌握多种运动技能,改善肌肉工作的协调关系,提高运动能力。促进神经系统功能的改善,加速周身血液循环,使正处于造骨期的骨组织获得丰富的血液供应,得到更多的营养物质,加快造骨的进程,提高跑、跳、投等运动中骨骼所承受的压力等。

长期的体育锻炼,还可以促使儿童少年的身体技能得到全面的发展。

(二) 发展身体素质和基本活动能力

身体素质是人体在运动、劳动和日常活动中,在中枢神经调节下,各器官系统功能的综合表现,如力量、耐力、速度、灵敏、柔韧等机体能力。基本活动能力是指维持人体生存所必需的基本活动技能。如走、跑、跳、投、攀登、爬越、支撑、负重、搬运、涉水等。由于这些技能与人们的日常生活息息相关,故被视为是人类赖以生存的基础。

随着生活方式和工作方式的改变,多数人从运动状态的体力劳动者转为静止状态的脑力劳动者,运动量显著减少,致使人们出现了“肌肉饥饿”、

“运动不足”等现象，缺乏运动是导致肥胖症、糖尿病、高血压、脑溢血、心脏病等疾病的重要因素，对现代人的身体健康势必造成一定的危害，对少年儿童的生长发育尤为不利。

因此，要加强发展学生的身体素质和基本活动能力。如奔跑和跳跃是人类最基本的活动能力，它是作为早期人类赖以生存的基础，现代体育运动的发展，将奔跑和跳跃作为健身运动和增强体质的重要手段；攀登与爬越是一种技巧性较强的身体基本活动技能，通过攀岩、爬山以及攀爬云梯登高等可以增强体质，发展力量、灵敏等身体素质；负重和搬运是人体综合能力的反映，随着当今社会机械化和自动化程度的提高，对人体机能整体发展带来影响，目前体型虽然有所改善，但体力不足，力量和耐力素质低下，导致人体从事各种工作的能力有所下降。

因此，发展身体素质和培养学生基本活动能力是当前体育教育中的一项重要任务。

（三）增强机体对外界环境的适应能力

外界环境主要包括人类生存的自然环境和社会环境，学校体育应该培养学生不断地适应自然环境和社会环境的变化。

人们在一生中会面临自然界中各种各样的状态，特别是恶劣的自然条件，如寒冷、高温、冰冻、缺氧、饥饿等，势必要求人体各器官、系统在这样的条件下作出相应的调整以适应环境条件，不断地使身体与外界环境处于一个平衡的状态。而经常参加体育锻炼就可以获得机体对外界环境变化进行调整的能力。如野外生存训练，可以提高在恶劣环境条件的生存能力。

学校体育培养学生的身体素质是要满足学生在离开学校后能够适应社会生产、生活的需要。在社会发展的不同时期，社会对符合社会所需人才的身体素质的要求是不尽相同的。如在古希腊自由公民的主要任务是作战和祭祀，他需要作战所要求的一切身体条件。在18世纪60年代产业革命的兴起，要求人们有能够应付高强度大机器生产的身体素质。

在当今的社会里，科技的发展以及生活方式的改变，运动不足、现代文明病等现代社会现象的产生，要求我们通过学校体育来培养学生终身体育的意识，积极参加体育锻炼，以提高学生适应社会生产、生活的各种变化。

二、教育功能

教育是指使受教育者按一定的目的形成特定的个性品质，包括世界观、政治思想、道德品质、情操、美感等。学校体育中的教育功能表现为通过体育活动对学生进行思想品德教育和意志品质与道德作风的培养。学校体育主要通过促进学生个体的社会化、培养学生良好的思想品德来实现教育的功能。

(一)促进个体社会化功能

个体社会化即人的社会化。社会化是一个人学习它所属的社会中的必须掌握的生活技能、行为规范和价值体系,以取得社会生活适应性的过程。亦即是指由生物人变成社会的人的过程。人刚出生时,只是一个生物人,要使之成长为一个社会人,一个被社会或群体所需要的人,他就得学习社会或群体的规范,知道社会或群体对他们的期待,从而逐步具备作为这一社会或群体的成员所应具备的知识、技能、态度、情感和行为。

学校体育在培养个体社会化方面具有得天独厚的条件,如体育教学的运动场面在许多场合下是通过角色学习进行的,在这个过程中,学生通过体育教学的运动场面所获得的各种各样角色体验,可以了解和掌握社会角色的义务、权利和行为规范的要求,从而获得现实社会中社会角色的真正含义,这一点在现代社会更显得尤为重要。

以篮球教学为例,根据篮球项目的特点以及教学的要求,将学生赋予教练、裁判员、运动员、对手等各种角色,各自承担角色的任务,通过分工与合作,在篮球教学这一运动场面里,学会承担角色义务、权利,学会遵守规则,学会合作与竞争,弄清哪些行为是能够被社会所接受的等,并将所学习到的各种体验延续到日常的生活中,完成个体的社会化过程。

(二)培养学生良好的思想品德

培养学生良好的思想品德是学校教育的最终目标,学校体育作为教育的一部分对于培养学生良好的思想品德有着非常重要的作用,通过参加体育活动,可以培养学生遵守社会规范的习惯、具有竞争精神和勇敢面对挫折的能力、建立良好的人际关系等各种良好的思想品质。

1. 培养学生遵守社会规范的习惯

在学校体育活动中,有一个无形的约束力量——运动项目规则,对参与运动的每一人都发生着影响、并规范着他们的行为,使他们逐步养成遵守规则,学会约束自己,养成公平竞争的意识。如冰球比赛规则中“犯规的判罚及处罚”规定,运动员不准用冰球杆打人、杆刃戳人、杆柄杵人、横杆推人、用杆勾人、抱人、绊人、膝或肘顶人、踢人、侮辱对方或干扰对方、干扰裁判等不良行为，不准用手抓球、故意移动球门、故意射球出界、高杆击球、投扔球杆等，违者根据犯规的性质与程度，分别给予小罚、队小罚、大罚、违反纪律、取消比赛资格、罚任意球等处罚。要求每一个参与者都要遵守上述的规则要求，否则就会受到相应的处罚，以此来培养学生遵守社会规范，懂得什么是该做的、什么是不该做的，以适应社会的要求。

2. 培养学生具有竞争精神和勇敢面对挫折的能力

竞争是现代社会的主要特征，竞争是体育的主要特征之一，需要培养学生具有较强的竞争意识。在参与体育活动的过程中，与自己竞争、挑战自我极限，个人与个人之间的竞争、团队与团队之间的竞争，因此对于培养学生具有良好的竞争意识起到很好的作用。与此同时，伴随着竞争就会有失败产生，在争取胜利的同时，也要勇敢地面对失败，这对于学生来说也是一种心理挑战的训练，勇敢承受挫折，提高心理调适的能力，以面对社会生活中各种挫折。

3. 培养学生建立良好的人际关系

在现今的社会，人们的生活方式日趋变化，生活节奏加快、竞争激烈，城市居住密集但又相对独立，其独立程度到没有时间闲谈，没有多少交往，形成一种城市特有的人际文化。各种通讯设备（如电话、电脑等）的普及，让人们在距离上似乎越来越近，但同时人们心与心之间的距离似乎越来越远。

体育教学中通常采用各种游戏、集体性项目来进行人际关系改善的学习。以足球教学比赛为例，在学习过程中学生个人要与核心球员以及其他成员保持协调的人际关系，这种关系使得场上的每一个成员都会获得适当的地位，如前锋、中锋、后卫、守门员等，每个成员为了比赛获胜而结成相互促进的关系，这种关系可以强化学生之间产生互相支持、信赖，建立起良好的人际关系。

第三节　学校体育的目标

学校体育的目标是指在学校教育的整体中，在一定范围内，学校体育实践所期望达到的结果。学校体育的目标明确了学校体育工作的方向，是学校体育活动的出发点和归宿。学校体育的目标还为判断学校体育工作的正误，评价学校体育工作的效果优劣提供了依据和标准。

一、确定学校体育目标的依据

学校体育的目标并不是随意提出来的，而是有依据的。社会需要、学生身心发展的需要、学校体育的功能是确定学校体育目标的主要依据。

(一) 社会需要

社会需要,主要是指社会对学校体育的要求。这一要求通过社会对教育、体育的要求,以及教育、体育对学校体育的要求表现出来。

由于不同时期的社会需要不同,所以不同时期的学校体育目标也不同。近现代学校体育的发展经历了“身体教育”、“通过运动进行的教育”、“运动教育”三个阶段。这三个阶段的学校体育目标是不同的。概括地说,“身体教育”阶段可促进身体发展;“通过运动进行的教育”阶段能够促进身心健全发展;“运动教育”阶段可促进身心健全发展和培养终身体育能力。近现代学校体育的目标之所以发生这样的变化,都是为了适应不同的社会需要。

发展经济与发展军事,不同的社会需要对学校教育以及学校体育的要求是不一样的。发展经济需要全面发展的人,在这样的社会需要下,是绝不会把“促进身体发展”作为学校体育的目标。因为全面发展的人,必须是身心两方面健全发展的人。因此,必须把“促进身心健全发展”作为学校体育的目标。“通过运动进行的教育”之所以能够取代“身体教育”,是因为社会需要发生了这样的变化。第二次世界大战后,世界处于和平的环境下,各国都重视发展经济,社会需要全面发展的人。因此,“通过运动进行的教育”在世界范围内被普遍接受,许多国家把“促进身心健全发展”作为学校体育的目标。但是,当经济发展到一定水平后,生产生活实现了机械化、自动化,劳动生产率大幅度提高,余暇多了,身体活动减少了。这时,“促进身心健全发展”的学校体育目标,就不能适应新的社会需要了。因为“促进身心健全发展”的学校体育目标,只是针对在校期间的学生,并未考虑学生走向社会后在一生中保持身心健康的问题。在终身学习社会到来后,保持身心健康,有意义地渡过余暇,成了人一生中的课题。在这样的社会需要下,就必须把“培养终身体育能力”也作为学校体育的目标。因此,适应当前社会需要的学校体育目标是促进身心健全发展和培养终身体育能力。

(二) 学生身心发展的需要

学生身心发展的需要也是确定学校体育目标的依据之一。“促进身心健全发展”就是依据学生身心发展的需要确定的。

但是,从近现代学校体育发展所经历三个阶段来看,把学生身心发展的需要作为确定学校体育目标的主要依据,并不是从一开始就做到的。在“身体教育”阶段,“促进身体发展”是这一时期学校体育的目标。很显然,在当时,“促进身体发展”并不是学生个体的需要,而是国家意志,是社会需要。近现代学校体育把学生身心发展的需要作为确定学校体育目标的主要依据,是从“通过运动进行的教育”阶段开始的。“促进身心健全发展”是这一时期学校体育的目标。这一时期是否把学生身心发展的需要作为确定学校体育目标的依据,从“促进身心健全发展”的学校体育目标中就可以看出来。在“运动教育”阶段,“促进身心健全发展和培养终身体育能力”是学校体育的目标。从这一目标中也可以看出,目前学校体育目标的确定,也是把学生身心发展的需要作为主要依据。

学生身心发展的需要是否是确定学校体育目标的依据,还可以从学校体育的内容上反映出来。在“运动教育”阶段,为了达成“促进身体发展”的目标,选择的内容是以体操为主。而在“通过运动进行的教育”阶段和“运动教育”阶段,为了达成“促进身心健全发展和培养终身体育能力”的目标,选择的内容是以竞技运动为主。体操是“非自然”的、“人工设计”的体育,不符合学生身心发展的需要。

近现代学校体育自进入“通过运动进行的教育”阶段后,一直把“促进身心健全发展”作为学校体育的目标或目标之一。学校体育目标的确定,从最初的只考虑社会需要,到后来的兼顾社会需要与学生身心发展的需要,这一变化充分反映了学校体育的发展与社会的发展是相一致的。

(三)学校体育的功能

学校体育的功能,主要是指体育在学校教育中的健身功能和教育功能,主要是促进学生身心健全发展。确定学校体育的目标,必须依据学校体育的功能。

从近现代学校体育的发展来看,对学校体育的功能,也有一个在认识上不断提高的过程,由最初的只注重健身功能,到注重健身功能与教育功能。

二、我国学校体育的目标

(一)对学校体育目标的理解

对于学校体育的理解,由于在范畴上不同,所以有两种解释。一种解释是在学校进行的所有体育活动,都属于学校体育的范畴,包括体育教学、课外体育活动、课余体育训练和竞赛等；另一种解释是学校体育指的是体育学科，包括课外体育活动是否包括在内，存在争议，但不包括课余体育训练和竞赛等。

由于对学校体育的理解不同，所以学校体育的目标也不同。如果把在学校进行的所有体育活动都看做是学校体育的话，那么“提高运动技术水平，为竞技体育培养后备人才”也是学校体育的目标；如果把学校体育等同于体育学科的话，那么学校体育目标中，就不包括“提高运动技术水平，为竞技体育培养后备人才”的内容。

从近现代学校体育的发展来看，学校体育的目标并不是一成不变的。如上所述，概括地说，学校体育的目标经历了由“促进身体发展”、“促进身心健全发展”、“促进身心健全发展和培养终身体育能力”变化。那么，怎样才能准确把握现阶段学校体育的目标呢？

如果学校体育指的是体育学科的话，那么学校体育的目标就非常容易把握，因为体育学科的目标就是现行的体育课程标准（体育教学大纲）的目标。如果学校体育指的是在学校进行的所有的体育活动的话，那么学校体育的目标也容易把握，这就是在体育学科目标的基础上，增加有关竞技体育的内容，如“提高运动技术水平，为竞技体育培养后备人才”。

（二）我国学校体育的目标

我国学校体育的目标，可以概括为两部分内容：一部分是“促进身心健全发展”；另一部分是“培养终身体育能力”。以我国现行的《体育与健康课程标准》为例予以说明的话，“促进身心健全发展”是指“增强体质、培养道德意志品质、掌握运动技能和体育知识”；“培养终身体育能力”，是指“培养运动的兴趣和爱好，形成坚持锻炼的习惯”。

1. 增强体质，增进健康

青少年儿童正处于生长发育最旺盛的时期，这一时期学生的身体状况对他们身体的健康成长具有重要影响。体育活动是促进学生身体发展和健康的重要手段，因此学校体育工作应根据的学生的不同生理、心理特点，有目的、有计划、有组织地通过体育活动，促进学生身体的正常生长发育，使学生在身体形态、生理功能、身体素质和身体基本活动能力等得到全面发展，增强学生对自然环境的适应能力和对疾病的抵抗能力。学生身体形态随年龄的增长而增长，具有波浪式和阶段性的特点。学生身体形态发育高峰出现在青春期。小学和初中阶段的学生，他们身体各部分正处于迅速生长发育时期，要采取加强身体锻炼和养护结合，促进他们身体的正常发育，培养学生正确的身体姿势，重视体态教育，使学生在学习和生活中形成并保持正确的身体姿势，最终塑造每个学生匀称健美的体型；体能的发展随着年龄的增长而变化，表现出明显的年龄和性别差异，因此要发展学生的基本活动能力，把握住身体素质发展的敏感期，全面发展身体素质。到高中阶段，学生已进入青春期后期，生长发育减慢，应巩固提高已获得的体力，进一步发展和提高身体素质水平，尤其要重视发展身体素质，增强体魄，提高生理机能水平。高等学校学生身体发展已接近完成，要针对不同专业对身体的要求，以及学生对体育的爱好，组织体育活动，并不断提高要求，以进一步增强学生体质。

2. 掌握和运用体育与健康知识和运动技能

学校体育本质上是系统地向学生传授体育运动、卫生保健与健康生活、技能和方法的教育过程。一定的体育知识、原理和方法，不仅可以提高学生的体育认识和参加体育活动的积极性和自觉性，还可以为他们参加体育活动提供科学的指导。通过各种体育实践活动对学生实施体育运动、卫生保健、自我养护的基础知识教育，使学生认识学校体育的地位和意义，懂得科学锻炼身体的基本原理和方法，学会体育运动中所要掌握的基本技术、技能，提高学生的体育文化素养，培养学生的体育保健、独立锻炼和自我评价等能力，以及对体育的兴趣、爱好，养成体育锻炼的习惯是形成终身体育的重要因素，也是实施终身体育的重点。有了良好的体育价值观和态度，学生才能积极参与体育锻炼，并终身受益于体育。小学阶段，学生要初步掌握现实生活中的体育、健康常识和最基础的运动动作，运用多种教学手段调动学生学习的积极性，激发其对体育学习的兴趣。初中阶段，应进一步使学生懂得体育在学校教育与培养“四有”人才活动中的意义、作用，以及运动、卫生保健、健康和各项运动的基本知识，掌握运动技能，培养学生独立锻炼身体的积极态度和能力。高中和大学阶段，应加强对学生的体育与健康的理论知识教育，认识体育与健康教育对育人过程的远大意义，使之树立科学的体育观与健康观，巩固、提高已学过的运动技能和健康知识，并能运用一、两项有兴趣、有特长的运动项目，坚持经常锻炼身体，培养终身体育的意识、习惯和能力，以及养成良好的健康行为与习惯。

3. 促进学生个性全面发展和个体社会化

现代社会中，人的个性全面发展以及人的社会适应能力越来越受到关注，促进学生个性全面发展，提高学生社会适应能力是学校体育的重要目标。学校体育具有丰富的思想品德教育因素，因此要结合学校体育的特点，在各种形式的体育活动中对学生进行品德教育，使学生的个性和人格得到完满的发展。要通过学校体育提高学生的社会责任感和群体意识，培养他们热爱集体、遵纪守法、团结合作、勇敢顽强、创造开拓等品质和作风，为将来适应社会生活奠定良好的基础。同时还要培养学生鉴赏美、表现美、创造美的情感和能力，陶冶学生美的情操，以促进学生个性的全面发展。从生物人转化为社会人的过程中，个体必须适应社会变化，在与他人的交往与互动中逐渐形成自我观念，协调人际关系，学习体验不同的社会角色。这种不断学习和调适的过程就是个体社会化的过程。小学阶段，要使学生感受运动的乐趣，培养学生朝气蓬勃，团结友爱，热爱祖国，热爱集体，遵守纪律、奋发向上等思想品德。中学生正处于世界观形成的关键时期，要结合体育教育的特点，进行生动活泼的思想品德教育，除了继续重视通过在体育活动中培养学生朝气蓬勃、奋发进取、集体主义、艰苦奋斗等优良的思想品德和美的情操外，应特别重视对学生进行正确的观念和态度的教育，提高学生为社会主义现代化建设而坚持锻炼身体的社会责任感和自觉主动性。

4. 培养运动的兴趣和爱好，形成坚持锻炼的习惯

20世纪60年代以来，由于现代科学技术在生产生活中的广泛应用，生产生活逐步实现了机械化、自动化。人类的劳动时间大大减少，余暇相应增多。与此同时，身体活动日益减少。在这种情况下，有意义地渡过余暇，消除由于身体活动减少造成的运动不足，将是现代人在今后相当长一段时间里面临的课题。

这样的社会变化，使人与体育的关系变得密切起来，体育成为现代人生活中不可或缺的一部分。人要想在一生中保持身心健康，就必须运动。因此，学校体育就不能在像过去那样，只管学校这一段学生身心的健全发展，而是在确保促进学生身心健全发展的同时，培养学生将来走向社会后，终身保持身心健康所需要的亲近运动的资质和能力，喜爱体育，乐于运动，以此来保持自我的身心健康。

（三）实现我国学校体育目标的基本途径与要求

1. 实现我国学校体育目标的基本途径

学校体育目标是通过体育与健康课程和课外体育活动这两条基本途径来具体贯彻实施的。学校体育的这两条途径也是学校体育的中心工作和环节，其担负着全面实现学校体育目标的作用。由于体育与健康课程和课外体育活动特点各有不同，所以它们在实现学校体育目标的过程中所发挥的作用又具有各自的侧重点。

（1）体育与健康课程：除了学前教育和高等教育阶段的研究生教育外，

体育与健康课程是学校教学计划中规定的必修课程，它是学校体育的基本组织形式，承担着对学生进行系统体育教育的重任。各个教育阶段所开设的体育与健康课程都有相应的课程标准，按一定的班级授课，有专任的体育教师，有一定的场地、器材设备作保证。体育与健康课程是学生毕业、升学的考试科目之一，每学期或每学年规定对学生进行体育与健康课程成绩考核，是实现学校体育目标的基本途径。

(2) 课外体育活动：课外体育活动是指体育与健康课程之外的一切体育活动，是实现我国学校体育目标的重要组织形式，其内容极为丰富，主要包括：课外体育锻炼（早操、课间操、个人体育锻炼、班级体育锻炼）；课外运动训练；课外体育竞赛；在校外进行的社区和家庭体育活动等。课外体育活动也是学校体育的重要工作，它对巩固和提高体育课所传授的体育知识、技能，提高学生的运动能力，培养学生自觉锻炼身体的意识和习惯，增进健康，增强体质，发展学生兴趣、爱好，丰富学校课余文化生活，提高学生学习和生活质量，发现和培养运动人才等方面具有重要的作用和意义。

体育课与课外体育活动缺一不可，在实际工作中，要密切配合，互相促进，互为补充，共同实现学校体育目标。

2. 实现我国学校体育目标的基本要求

组织开展学校体育的各项工作，实现学校的体育目标，都要以《体育法》、《学校体育工作条例》、《学校卫生工作条例》、《学生体质健康标准》、《全民健身条例》，以及中共中央、国务院《关于加强青少年体育增强青少年体质的意见》（中发[2007]7 号）文件为依据，结合学校的具体实际，以保证学校体育目标的顺利实现。在具体工作过程中，应注意以下基本要求：

(1) 全面贯彻教育方针，面向全体学生：学校体育是全面发展教育的重要组成部分，学校体育要坚持全面贯彻国家的教育方针，坚持为现代化建设培养全面发展人才服务的基本方向。因此，要正确处理好学校体育与德育、智育、美育以及劳动技术教育之间的关系，充分发挥学校体育的积极作用和影响力，转变传统的教育观念，由应试教育向素质教育转变，要坚决贯彻执行我国有关教育、体育的方针、政策、制度与措施，共同完成为现代化建设培养全面发展人才的任务。

学校体育要面向全体学生，使全体学生都享有体育的权利。要创造一切条件组织和动员全体学生参加各种形式的体育活动，以满足他们的不同体育需要，促进他们身心全面的发展。这是我国教育的性质和制度所规定的，也是学校体育的主体所决定的。对少数有生理缺陷或有些疾病的学生，要尽可能地安排他们进行适当的保健体育、医疗体育和矫正体育活动，帮助他们改善体质状况，提高他们的健康水平。对部分有一定运动才能和天赋的学生，应从学校的实际出发，在课余时间安排他们进行适当的运动训练，提高他们的运动技术水平。

（2）以系统论为指导开展学校体育工作：学校体育工作是一项系统工程，学校体育目标的实现有赖于学校体育整体收益的获得。

首先，学校体育要坚持课内与课外相结合。体育与健康课程和课外体育活动是学校体育工作的两个不同的方面，它们相辅相成，缺一不可。一方面，这门课程所传授的知识、技能、方法等可以为课外体育活动的开展奠定一定的身体和运动技能基础，并提供理论与方法指导；另一方面，学生通过课外体育活动，可以进一步巩固在体育与健康课程中所学到的内容，而且随着学生运动能力的提高，学生对体育的兴趣将越来越浓厚会对体育与健康课程的学习效果产生积极的影响。

其次，学校体育要坚持普及与提高相结合。学校体育工作要做到以普及为主，在普及的基础上提高，在提高的指导下普及。学校要在提高体育教学质量的基础上，积极开展群众性的课外体育活动。上好体育课，为学生打好知识、技能、体质等方面的基础，这由此会涌现出一批群众体育积极分子和运动技术水平较高的尖子，同时，通过对部分有运动才能的学生，要从学校实际出发，组织与安排好课余体育训练，提高他们的运动技术水平和运动能力，使其运动技术水平进一步提高，从而有利于指导和进一步推动学校群众性体育活动的蓬勃开展。此外，应运用整体观点开展学校体育工作，包括合理安排作息制度，减轻学生学业负担，并应与学校教育的其他方面同步进行。

再次，学校体育要与健康教育、卫生保健工作相结合。教师一方面要对学生进行科学锻炼身体知识与方法的指导，另一方面要重视向学生传授系统的体育卫生保健知识，进行安全、健康教育，使身体锻炼与保健养护有机结合。

（3）加强体育师资队伍建设、加强学校体育教学和科学研究：体育教师是学校体育工作的组织者和实施者，学校体育工作的成败主要取决于体育教师。他们的数量与质量，是实现学校体育目标的关键。因此，必须大力加强体育师资队伍建设。一方面要努力提高师范院校体育教育专业的质量，另一方面要加强在职体育教师的业务培训与进修，引导他们积极投身于当前的体育改革的浪潮中，认真学习现代教育理论与思想，不断提高自身的理论修养和业务水平，使自己具有高尚的师德、全新的教育观念、多元的知识结构、全面的教育能力及健康的人格等，以适应当代学校体育改革与发展对体育教师的新要求。

当下我国学校体育正处于急剧的发展变革阶段，实践中出现了大量理论和实际问题，需要通过科学研究加以解决，这不仅关系到学校体育改革的成败，也关系到学校体育未来的发展走向，对学校体育的可持续发展有着重要作用。我国地域广阔，各级各类学校的体育基础极不平衡，不同地区、学校面临的实际问题也各不相同，因此加强学校体育的教学、科学研究非常必要，这不仅是深化改革、提高学校体育工作质量的需要，也是提高体育教师业务水平的重要环节。在开展学校体育工作时，要注意及时总结工作经验，并将之上升到一定的理论高度，以便在实践中加以推广。同时要善于抓住一些学校体育实践中亟待解决的重要课题进行研究，力争以科研上的突破带动学校体育的改革向纵深发展。

（4）要保证必要的物质条件。开展学校体育工作，需要良好的物质条件，如校园、各种体育场地、器材、仪器、设备。物质条件是学校体育的有机组成部分，对实现学校体育目标有重要意义。它可以引导和激励学生积极参与体育活动，能够有效地促进学生的身心健康。各级教育行政部门和学校应当根据学校体育工作的实际需要，把学校体育经费纳入核定的年度教育经费预算内，配备必要的体育器材设施。要广开渠道，多元投入，积极筹措必要的经费，改善学校体育场地、器材设施。同时要在充分利用现有体育器材的基础上，继续坚持自力更生、勤俭办体育的方针，因地制宜、因陋就简，制作安全、实用、简易的体育器材，为保证学校体育活动的正常开展，提供必要的物质条件。

思考题

1. 怎样理解学校体育在教育和体育中的地位？
2. 为什么要把“促进身心健全发展和培养终身体育能力”作为目前学校体育的目标？
3. 实现我国学校体育目标的途径与要求有哪些？

作业题

1. 简述学校体育的功能。
2. 简述现阶段我国学校体育的目标。

第三章　体育教学过程

本章提要：

本章阐明了体育教学的概念、特点；分析了体育教育教学过程的基本要求和人际交往的含义和要求；重点阐述了体育教学目标的特征和构建，并在介绍体育教学一般性原则基础上，系统阐述了体育教学的特殊性原则。

第一节 体育教学概述

一、体育教学的概念

体育教学是指在体育教师和学生的共同参与下，通过有效的教学方法与手段，指导学生掌握体育与健康的基本知识、技术和技能，增强学生体质，培养体育能力的一种有组织的教育过程。

体育教学的基本含义：

（1）体育教学是根据学校教育计划和课程标准安排进行的。

（2）体育教学必须向全体学生传授体育卫生保健知识和人体运动技术、技能，并通过学习掌握和运用的过程锻炼学生身体，形成多种身体技能，提高机体工作能力，增强体质，增进健康。

（3）体育教学是一个促进学生身心全面发展的教育过程。

（4）体育教学是教师教和学生学的“双边活动过程”。

二、体育教学的特点

（一）共同点

1. 都要遵循认识过程的规律

学生学习体育与学习其他课程一样，要经历由感性认识上升到理性认识，透过现象认识本质的过程。人们对事物的认识，可以划分为三个阶段：事实认知阶段，个体评判阶段和社会评判阶段。事实认知阶段是指人们通过观察、比较、记忆对事物的感性认识阶段；个体评判阶段是指人们在感性认识的基础上，从个体的角度，按照个体的标准对其认识对象作出评价的阶段；社会评判阶段则是人们按照社会的普遍标准对其认识对象作出评价的阶段；包括对个体评判结论的重新认识和协调。

2. 都是由师生双边共同活动构成的

教学是以知识为对象的双边传习活动，这种传习活动的输出输入两端分别由教师和学生所执行。在这一活动过程中，教师是学生学习活动的参与者、组织者、引导者，起着“导向”的作用；而学生是学习的主体，通过教师的导学，将各门课程的知识内化为自身的素质。

3. 都要符合新课改“三维目标”的基本要求

21世纪伊始，我国新一轮的课程改革提出了“知识与能力”、“过程与方法”及“情感态度与价值观”三维课程目标的基本理念。新课改提出的“三维目标”是对各门课程的共同要求，实现三维目标、提高学生整体素质是各门课程的共同价值。在实践中，通过每门课程的具体实施，使“知识与技能、过程与方法、情感态度与价值观”存在其中并得到实现。

（二）不同点

1. 以身体练习为主的实践活动

身体练习是体育教学区别于其他文化课教学的本质特征。其他课程的学习方式主要以思维活动为主，并在此过程中掌握相关的科学知识，而体育教学过程中除了思维活动外，有机体直接参与教学活动。通过肌肉的感觉，把信息传递到中枢神经系统，经过感知、分析、综合达到对体育知识与技术的理性认识，体现思维活动和机体活动相结合。在“学”、“练”过程中掌握体育知识、技能，培养自我锻炼的能力，发展体能，促进身心和谐发展。

2. 身体要承受一定的负荷

在体育教学过程中，学生通过一定的反复练习来学习动作，身体各器官系统积极参与活动，需要有适宜的体力来承担一定的生理负荷和心理负荷。因此，在体育课教学过程中，体育教师要根据学生生长发育的特点，促使速度、力量、耐力、柔韧、协调等身体素质和神经、呼吸和心肺功能等生理机能协调发展。

3. 教学组织的多变性

体育教学实践课主要多在室外的体育场和室内体育馆中进行，教学环境的空间较大。教学对象、教学内容、气候、器材设备运用都处于不断的变化中，同一节课有多个班级共同上课，一个班级学生人数又多（40～50名），能提供场地设备的有限性，加之教学易受气候和周围环境的干扰，因而教学的组织管理工作相当复杂。必须精心设计、认真组织，使组织形式、教学步骤、教学手段具有较多的应变性。

三、体育教学过程的基本规律

体育教学要运用教育学、社会学、生理学、心理学、伦理学等多学科知识，精心组织每一节体育课教学，使体育教学过程符合教学规律的要求。

体育课和其他课程一样，学生学习体育的基本知识与技能也是一种认识活动，因此，既要遵循认识过程的一般规律，如感知教材、理解教材、巩固教材、运用知识等，还要根据体育教学的特点，遵循动作技能形成的特殊规律。

1. 适应社会发展需要的规律

人才的培养要符合社会发展和现实需要。学校教育的人才培养要符合国家教育的目标和任务，同时，还要符合当代社会发展的需要。这就决定了体育教学不仅要受到教育目标和任务的制约，还要受社会政治、经济和文化等发展现状的制约。体育教学需要在特定的环境中展开，体育教学手段与方法的选取、教学程序的设计、教学用具的选择等都要受到场地、器材等实际条件的影响，其对国家的政策导向、社会经济发展水平、文化教育和科学技术等的实际发展状况具有显著的依赖性。因此，体育教学的展开要符合国家政治、经济和文化等社会发展的现实需要。

2. 动作技能形成的规律

根据条件反射的泛化、分化和自动化这三个过程，动作技能形成规律相应地分为三个阶段，即粗略掌握动作阶段、改进提高动作阶段、巩固与运用自如阶段。这三个阶段是有机联系的，各阶段间并无绝对的、明显的界限。但由于教学目标与要求、教师的执教水平、学生的实际条件及学校教学环境、基础设施的实际状况等的差异，三个阶段各不相同。例如，动作技能基础好、学练水平高的学生在学习新动作时，其泛化过程会相应的较短；动作技能的认知水平高，分析和完成动作的能力相对较强，容易使动作定型。因此，在体育教学过程中，教师要根据动作技能形成的规律性变化，结合教学目标与要求，确定教学的手段与方法，强化对学生的学练指导，以此来提高教学质量。

3. 学生身心发展的规律

学生既是体育教学的对象，又是体育教学的主体，他们身心发展不是自发的，而是具有一定规律性的。身体的发展与心理的发展是相互联系、相互影响的，其中身体的发展是其心理发展的基础，而心理素质的发展对其生理的发展具有促进作用。其身心发展的规律性具体表现为有序性、阶段性和差异性，即身体和心理在由低级到高级的有序发展、发育过程中存在阶段性的身体和心理特征，同时，在这个过程中还存在发展的不均衡性和个体的差异性。在体育教学过程中，应根据不同年龄、不同性别的学生身心发展规律，结合教学目标，合理地安排教学时间、采用教学组织形式、选取教学方法与手段、选用教学用具和布置场地器材，确保体育教学有序的进行，促进学生身心发展水平的不断提高。

4. 生理和心理活动变化的规律

在体育教学过程中，组织学生反复练习，会促使学生生理机能和心理活动发生一系列的规律性变化。生理机能一般呈现出上升—相对稳定—下降的变化规律，即当开始练习时，生理机能开始变化，人体要承受一定的生理负荷、克服生理机能的惰性，生理机能缓慢上升；随后生理机能逐渐接近或达到较高水平，并在一定时间内稳定在这个水平上；最后生理机能逐渐下降，恢复到安静时的机能状态。一般情况下，在一定的限度内，动作技能基础差或学练水平低的学生生理机能上升的时间短而快，维持较高阶段的稳定性较差，承受生理负荷的能力较低。随着训练水平的提升，生理机能上升的时间会缩短，维持较高阶段的稳定性会延长，承受生理负荷的能力会增强。

当练习与休息合理地交替时，学生的生理机能变化一般呈现出一种波浪式的曲线，与此同时学生的心理活动也会相应地呈现高低起伏的曲线图像。这种波浪式的曲线变化规律，形成了体育教学鲜明的节奏性。

因此，在体育教学中要依据各个年龄阶段学生生理、心理活动变化的规律，确定教学目标，安排教学内容、教学组织、教学方法和运动负荷，促进学生更好地掌握知识、技术和技能，发展身体。

5. 人体机能适应性规律

体育教学之所以能增进学生身体健康、增强体质，是因为体育活动能增强学生机体的活动能力。在进行身体练习的过程中，体内会产生一系列的适应性规律变化，具体的表现在：当学生反复进行各种身体练习时，体内储备的能源会不断地分解释放以供机体活动的需要，能量的消耗使机体的能力逐渐下降，引起疲劳。但经过休息，体内的能源物质和各种功能又逐渐恢复到机体工作前的水平，形成机体的相对恢复阶段。再经过合理的休息后，物质能量的储备还可以超过原来的水平，从而提高机体的工作能力，这就是超量恢复阶段。如果一次机体活动后与下次机体活动的时间间隔过长，机体工作能力又会恢复到原来的水平，这就是复原阶段。因此，在体育教学过程中应遵循这一人体机能的适应性规律，合理安排教学内容和运动负荷，进而增强学生机体的能力。

四、体育教学过程的概念及其含义

(一) 体育教学过程的概念

体育教学过程是实现体育教学目标的基本途径，是认识和把握体育教学本质和内在规律的前提条件，是体育教学中最为核心的因素。具体来说，体育教学过程是体育教师与学生为达成体育教学目标而进行的教学活动的程序。在时间上，体育教学过程表现为体育教学活动的流程，在空间上表现为体育教学的组成要素与活动特点。

（二）体育教学过程的含义

（1）体育教学过程是师生教与学相互作用共同活动的过程。教与学是矛盾统一体，教学活动与学习活动是在统一的教育过程中实行的。因此，教学过程不是教与学的简单相加，而是教与学相互依赖、相互渗透的矛盾统一过程。

（2）体育教学过程是一种特殊的认识过程，也是促进学生身心发展的过程。

（3）在体育教学过程中，教师有目的、有计划地引导学生能动地进行认识活动，循序渐进地掌握体育的知识与技能，以促进学生智力、体力等方面的发展。

第二节　体育教学过程的基本要素

一、体育教学过程的基本阶段

美国教育学家和心理学家布卢姆认为教学过程主要有三个阶段：准备阶段、实施阶段、总结阶段。

（一）准备阶段

体育教学过程的准备阶段主要任务是教学前的准备，它发生在实际展开教学活动之前，包括明确教学目的和目标、教学材料处理、教学方法策略的选择及教学设计方案的编写等。教师要在掌握教学任务的基础上把教学目的具体化，并设法通过问题情境等形式引发学习者的学习兴趣，使他们产生探究、理解新知识的需要。学习者的任务则是明确自己的学习目的，为学习活动作好生理上的和心理上的准备。

（二）实施阶段

体育教学过程的实施阶段主要是展开教学活动，是教学过程中最复杂、最关键的环节，其中要进行多种相互交织的活动。

1. 感受新经验

使学生通过对体育与健康的新知识、新技能的感知形成正确的表象和概念。可以通过观察、练习等直接感知，也可以通过教师的语言表述等间接感知，并逐步由直观到概括。

2. 理解

教师要帮助学习者将新经验与原有知识经验联系起来，并对新经验进行分析与综合、抽象与概括，弄清事物的结构、特性与功能等。这一环节是一个持续的深化过程，而不是一蹴而就的，要逐步提高理解的丰富性、灵活性和深刻性，其中贯穿着学习者积极的思维活动，这是整个教学过程的中心环节。

3. 巩固

巩固主要是促进学生保持新知识和逐步熟练化，其中包括对知识的复述以及对技能的操练等。

4. 运用

运用主要是解决问题，对新知识、新技能等进行综合或转化，应用到新的问题情境中，从而促进知识与技能向能力的转化。

这四种活动过程往往是交织进行的，而且可能有不同的先后顺序和不同的组合方式，比如，学生可能从对新经验的感知开始，逐步获得新理解、巩固新知识、应用新知识；也可能在学习的开始就面临一个需要解决的实际问题，在调动、运用原有知识经验解决该问题的过程中，学习者会寻找有关的新信息，进行各种推理活动，逐步发现和建构新知识。

（三）总结阶段

体育教学过程的总结阶段主要是对教学活动的评价和反思。在教学过程中，教师要随时评价学生对新知识、新技能的掌握情况，从而判断教学目标的达成情况，需要采取何种调整或补救措施等，学生也需要对自己的学习情况进行自我调控。另外，教师和学生都需要对自己的教－学活动进行反思，看自己在这一过程中是怎样做的，效果如何，为什么自己要这样做，有没有更好的方法或策略，等等。这种评价反思活动实施有效教学、发展教师的教学能力以及学生的学习能力具有重要的意义。评价反思是教学中一个相对独立的环节，但同时又贯穿在整个教学过程中。

二、体育教学过程的基本要素

体育教学系统的过程性要素是指组成体育教学系统运行的逻辑程序。

体育教学过程作为体育教学活动的展开和运行过程，是体育教师依据课程标准的基本要求，确定具体的教学内容，选择适当的教学方法和手段，指导学生学习，从而达成一定的体育教学目标的过程。体育教学系统的过程性要素主要包括体育教学目标、体育教学内容、人际关系、体育教学方法与手段、体育教学环境、体育教学反馈等。

1. 体育教学目标

教学目标是教学所要达到的目的，它反映了体育教学的价值取向，在体育教学过程中起着导向的作用，是体育教学的出发点，也是归宿。

体育教学目标可以分为国家目标和个人目标。国家目标是教育部制定的《体育(与健康)课程标准》对全国中小学体育教学的统一要求；个人目标是体育教师根据本校本班学生的实际确定的标准，相对于国家目标，个人目标更具体，更符合学生的发展水平。

2. 体育教学内容

教学内容是指在体育教学过程中，传授给学生的体育与健康的基本知识和各种身体练习等。体育教学内容直接影响和规范着体育教学目标的达成及人才培养的质量，是构成体育教学过程和决定体育教学质量的重要因素之一，也是体育教师组织教学活动的主要依据。体育教学内容应根据国家教育行政部门确定的课程标准、体育教材，遵循科学性、时代性、实用性、娱乐性、民族性等基本要求加以选择。要充分挖掘地方和学校的体育课程资源，选择出符合本校及学生实际的教学内容。

3. 人际关系

体育教学过程中的人际关系是指教师与学生、学生与学生在教学互动过程中所形成的关系。相对于其他课程的教学，体育教学具有较强的动态性特征，这也使得教师与学生、学生与学生的交往机会比较频繁。为此，体育教师应紧紧把握住这一特点，加强对学生心理和社会适应性的教育。从另一个角度来看，在体育教学过程中，只有确立良好的人际关系，处理好教师与学生之间的关系，加强信息沟通，有利于教学质量的提高。

4. 体育教学方法与手段

体育教学方法与手段是体育教学目标得以达成不可缺少的要素。体育教学方法是在体育教学过程中，教师和学生为达成体育教学目标而采取的教与学相互作用的活动方式的总称。从方法的实质上来说，是一种活动模式，它规定人们按一定的行为模式去活动。体育教学手段是指在体育教学过程中，体育教师和学生为达成体育教学目标而相互传递信息的工具、媒体或设备。

体育教学方法与手段直接关系到体育教学工作的成败和教学效率的高

低，因此，科学地选择和使用体育教学方法和手段是实现体育教学目标的关键所在。

5. 体育教学环境

教学环境是指体育教学活动的场所、各种体育教学设施、体育传统及班风等。从体育教学的特点来看，可以将体育教学环境分为物质环境和人文环境两大类。物质环境主要是体育教学所需要的场地、器材等体育设施，这是体育教学活动得以展开不可缺少的条件；人文环境主要指的是学校的体育氛围，这种软环境有着一种无形的影响力并融入体育教学之中。

6. 体育教学反馈

教学反馈是体育教学效果提高的有效手段。只有通过各种信息反馈，教师才能够清晰地了解教学方法选择、练习的安排等是否符合教学目的的要求，是否符合学生的实际。体育教学反馈的途径主要包括：测验、考试、观察、学生的口头汇报等。

体育教学过程受到六个方面因素的作用与制约。六个因素都是处在不同变化发展中，其中每一个因素的变化都会引起其他因素的变化和整体的变化，而整体的变化，又会使各个因素发生相应的变化。各要素互为条件，相互作用，相互制约，产生千变万化的教学情况。教师要适应这种动态的变化，不时运用反馈调节教学组织、教学过程，使各因素协调运作，互相促进，教学过程良性发展，增进教学效果，不断提高体育教学的质量，使教学具有针对性、有效性。

第三节　体育教学过程中的人际交往

一、体育教学中人际交往的含义

人际交往是在社会活动中人与人之间进行的重要的信息交流和情感沟通的过程，是人类生命存在的一种重要方式。在体育教学中的交往是指师生在体育教学情境中，以特定的符号系统为中介，为传递体育知识技能、沟通情感及交换意见而发生的直接的相互影响、相互作用的活动。

二、体育教学中人际交往的形式

在体育课中要经常组织教学比赛、游戏练习、保护帮助、小组活动等，教师要用多种形式与学生交换信息，学生之间相互交往非常频繁，形式多样。在体育教学中的主要人际交往形式有两大类：一类是语言类交往，教师或者同伴用语言形式发出指令。例如，“快”、“传球”、“投篮”等；另一类是非语言类，即身体语言或者肢体语言类交往。例如，眼神、手势等。

三、体育教学中人际交往的原则

体育教学中人际交往的原则是教学理论与教学实践之间的中介，是达成教学目标、促进学生发展的基本依据和基本要求。新课程标准把教学过程看成是师生交往、积极互动、共同发展的过程。把教学本质定位为交往，强调教学是教与学的交往互动，师生双方相互交流、沟通，相互启发、补充，在这个过程中教师与学生分享彼此的思考、经验和知识，交流彼此的情感、体验与观念，丰富教学内容，求得新的发现，从而达成共识、共享、共进，实现教学相长和共同发展。

（一）尊重性原则

尊重性原则包括自尊和尊重他人两个方面。渴望得到尊重是每个人的心理需求，在体育教学中师生双方都要给予应有的尊重，要尊重学生的自尊心、个性习惯，特别是当学生在练习中失败或出现错误时，只需要一个点头微笑，或说：“没有关系，再来一次，肯定能做好。”就会给学生带来温暖和得到学生对老师的尊重。同样，学生也应尊重老师。

（二）合作性原则

合作性原则，是指在体育教学这一特定的空间内，教师与学生之间、学生与学生之间为实现共同目标而形成情感行为间的相互支撑和协作，必须体现师生之间的平等和谐关系，做到心灵沟通。这就要求教师要给予学生以亲切感，使课堂充满温馨的气氛，从而愿意合作；尊重学生主动学习的权利，提供给学生自己主动与他人合作的条件和机会，从学生的需求出发找合作点，激发合作动因，使学生在运动中合作、在合作中运动。

（三）平等性原则

平等性原则是指在教学活动中，师生之间、生生之间在人格上应保持平等，这是开展人际交往活动的前提。在教学中，师生之间、生生之间在认知水平、认知方式等方面是有差异的，但他们在教学中的地位是平等的，在人格上也是平等的。正是为了解决他们在认识上的矛盾与差异，才需要在平等原则基础上实现对话、协商与讨论，以达到认识上的共享与共识。坚持平等性原则，要求在师生、生生之间开展平等的对话、讨论。为了促进平等的对话与讨论，在教学中应注意以下几点：①相互尊重对方的观点；②共同协商对话或讨论课题、内容，各抒己见，达到分享认识成果、求同存异、达成共识。

（四）互动性原则

互动性原则是指教学过程中师生之间、生生之间和教与学之间的互相沟通、良性互动的双向交流过程。体育教学的互动是多元化、多情景、多维度、多形式的互动。在集体练习、小组练习、自发群体的组合练习中，加强了人际间的合作。在教学活动中。师与生、生与生、教与学是良性互动的，两者间要双向切磋技术、相互交流，教师指导、学生练习。良好的互动方式，以民主、平等的师生关系为基础，以亲密合作的人际关系为前提，师与生的角色是可变的，师生的作用是互补的。

四、在体育教学中人际交往的基本要求

（一）正确理解交往的内涵，有效把握教学过程的本质

在体育教学中，只有发现学生学习内容上的缺失，把握好学生的身心发展特点，注重"以人为本"，才能"有的放矢"，使教学更有针对性和实效性。首先，教师要善于采用适当的方式方法，引导学生亮出真实的自我。其次，教师应该是问题的引导者，由授业者转变为指引者、点拨者、探讨者。体育教学不应是体育教师一个人的"一言堂"，而要成为一个师生交流、讨论的平台。再次，教师要做好"平等中的首席"。平等交往的前提就是尊重、理解、鼓励，多表扬，少批评，有效地提高学生的自信心和成就感。

（二）改进师生间交往的方向和维度，实现由单维向多维改变

体育教学过程强调师生间、学生间动态的信息交流，通过信息交流实现师生互动，相互沟通，相互影响，相互补充，从而达成共识。对教学而言，交往意味着对话，意味着参与，意味着相互构建；对学生而言，交往意味着心态的开放，主体性的凸现，个性的彰显，创造性的解放。对教师而言，交往意味着一起分享理解。在教学中师生的交往应体现在以下几方面：

1. 教师与学生是“交互主体”的关系

首先,教师与学生皆为教学过程的主体,教师“闻道在先”,教师的经验成熟,他在知识技能方面的发展水平远远高于学生,因而教师是教学过程的组织者、引导者、咨询者、促进者,是教学活动的主体。学生有独立的人格和独特的价值观,能自由地、自主地、民主地参与课堂教学,学生在教学过程中有选择的权力和自我表现的权力,学生是主体。其次,教师与学生在彼此尊重差异的前提下展开持续交往,由此形成“学习共同体”。在这种共同体中,教师与学生、学生与学生之间相互尊重差异,展开自由交往和民主对话,每个人的创造性和潜能能够得到充分发挥,主体与主体之间在持续交往中生成“交互主体性”。

2. 教师与学生的交往以课堂为主渠道

体育教学交往是以课堂为主渠道展开的。在教学中师生之间的交往维度应是多方面的。当教师与学生参与教学过程的时候,教师的作用就不是“主导作用”而是在尊重学生主体性前提下的组织引导、咨询、促进作用,教师成为“咨询者”、“促进者”。教师要善于丰富课堂教学交往的类型,单调的交往不利于师生之间达成相互理解,教师可以适当地引入交流互助、小组讨论、合作竞赛、合作探究、情景表演等形式,增加师生及学生之间交往的多维性。

3. 教学交往应充分发挥教师的主导作用与学生的主体作用

在教学活动中的师生交往是学生主体地位和教师主导作用的统一。学生在教学交往中始终处于主体的地位、他们不是被动地接受教育,而是主动地、有选择地接受教育。教学活动的结果最终表现为学生学习和发展的结果。教师在教学活动中始终处于矛盾的主要方面,教育的内容、方式、进程是由教师而不是学生决定的,学生的学习方法、学习能力是由教师教会的;学生的学习态度、学习习惯、学习兴趣乃至社会态度和价值观,主要也是在教师引导下养成的。

(三)改善师生间的交往方式,实现由专制型向民主型的转变

教师要与学生建立民主、平等、真诚的对话关系,创设民主、和谐的教学环境,增强学生的安全感,使学生体验教师的关怀,感受教师的激励,不断增强信心,敢于面对学习困难。在教学交往中,注重“以人为本”,发挥学生的主体作用,让学生主动、积极地参与到整个教学过程中,才能把教学过程从“教师一人言”变为“众人言”,由专制型向民主型转变。

（四）增进师生间交往的时空频度，面向全体学生，面向学生学习的全过程

教师要增进与学生的交往，面向全体学生，以学生为本，一切的教学活动的目的是促进学生的全面发展。课堂教学要树立终身体育的思想，把每个学生的体育潜能开发、健康个性的发展、终身体育的意识和能力的初步形成；正确的世界观、人生观和价值观的初步形成作为最根本的任务。以学生为主，在课堂教学中突出认识和关注学生的“主动性”，追求学生的个性发展，尊重学生的独特性和具体性。教师要面向全体学生，尊重学生差异，面向学生学习的全过程。

第四节　体育教学目标

一、体育教学目标的概念及特征

（一）体育教学目标的概念

体育教学目标是教学过程中师生预期达到的学习结果和标准。在体育教学过程中，教学内容组织与安排、教学方法与手段的选择、学生的学习活动等均围绕着体育教学目标展开。

（二）体育教学目标的特征

1. 体育教学目标的导向性

体育教学目标是体育教学活动重要的参照标准，从某种意义上来说，它是体育教学的方向，教学设计、教学过程的组织与实施、教学评价等都要受到它的制约。当教学目标定位合理，教学活动与教学目标趋于一致时，教学就易于收到良好的效果；而当教学目标不符合客观实际时，以此为指向的教学活动所产生的结果就会出现偏差。

2. 体育教学目标的层次性

体育教学目标的层次性主要体现在两个方面：第一，体育教学目标是渐进式的，较低层次的目标是较高层次目标的分解或具体化，也可以是较高目标的阶段目标，且较高层次的目标往往是以较低层次的目标作为基础或手段的。如终身体育能力，它就是以体育知识、运动技能、锻炼习惯、健身方法等为基础的。第二，教学目标是与学段密切相关的，体育教学贯穿学校教育

的始终，它面对的是多个学段的学生，教学对象不同，具体的教学目标就有差异。如小学生，教学目标重点在于培养他们对体育的兴趣，初步学习保健和卫生知识，发展身体的基本活动能力等。而在大学阶段，则要注重满足学生个体对体育的需求，进一步提高体育素养和终身体育能力，使个体需求和社会需要相结合。可见，体育教学目标是有层次的，它是由低向高呈梯形发展的。

3. 体育教学目标的系统性

体育教学目标是由认知目标、技能目标、情感目标等构成的整体，它们既相互联系，又拥有各自的地位和功能。虽然各目标实现的时间和程度不一致，但它们总是直接或间接地，即时或过后影响体育教学目标的达成，它们的有机联系和相互促进，便能产生“整体大于各部分总和”的效应。这是促进学生全面发展、构建良好的素质结构的需要，也是素质教育的必然要求。

4. 体育教学目标的灵活性

体育教学目标的灵活性是指体育教学目标的达成可以有一个适宜的调整空间，它有利于教师根据学生的身心发展水平、体育能力现状和体育教学及锻炼的相关条件等因素来展开教学工作，提出与学生基础和教学条件相适应的分类目标，体现出对现实情况的正视和对学生的尊重，从而充分调动学生的主观能动性，发挥他们的主体作用，使他们的发展更加符合客观实际，对健康个性的形成创设一个良好的外部环境，体现出以人为本的基本思想。

5. 体育教学目标的可操作性

教学目标在表述上要尽量行为化，具有外显性和可见性，使师生双方都明确教什么、学什么和怎样教、怎样学。因此，教学目标必须用教学内容(知识点、能力培养点、智能开发点等)加上可以观察的行为动词来表述，如“4 分钟内跑完 1 000 米”，70％左右的学生能独立完成头手倒立动作和80％的学生排球垫球的手型、击球部位和方向的控制能力得到提高。

6. 体育教学目标的可测性

所确定的教学目标是否达到，要采取相应的方式加以检测，即教师使教学目标“题目化 ”，通过完成相应的题目，检查学生学习现状与目标之间的差距。体育教学目标既是教学活动追求的标准，也是衡量教学活动效果的尺度。运用体育教学目标的要求对学生认知、技能、情感、品格等进行评价和比较，可以检测教学内容、教学方法、教学手段及教学环境等的选择与运用的效果，及时将这些检测信息反馈到教学活动中去，便可有效地调节教学过程，使教学效果不断地得到优化。

二、体育教学目标的设计

（一）确定教学目标的依据

1. 课程标准

课程标准是制定教学目标的理论依据。课程标准对教学目标的论述体现在目标与内容的统一性上。在各门学科的课程标准中，每一项内容标准都是针对相关内容的教学目标。同时，课程标准还特别注意与该目标相关的教学活动，并提出与之对应的活动建议。

2. 体育教学内容

在具体的教学目标设计过程中要根据内容的特性来确定，要立足于对教学内容的各知识点的准确把握，分析其中的教育元素，确定教学的重点与难点，为建立教学目标奠定基础。要对学习内容进行深入分析，以确定学生需要学习哪些知识和技能，要达到什么程度和水平、培养何种能力和态度、身心获得怎样的发展，等等。

3. 学生的条件

教学目标的设计要充分考虑到学生的年龄特点、身心发展规律和已有的学习状态，以及学生的体育兴趣、态度、需要、学习倾向等个性因素，使教学目标的设计更有针对性。

4. 教学条件

在进行教学目标设计时，还应考虑到学校场地、器材等的实际，以使教学目标的设计更符合客观条件，更具有操作性。

（二）体育教学目标的分类

西方教育目标分类理论诞生于 20 世纪 50 年代，几十年来相继出现了一些目标分类理论流派，比较有影响的是布卢姆、加涅、梅耶等人的研究。这些分类理论对认知领域的分类研究较为深入。布卢姆将认知行为划分为知识（识记、识别）、领会（理解、释义）、运用（简单应用）、分析（复杂应用）、综合（综合应用）、评价（评析、比较判断）六个层次。加涅将学习结果分为五类：言语知识、智力技能、认知策略、态度、动作技能。他又将智力技能学习按由简到繁的顺序分成八类：信号学习、刺激—反应学习、连锁学习、言语联想、多样辨别学习、概念学习、规则学习及问题解决（高级规则学习）。梅耶

(R. E. Mayer)从广义的知识理论出发，将学习结果分为陈述性知识、程序性知识与策略性知识等。诸多理论注意按照学习行为从简单到复杂的顺序有层次地组织教学目标，这样的划分旨在揭示学习行为从低级水平向高级水平不断发展的内在有序性。

2001年教育部颁布的《义务教育阶段课程标准》(实验稿)，将教学目标分为"知识与技能"、"过程与方法"、"情感态度与价值观"三个维度，强调每个领域、每个学科的教学目标要注意三个方面的有机结合，整个教学目标的定位从知识中心向能力中心转变，促使学生知识技能学习的过程成为学会学习、形成态度价值观的过程。

围绕课改的基本思想，《体育(与健康)课程标准》将体育教学目标分为运动参与、运动技能、身体健康、心理健康与社会适应四个学习领域。

教学目标不同于课程目标，教学目标是课程目标的具体化，教学目标要根据课程目标的基本要求进行第二次选择。在进行具体的体育教学设计时，可从认知目标、运动技能目标、情感目标、增强体质目标入手，也可根据《体育(与健康)课程标准》所确定的四个学习领域设定体育教学目标。

(三)体育教学目标的构建

1. 现代体育教学目标必须符合教育现代化的要求

体育教学目标涵盖于学校培养目标之中，随着教育的现代化进程而不断调整。因此，体育教学目标的构建必须要符合教育现代化的要求。而教育观念现代化的核心就是树立素质教育观，用素质教育取代原来的单纯知识教育，培养现代社会进步所需的全面发展的人才。从体育本身的功能来看，体育教学的重点就在于突出学生身心素质的发展，注重体育态度的陶冶、体育方法的训练和体育能力的形成，体育教学目标的构建也必须基于这一基本思想，充分发挥导向作用，使体育教学与教育的现代化同步。

2. 体育教学目标要突出体育教学价值

教学的基本价值就在于它能满足学生个体和社会的需要，主要表现在它能够实现知识形态的转化，激发学生对体育的兴趣，吸引学生投身于体育活动中，从而使一般知识得到升华，转化为相关的能力、形成良好的品格，为提高科学的自我锻炼和终身锻炼能力，掌握合理有效的健身方法打下基础。

3. 体育教学目标要有助于学生健康个性的发展和创新意识的培养

体育教学中的教学对象虽然同属于一个年龄阶段，但他们的身心发展水平却存在着明显的差别，因而教学目标的建构应有一定的空间。倡导学生能根据自身特点，有选择的余地，从而能充分展现自身已有知识、技能，探求最适合自己学习方法，创造性地去实现课堂教学目标。

4. 体育教学目标要促进学生终身体育思想的树立和终身体育能力的形成

终身体育思想的树立是现代社会对体育的客观要求。通过体育教学增强学生的体质，在提高健康水平的同时，为学生步入社会以后能自觉地继续科学锻炼，养成良好的体育生活方式奠定基础，已成为现代体育教学目标的重要内容。

第五节　体育教学原则

体育教学原则是体育教学实践经验的科学总结和概括，是体育教学客观规律的反映，是体育教学工作必须遵循的基本要求和准则。正确地理解和贯彻体育教学原则，可使体育教师有效地把握客观规律，对优化教学、提高教学效果、有效达成教学目标，具有重要的指导意义。体育教学原则包括一般性原则和特殊性原则。

一、体育教学一般性原则

(一) 学生主体性原则

学生主体性原则是指在体育教学过程中，学生始终是教学活动的主体，教学活动应以学生为中心，一切教学活动围绕学生的身心发展而展开。教师是学习过程的设计者、组织者、参与者、引导者与评价者。教师的责任是引导学生在探索过程中发现问题、解决问题、建构知识、学会独立思考，培养学生的创新意识和创新能力。要树立现代“人本”教育的思想，要充分发挥学生的主观能动作用，给学生营造一个自主学习的环境，让学生主动地去学习。体育教学活动最本质的特点是学生必须要通过自身的练习，去完成体育动作的时空感觉和完成动作的方法。要学习掌握每个运动技能，顺利完成身体练习，都要靠每个学生主动自觉的行为。只有学生主动参与、自主学习才能实现教学的目的。

(二) 循序渐进原则

循序渐进的原则是指在体育教学中，对教学内容、教学方法和运动负荷等的安排，应由易到难、由简到繁，逐步深化，使学生系统地掌握体育与健康的知识、技术、技能和科学的锻炼方法。学生的生长、发育和机能水平都是一个渐进的过程,有机体的适应性也是一个渐进的过程。要制订切实可行的教学工作计划,保证教学工作系统地进行。教学内容选择要按照循序渐进的原则,并且注意教材之间的联系。

(三) 区别对待原则

区别对待原则是指在体育教学中,要从学生实际出发,依据学生的年龄特征以及个性特点,有的放矢地进行教学。体育教学要面向全体学生,根据学生的平均水平去制订教学目标,选择教学内容、方法、手段和安排运动负荷,但学生个体之间存在着差异,应区别对待。只有将统一要求与区别对待有机地结合起来因材施教,才能保证做到面向全体学生,使每个学生都能够得到发展,这是素质教育的基本要求。教学组织要注意区别对待。在教学过程中,为了使每一个学生都能完成学习任务,应有针对性地采取同质分组、异质分组等形式。在考核与评定学生成绩时,应采用过程性评价与终结性评价相结合的形式,注重学生的个体差异。

(四) 直观性原则

直观性原则是指在体育教学中,利用各种直观手段调动学生各种感观去感知事物,获得直接经验与感性认识,启发学生积极思维,为体育知识技能学习奠定基础;在体育教学中要引导学生运用身体的各种感觉器官,感知动作形象结构;还要通过触觉和本体感觉来感知完成动作时肌肉用力的程度、方法及空间关系等,要充分发挥教师的动作示范、语言表述等作用,充分运用各种现代化教学手段,启发学生积极思维。

二、体育教学的特殊性原则

(一) 身体全面发展原则

1. 概念

身体全面发展原则是指在体育教学中,教学目标的制定教学内容的选择、教学方法的采用要有利于学生身心健康协调发展,并在此基础上掌握体育的知识与技能,发展能力。

2. 依据

(1)《体育(与健康)课程标准》的基本要求。体育教学活动要围绕着体育教学目标展开,而《体育(与健康)课程标准》确定的运动参与、运动技能、身体健康、心理健康和社会适应 4 个方面的体育学习的目标就是从学生身心发展的角度出发制订的。

（2）人体统一性的要求。人体是一个完整的有机体，不仅具有生物性，而且还有社会性的一面。人体系统各器官的机能是相互协调、相互影响的，只有各个系统器官全面协调发展，才能促进学生的身心健康。

（3）实现体育多种功能的需要。体育具有健身、娱乐等多种功能，体育教学是集中实现体育多种功能的有效途径。

3. 教学要求

（1）体育教学内容安排要注意均衡性。每个教材内容有它自身的局限性，因此，教师在体育教学过程中，内容安排要考虑学生身体的全面发展、上下肢的项目、不同运动技能、不同身体素质的合理搭配，要积极引导学生明确身体全面发展的意义，避免单纯从兴趣出发，要注意学习内容的全面性，确保身体素质的均衡、全面发展。

（2）注意体育教学设计的合理性。在进行体育教学设计时，应根据教材本身、季节及场地器材等不同条件的局限性予以适当的调整，针对学生学习进程中的实际状况，在教学内容、方法、手段的安排上要体现多样性，使学生在愉快的学习过程中身心得到全面发展。

（3）注意体育教学评价的多元性。在体育教学过程中，体育教学评价包括两个环节：对体育教师的教学设计、组织和实施等的评价——教师教学评估（课堂、课外）和对学生学习效果的评价——考试与测验。在体育教学的考试与测验项目的安排上应力求全面，以便起到督促学生达到全面锻炼的效果；发挥体育教学评价的导向作用，对体育教师的教学设计、教学内容、教学方法与手段及教学效果予以全面的评价，从身心发展的多维角度去评价教与学的质量。

（二）合理的运动负荷原则

1. 概念

合理的运动负荷原则是指在体育教学中，要使学生承受适当的生理负荷和心理负荷，并使练习与休息合理交替，以便有效地完成教学目标，达成教学目标。

2. 依据

（1）由体育教学的特点所决定：在开展体育活动的过程中，学生无论是学习运动技能进行，还是身体素质练习均要承受一定的运动负荷。

（2）是消除疲劳、恢复机体工作能力和增强体质的需要：在反复进行身体练习的过程中，由于能源物质的消耗，需要通过休息使能源物质得到补偿；也由于机体产生疲劳，需要休息消除疲劳，以利健康。

3. 教学要求

（1）合理运动负荷要坚持“健康第一”的思想：学生运动负荷过大，容易造成身体疲劳，甚至引起伤害事故，使学生感到厌烦和畏惧，并使欲望受到压抑；运动负荷偏小，则达不到锻炼身体和增强体质的目的，学生也很难在运动中体验到运动的内在魅力及练习过程中的快乐。教师要根据人体的生理变化规律和心理变化规律，依据教材内容和学生实际，合理确定运动负荷。

（2）在体育课的教学中，要保证合理的运动负荷，坚持以学生发展为中心，并采用测量脉搏、询问和观察等方法测量运动负荷，重视学生的主观感受，准确地了解学生所承受的运动负荷的大小，以便适时调整。在此基础上，教师要不断总结、积累经验，以增强自己在教学过程中对运动负荷的调控能力，尽可能使每节课的运动负荷趋于合理。

（3）合理的运动负荷应关注学生的个体差异与不同需求：对于学生的个体差异与不同需求，教师要做到心中有数。在教学过程中，可选取一部分中等体育运动能力的学生为基准，对全班进行分层教学，使学生所承受的运动负荷体现出差异性，以满足不同层次学生的需求。在教学过程的不同阶段，要对不同的主体进行具体测量并适时调整，从而做到因材施教，使全体学生都能达到合理的运动负荷。

（4）合理的运动负荷应能激发学生的运动兴趣：适宜的运动负荷，在有效地增强体质的同时，也能使学生的学习情绪高涨，并在运动中体验到成功感、愉快感和自我价值感。教师在安排合理的运动负荷时，应有意识地通过丰富多彩的活动内容和形式多样的教学方法，去激发和保持学生的运动兴趣，使学生从运动中体验到动作的内在魅力和练习过程中的愉悦心境，促进学生形成运动爱好和专长，使学生自觉和积极地进行体育锻炼，并形成终身体育的意识和能力。

（三）安全性原则

1. 概念

安全性原则是指体育教学应以学生的安全为前提，教学内容的安排、教学组织、教学方法与手段的选择应遵循学生的身心发展规律，正确处理体育教学中的安全问题，减少、避免体育教学中学生受伤事故的发生。

2. 依据

（1）体育教学的特点：在体育教学过程中，学生要通过身体练习承担一定的身体负荷才能达成教学目标，在一定程度上存在着潜在的不安全性，需要在教学过程中采取有效的安全措施，减少和避免伤害事故的发生。

（2）青少年身心发展的特点：青少年的身心正处于生长、发育时期，具有较大的可塑性，兴趣也不够稳定，注意力不够集中，从某种角度来看，这一点也是导致在体育教学中出现伤害事故的内在因素。

3. 教学要求

（1）加强思想教育：多数运动伤害事故都是在学生组织纪律涣散，不听教师指挥的状况下发生的。因此，必须对学生加强组织纪律教育和安全教育，不但要注意自身的安全，还要注意他人的安全。

（2）在上体育课时强调穿适宜的服装：上体育课大多是全身性运动，活动量大，还要运用很多体育器械，如单双杠、体操垫、径类器械……因此，为了活动的安全、方便、美观，上体育课要穿运动服装。

（3）要充分做好准备活动：充分的准备活动能有效全面地锻炼学生身体，能更好地投入各项体育活动，有效地避免一般性伤害事故的发生。

（4）组织工作要周密：体育课发生的一些事故，不少是因组织工作不当造成的，因此，必须从安全角度出发，做好体育课教学的组织工作。严格检查上课时所用的体育器材，教师作示范时，提前向学生讲清楚器材的功能以及危险性，提醒学生注意，以防伤害事故发生。再次规范动作要领、严明练习纪律，以免出现因为技术动作的变形、组织教学的失误和纪律性差造成学生拉伤、擦伤、脱臼等伤害事故。

（5）注意保护与帮助：在体育教学过程中的多数情况下，体育技术学习、身体素质练习都离不开体育器材，因此需要在保护帮助下完成，以保证完成动作的准确性和安全性。在体育教学安全问题上有许多注意事项，教学内容、器械不同，采用保护帮助的方法也应有所区别。

上述体育教学原则是由一般性原则和特殊性原则构成的一个相对完整的体系，不是孤立的，而是相互联系、相辅相成的，要在体育教学中全面正确地贯彻执行，以有效地提高教学质量。

体育教学原则具有相对的稳定性，但随着体育教学实践的发展和人们认识的深化，这些原则也将不断地得到充实和发展。

思考题

1. 体育教学过程与其他教学过程的主要区别是什么？

2. 体育教学规律与其他教学规律的异同点有哪些?

3. 在体育教学过程中人际交往的形式与原则是什么?

4. 分析体育教学目标应包含哪些内容?

作业题

1. 以图表形式表述体育教学过程的构成要素。

2. 体育教学应怎样贯彻身体全面发展原则?

3. 体育教学应怎样贯彻合理的运动负荷原则?

第四章　体育教学内容

本章提要： 本章主要介绍了体育教学内容的概念、特点、来源、分类；对教学内容的选择与加工进行了多角度的分析；结合体育课程内容改革的实际，概述了《体育（与健康）课程》的基本理念、目标及内容组合的特征。

第一节　体育教学内容概述

一、体育教学内容的概念

体育教学内容是指在体育课程目标和体育教学目标的指导下，在体育教学过程中选择的各种体育与卫生保健知识、技术技能及方法的总称。

二、体育教学内容的特点

1. 教育性

体育教学内容是教育内容的有机组成部分，是教育思想得以贯彻的重要载体，对于青少年的成长有着重要作用，因此体育教学内容具有教育性。体育教学内容的教育性主要体现在：能促进学生身心健康成长，形成良好的个性心理品质和积极乐观的生活态度，提高其社会适应能力，使其成为具有较高科学文化素养、爱国主义精神、优良品德和进取精神的社会主义建设者。

2. 健身性

体育教学内容的主要构成是各种体育运动项目，其主要形式是身体活动，内容中很大部分是以大肌肉群的运动形式的技能学习与练习，能有效促进学生的生长发育，提高机能水平，增强体能，提高身体适应能力。

3. 实践性

体育教学内容与体育实践活动密切相连，学生不仅通过看、想、听来学习动作，而且更主要的是通过触觉和肌肉的本体感觉来完成动作。这一点与其他学科的教育内容形成鲜明的对比。

4. 综合性

体育课程内容具有鲜明的综合性。重视多种内容、多种功能和多种方式的组合；强调发挥课程的德育功能，探索学科知识和个人经验、技能学习与健全人格的整合；在具体的教学过程中，除了传授体育与健身的基础知识、基本技能和方法外，还要融入与学生生长发育、健康状况和体育健身学练有关的健康知识，帮助学生养成良好的锻炼习惯和生活习惯，以体现“健康第一”的指导思想。强调发挥课程多种功能和多种价值，挖掘其育人内涵，探索多元整合的有效方法，促进学生全面发展。

三、体育教学内容的来源

追溯体育教学内容的发展历史，其源头与生产劳动和军事有着千丝万缕的联系，古代的体育教学内容或称为身体教育的内容更多的是来源于生产劳动和军事技能。但自从文艺复兴之后，特别是英国的工业革命之后，户外运动的兴起，教育教学理念的不断更新，体育教学内容越来越贴近生活，现代体育教学内容主要来源于以下几个方面：

1. 现代竞技运动

现代竞技是以古奥林匹克竞技和英国户外竞技为基础，并伴随着现代社会的发展而形成的。在百余年的发展中，现代竞技运动逐渐形成了以现代奥运会为主要代表形式、以各民族传统竞技项目（主要指一些具有较强竞争性，能够在一个国家或几个国家盛行的项目，如英式橄榄球等）为重要补充内容的一种全球化的、特殊的体育文化形态。由于现代竞技运动具有很强的竞技性、娱乐性和健身作用，普遍受到青少年的喜爱。随着现代竞技运动项目在全球的广泛传播，世界各国都将其作为学校体育课中的主要教学内容。

2. 民族传统体育

民族传统体育是指世界各族人民在其生产和生活过程中所创造的兼有民族性和传统性的各种体育活动的总称。体育运动具有悠久的历史，各国古代最早的体育教学内容，即身体教育的内容主要以传统体育项目为主。如中国奴隶社会的“射”和“御”，古代和中世纪欧洲“骑士教育”的射箭、剑术，以及近代中国的武术、摔跤，日本的柔道、弓道、剑道，韩国的跆拳道等。这些民族传统体育项目由于具有深厚的民族基础，受到各国的重视，因此在许多国家的体育教学内容中也占有重要的地位。

3. 休闲娱乐运动

随着生产力的发展和人们生活水平的提高，休闲娱乐运动得到蓬勃的发展，体育教学内容得到了极大的拓展，出现了许多深受青少年喜爱的新兴运动项目，如轮滑、攀岩、毽球、健美操、街舞等。因为这些内容贴近生活，易于推广，所以也逐渐进入体育课堂，成为体育教学内容的有力补充，极大地丰富了现代体育教学内容，增加了体育课的吸引力。

4. 军事运动

早期体育的产生与军事有着密切的联系，在体育的发源地——古希腊的学校里，体育多是以军事教育体现出来的，体育教学内容多是一些实用的军事技能，如“五项竞技”——赛跑、跳跃、角力、掷铁饼、投标枪。随着体育运动的不断发展，军事色彩不断退化，体育教学内容与军事有关的内容也不断减少，但仍保留了一些军事运动项目的内容。

5. 相关学科的内容

现代科学飞速发展，出现了许多新兴学科，这对体育教育起到了很大的促进作用，同时也丰富了体育教学内容，如生理学、心理学、保健学等学科的出现和发展，为体育教学的发展奠定了坚实的理论基础，同时一些原理与方法也成了现代体育教学中的主要内容，如目前体育教学中的卫生保健知识和心理健康的内容都来源于这些学科的研究成果。

四、体育教学内容的分类

对体育教学内容进行分类的目的是为了梳理体育教学内容，使其体系更加清晰，与体育教学目标的对应更加紧密，并能根据教学过程进行合理的排列。

（一）体育教学内容分类的要求

（1）体育教学内容的分类要服从教育的要求，并应随着社会和国家教育方针的要求而不断变化，始终不变的体育教学内容分类是没有的，就是以目标加以分类，也会因不同时期的要求而在内容方面有所增减。因此，对于体育教学内容的分类要有时代的观念。

（2）体育教学内容的分类必须符合逻辑的基本要求和原则，并且具有科学性。

（3）体育教学内容的分类应根据不同的年龄阶段有所变化，因为各个学段的教学目标是不完全相同的；目标变化了，体育教学内容的分类也应改变。因此，进行体育教学内容的分类，要有分阶段的观念。

（4）体育教学内容的分类应为体育教学实践服务，分类的正确与否还要在实践中不断地验证。

（5）体育教学内容的分类应与体育教学方法和评价方法相互联系、相互结合和相互贯通，并使体育教学内容与体育教学目标很好地对应，使之成为有机的整体。因此，进行体育教学内容的分类时，要有整体观念。

（二）体育教学内容的分类

体育教学内容是多种多样的，其所要解决的任务也是多方面的。因此，体育教学内容的分类方法具有多样性和层次性。在分类时应根据不同的层次运用不同的分类方法，在同一层次上应选择同一个分类标准。体育教学内容经常采用的方法是依据人体基本活动能力分类、根据身体素质分类、依据运动项目分类、综合分类(表 4－1)。

表 4－1　常用体育教学内容分类

类　别	内　容	优　点	不足之处
依据人体基本活动能力分类(2000 年《九年义务教育全日制小学体育与健康教学大纲》)	走、跑、跳、投、攀、爬、钻等动作技能划分	不受运动项目限制,便于组合内容及发展学生各种基本活动能力	与运动项目脱节,不利于对运动项目技术的学习
依据身体素质分类(1992 年《九年义务教育全日制初级中学体育教学大纲》初二年级体育教学内容与分类)	力量、速度、耐力、灵敏、柔韧等身体素质分类	有利于学生身体素质的发展	许多运动项目是多种素质的综合,分类不够准确,对体育教学内容的文化特性体现不足
依据运动项目分类(1996 年《全日制普通高级中学体育教学大纲》限选教学内容分类)	足球、篮球、排球、游泳、韵律体操和舞蹈等	与运动竞技项目一致,有利于竞技运动内容的掌握和理解	教师运动技术、技能上有较高的要求。部分体育教师很难达到教学要求
综合分类(1992 年《九年义务教育教学大纲》初中体育教学内容的分类)	通用部分体育基础知识和身体锻炼内容:田径体操、球类、民族传统体育、韵律、舞蹈、身体素质。选用部分游泳、滑冰、地区、民族、民间体育等	能够反映不同年龄段的特点,有助于保持运动项目的系统性和身体锻炼的实效性	不是用同一标准分类
依据体育功能分类(《体育与健康课程》高中体育教学内容分类)	运动参与与运动技能、身体健康、心理健康和社会适应等五个方面	有利于教师更好地实现体育与健康课程的目标	缺少具体教学内容和考试标准

第二节　体育教学内容的选择与加工

一、选择体育教学内容的依据

体育教学内容十分丰富多样,要在纷繁复杂的体育教学内容体系中做出合理的选择，应该考虑以下因素：

1. 社会需要

体育教学内容应体现社会对人才的需求。现代社会高速发展，社会对人才的需求也不断变化，因此，对体育教学内容的选择应该不断适应社会的需求，如现阶段社会需要身心健康、社会适应能力强、极具创造力的人才。因此，对体育教学内容的选择就应该围绕这些需求展开。

2. 体育教学的指导思想和目标

体育教学指导思想对体育教学具有导向性作用。因此，对体育教学内容的选择要依据体育教学的指导思想和教学目标选择适合学生的丰富多彩的教学内容。

3. 教学对象的特点

选择体育教学内容时要考虑的因素是学生的身心特点，所选内容难易、比重、顺序和定量要求，都应符合学生生长发育、身体素质发展和运动技能形成的规律，以及学生的认识活动及心理发展的规律。同时，还要考虑到教学对象的健康状况、体育基础等因素。

4. 实施教学的具体条件

我国目前社会发展存在着区域不平衡不同地区的教学条件存在着较大的差异。因此，在选择体育教学内容时就要考虑到不同地区的教学条件，合理地选择教学内容，以促进学生的全面发展。

二、选择体育教学内容的要求

1. 健身性与文化性相结合的原则

体育教学内容健身性具有区别于其他教学内容的显著特点，健身性是体育教学的本质属性的反映在体育教学内容的选择时，要以促进学生健康为出发点，内容的组织和编排都要有利于全方位地促进学生的健康。在教学中，应根据学生的需要，选择能够增进学生健康内容。体育教学内容的文化性就是体育教学内容要有利于提高学生对体育的认识，促进体育情结的培养，树立体育的价值观和体育理想，使之受到良好的体育道德的熏陶。而健身性与文化性相结合，便可以使体育教学内容既具有良好的健身价值，又具有丰富的体育文化内涵。

2. 科学性与发展性相结合的原则

选择体育教学内容的科学性原则可以从以下几个层面理解：①要符合不同年龄层学生的身体发育特点，有利于增强学生体质。②应符合不同年龄性别学生的心理特点，有利于发展学生心理素质。③要符合学生认知发展规律和运动技能形成规律，使学生掌握终身锻炼的技能和方法。④所选内容既要全面和丰富多彩，又要力求精练，重点突出。

3. 理论与实践相结合的原则

体育教学内容主要是以实践内容为主，学生必须反复参加体育活动，才能掌握体育的知识、技能和发展身体素质。但体育教学是一门内容十分丰富的，除了实践的内容外，还包含科学健身的知识、心理健康知识、身体健康与卫生保健知识，以及与体育文化素养有关的知识。因此，在选择体育教学内容时要注意理论与实践相结合，以实践为主，理论为辅。

4. 统一性与灵活性相结合的原则

首先，我国幅员辽阔，各地区自然地理和气候条件差异较大，经济、文化和教育发展不平衡，体育教学的相关基础、起点也不同。其次，学生的身心发展水平有差异，体育基础、接受能力也不相同，即使是同一个教学阶段的学生，都会表现出明显的不同特点。因此，要从中国的国情出发，使体育教学内容切实可行，既要有统一性，又要有较大的灵活性。

5. 民族体育与现代体育相结合的原则

传承优秀的传统文化是教学的重要功能。对体育教学内容的选择要吸收我国历史悠久的传统体育内容，使这些宝贵的文化遗产得以继承。民族传统体育的武术、养生等内容是我国人民在长期的社会实践中积累起来的宝贵民族文化遗产，是广大群众喜闻乐见的体育形式，具有独特的锻炼价值和教育作用，因此在选择体育教学内容时要将现代体育运动项目与民族传统体育项目相结合。现代体育运动项目生动有趣，极富竞争性，深受广大青少年的喜爱。因此，要充分吸取现代体育的内容，将它们融合在一起，使之形成一个优势互补、功能齐全的体育教学内容体系。

三、创编体育教学内容的形式

1. 利用动作教育模式创编体育教学内容

动作教育(movement education)是出现在欧美的一种体育教育思想和体育教材方法论。其特点是按照人体的运动原理将一些竞技体育运动加以归类，要针对少年特点进行教材设计，比如教育性舞蹈、体操等教材适用于小学低中年级，有利于学生基本活动能力的形成。动作教育还可以通过游戏活动、康复训练等多种形式渗透到日常生活中。动作教育不仅要重视身体机能的养成，同时还要重视身心的协调发展与障碍的康复。在动作教育中的游戏，是角色性、竞争性很强的游戏。在游戏中按照动作教育(游戏)规则，凡参与者一般都要扮演不同的角色，处理不同的人际关系，体验社会互动和游戏结果所提供的价值，并以此对自我和他人在游戏中的行为做出评价。

2. 通过游戏化来创编体育教学内容

这种教材化多用于改造那些比较枯燥的单一的运动，如跑、跳、投、体操、游泳等运动，其特点是将这些单调的运动用“情节”串联成游戏，并强化协同和竞争的要素，这种创编形式有利于提高参加者的兴趣，而练习的性质也没有太大的改变，但可以增强练习效果。如用游戏手段对跳高教学内容进行创编，可运用以下手段：①连续跳跃障碍物接力；②兔跳接力；③跳绳跑接力；④跳五边形橡皮筋追逐跑；⑤跳起触摸一定高度的橡皮筋；⑥跳不同高度的橡皮筋接力赛。

3. 结合体育原理和知识创编体育教学内容

结合体育原理和知识来创编体育教学内容，其特点是挖掘运动“背后”的原理和知识，并将其“编织”在探究式的体育教学过程中，往往与发现式、启发式的教学方法联系起来运用。例如，在体育课上教师组织学生举行拔河比赛，在教授学生拔河技巧、分析胜败原因时可以通过物理学中的牛顿第三定律来讲解。通过拔河两队的受力比较可以让学生了解到，只要所受的拉力小于地面的最大静摩擦力，就不会被拉过去。因此，增大与地面的摩擦力就成了胜负的关键。要增大与地面的摩擦力，可以让队员穿上鞋底有凹凸花纹的鞋子。这种创编的优点是有利于提高学生对运动原理的理解和获得举一反三的教学效果，比较适合于高年级的学生。

4. 融入体育文化，创编体育教学内容

融入体育文化创编体育教学内容是从竞技运动中提取各种文化要素，并在教学中让学生来体验运动文化的情调和氛围。如以中国传统体育文化为主题让学生了解传统体育文化中的修身养性基本理论，为自我养身、健身、强身服务，同时加强对中国传统体育文化中舞龙、舞狮、气功、武术等内容的理解，指导学生阅读中英文体育文学作品、欣赏竞技运动比赛，结合学生的兴趣爱好提供获取体育文化知识的渠道，提高体育素养和审美能力，让学生欣赏“米隆”的“掷铁饼者”之雕像，感受“米隆”手拿铁饼做欲掷状，那是对无穷伟力的崇高向往、对更高目标的完美追求，更是力量之美和智慧之美的原始结合。这种形式有利于学生对体育文化的体验和理解，适用于高中和大学的学生。

5. 采用生活化、实用化等形式，创编体育教学内容

这种创编可以通过以下几种形式体现出来，野外化(把室内或正规场地进行的竞技运动改造为野外的非正规场地可以开展的项目)、冒险运动化

(增加一定的惊险性)、实用化(与实用技能相结合)、生活化(根据生活的条件进行项目改造)等,这种创编的特点是能够贴近学生的现实生活和实际需要,既能传授比较实用的运动技能,又能调动学生的直接学习动机,也增加了教材的趣味性。例如,开展健美操、现代舞、街舞、韵律操等新兴运动项目的学习,激发学生的参与热情和运动兴趣,使体育与健康课程尽可能向学生的生活、社会和大自然方向延伸。在创编内容时,不能盲目地求新鲜、赶时髦,要根据学校的条件、教师的能力和学生的喜好,适量选择新兴运动项目。

6. 改造运动项目,创编体育教学内容

主要从基本结构方面对原运动项目进行改造,使其成为一种新的运动方式。这种改造主要是为了适应教学的需要和学生的特点,简化竞技结构,减小运动难度,调整场地器械规格,修改竞技竞赛规则,使其能适应广大学生的实际,使其既能达到增强体能、增进健康的效果,又能减轻学生运动时的生理负荷量。要根据体育课程目标的具体要求,遵循体育规律和健身原理,在充分研究、分析竞技运动项目的可健身性、教师的可操作性和学生可接受性的基础上,采用走、跑、跳跃和投掷等基本活动形式,从运动的方向、路线、距离、顺序、节奏、难度、负荷、场地、器材、规则、参加人数等诸多方面,对竞技项目进行改造、加工、延伸和拓展,并进行合理的排序、组合和创编,使其成为有价值的体育教材和体育手段。

7. 开发利用民族、民间传统体育内容,发展新兴体育运动项目

民族、民间体育项目也是重要的体育教学内容,它有着广泛的群众基础和深远的社会影响。如蒙古族的摔跤、藏族的歌舞、维吾尔族的舞蹈、朝鲜族的荡秋千、锡伯族的射箭、彝族的射弩、白族的跳山羊以及踢毽子、滚铁环、抽陀螺等。对一些适合教学需要的内容可以直接引入运用,如踢毽子、抽陀螺、跳房子、滚铁环等;对一些基本适合教学需要的内容改编后再运用,如跳竹竿等。把这些教学内容引进课堂,不仅有利于民族体育文化的继承和发扬,而且可以培养学生的创新能力。

此外,还可以利用空饮料瓶、易拉罐、塑料袋、课桌凳、自行车废旧轮胎、旧报纸等易于收集的家庭生活用品来创编体育教学内容。如将空饮料瓶、装上水或沙子,可以做投掷物用,装上五颜六色的水可以做标志物用,用旧报纸可以做成纸棒、纸球、纸飞机等做投掷练习。利用这些简易、安全、实用的器材资源,一物多用,不仅可以丰富教学内容,而且可为教学目标的达成提供有力的保障。

8. 以运动处方形式创编体育教学内容

这是一种按照锻炼的原理,将运动的强度、重复次数、速率等因素加以组合排列,根据学生不同的锻炼需要进行锻炼和教学的创编形式。这种形式有利于教会学生运用运动处方锻炼身体，是一种不可缺少的体育教学内容创编形式。

第三节　体育与健康课程标准

一、《体育（与健康）课程标准》简述

（一）《体育（与健康）课程标准》的性质

体育与健康课程是一门以身体练习为主要手段的实践性课程，以增进中小学生健康为主要目的，为终身体育奠定基础的必修课程，是实施素质教育和培养德、智、体、美全面发展人才不可缺少的重要途径，是在对原有的体育课程进行深化改革的基础上，突出健康为主线。

《体育（与健康）课程标准》由国家教育行政主管部门制定，是学生在体育与健康素养方面所应达到的基本要求的指导性文件。体现了国家对不同学段学生在体育与健康知识、身体健康、运动技能、心理健康、社会适应能力等方面的基本要求。规定了体育课程的性质、目标及内容标准，并提出了教学与评价的建议，是管理与评价教学质量、编写教材实施教学的依据。

（二）《体育（与健康）课程标准》基本理念

1. 坚持“健康第一”的指导思想，促进学生健康成长

《体育与健康》课程以促进学生身体、心理、社会适应能力整体健康水平的提高为目标，关注学生的健康意识、锻炼习惯和卫生习惯的养成，将增进学生健康贯穿于课程实施的全过程。

2. 激发运动兴趣，培养学生终身体育意识

运动兴趣和习惯是促进学生自主学习和坚持锻炼的前提；教学内容的选择或教学方法的更新，都应十分关注、激发和保持学生的运动兴趣，使学生能自觉、积极地参与体育锻炼。

3. 以学生发展为中心，重视学生的主体地位

从课程设计到评价的各个环节，始终把学生全面发展放在中心地位；在注意发挥教师主导作用的同时，特别强调学生的主体地位，以充分发挥学生的学习积极性和学习潜能。

4. 关注个体差异与不同需求，确保每个学生受益

充分注意到学生在身体条件、兴趣爱好和运动技能基础等方面的个体差

异；根据这些差异性确定学习目标和评价方法，并提出相应的教学建议，以保证绝大多数学生能完成学习目标，体验学习和成功的乐趣。

二、《体育（与健康）课程标准》的目标

1. 制订课程目标的依据

根据社会需要、学科特点和学生的身心发展，制订体育课程目标。体现三个层次的目标体系：课程目标→领域目标→水平目标。

2. 课程总目标

(1) 增强体能，掌握基本的体育知识和运动技能。

(2) 培养运动的兴趣和爱好，形成坚持锻炼的习惯。

(3) 具有良好的心理素质，表现出良好的交往能力和合作精神。

(4) 提高个人健康和群体健康的责任感，形成健康的生活方式。

(5) 发扬体育精神，形成积极进取、乐观开朗的生活态度。

3. 课程具体目标——学习领域目标

(1) 参与运动：具有积极参与体育活动的态度和行为，用科学的方法参与体育活动。

(2) 运动技能：获得运动基础知识，学习和应用运动技能，安全地进行体育活动，获得野外活动的基本技能。

(3) 身体健康：形成正确的身体姿势、发展体能，具有关注身体和健康的意识，懂得营养、环境和不良行为对身体健康的影响。

(4) 心理健康：了解体育活动对心理健康的作用，认识身心发展的关系，正确理解体育活动与自尊、自信的关系，学会运用体育活动等方法调控情绪，形成克服困难的坚强意志。

(5) 适应社会：建立和谐的人际关系，具有良好的合作精神和体育道德，学会获取现代社会中体育与健康知识的方法。

《体育（与健康）课程标准》五个维度的目标是一个相互联系的整体，各个维度的目标主要是通过身体练习实现的，在教学中不能把它们割裂开来，教学的每一项活动都应围绕多个目标维度来展开。

4. 水平目标

《体育（与健康）课程标准》从纵向结构上，按照水平划分为 6 个学段，这样划分主要考虑到各地、各校情况的差异性（表 4−2）。

表 4-2 学习和应用运动技能的六个水平目标(以篮球为例)

水平	年级	目标
水平一	小学一、二年级	初步掌握简单的技术动作。达到该水平目标时,学生将能够在球类游戏中做出单个动作,如拍球、投篮和运球等;做出基本体操的动作,如滚翻、劈叉等;模仿简单的舞蹈或韵律活动动作;做出地域性运动项目中的简单动作,如水中行走、水中漂浮、冰上行走等
水平二	小学三、四年级	会做简单的组合动作。达到该水平目标时,学生将能够做出多项球类运动中的简单组合动作、体操的简单组合动作、武术的简单组合动作、舞蹈或韵律活动中的简单组合动作、地域性运动项目中的简单组合动作
水平三	小学五、六年级	初步掌握运动基本技术。达到该水平目标时,学生将能初步掌握多项球类运动中的多种动作技能、一两套徒手体操或轻器械体操、一套简单的武术套路、一套舞蹈或韵律活动动作、两三项田径运动技能和一两种地域性运动项目的技术
水平四	初一至初三	发展运动技、战术能力。达到该水平目标时,学生将能够基本掌握一两项球类运动的技战术,完成一两套武术套路或对练、一两套技巧项目动作或器械体操动作、一两套舞蹈或健美操,基本掌握几项主要的田径运动技能和一两种地域性运动项目的技术
水平五	高一至高三	提高一两项运动的技战术水平。达到该水平目标之一时,学生将能够较为熟练地掌握一两项球类运动的技、战术,较为熟练地完成一两套有一定难度的武术套路或对练、一两套技巧项目动作或器械体操动作、一两套舞蹈或健美操、一两项田径运动技能和一两种地域性运动项目的技术,学习一两种新兴的运动项目,如轮滑、攀岩等 增强技、战术的运用能力。达到该水平目标之一时,学生将能够参加班级中各种体育比赛,如球类、田径、游泳等;自编自练简单的舞蹈或健美操
水平六	发展性阶段水平	组织和参加小型体育比赛。达到该水平目标时,学生将能够组织小型体育比赛,如班级间单项比赛等;参加班级以上的体育比赛,如年级间、校际间、社区内的比赛等

水平目标源于课程目标,是课程目标的进一步具体化,它是指导教学设计、课堂实施、教学评价的基本依据,对教学活动具有导向、调整、测评的功能。

三、课程内容

组合的特征《体育(与健康)课程标准》在确立了课程目标体系的基础上,提出了达到目标的内容建议,综观这些内容建议,反映出以下几个方面的内涵:

重视学生对多种基本运动技能和技术的学习,通过形式多样的体育教学方法、手段和丰富多彩的健身活动内容,培养学生参与体育活动的兴趣与爱好,形成适合自己的运动专长,树立终身体育的意识。

重视让学生在体育健身的同时,了解环境、营养和行为对身体健康的影响,要求教师根据学生身体发展敏感期来安排教学内容,使学生在各阶段有所侧重地发展某种体能,帮助他们形成健康的生活方式。

重视通过体育与健身课程教学来提高学生的自律能力和调节情绪的能力,培养坚强的意志品质,也提醒教师要创设一些体育学习的情景,采取一些特别手段,促进学生心理健康水平的提高。

重视学生在体育健身活动中的合作和竞争,培养学生的人际交往能力,培养学生对他人、集体的关心意识,这是学生走向社会的一种基本能力。在体育教学中要注意营造良好、和谐的课堂氛围。

上述课程内容组合,较好地体现了体育课程的性质,使体育与健康课程目标的指向性更加明确,可操作性更强。比较突出的一点就是丰富了体育与健康课程的内容,拓展了学生的学习渠道具有以下特征:

课程内容的发展性:在构建课程内容体系时,将学生的发展放在首要位置,不过分强调学生应该掌握多少体育运动技能,而注重使学生通过体育与健身课程内容的学习,得到对学生本人现在及未来生活、工作有益的知识和技能。要求学校和教师对学生学习体育的关注不再局限于学生的运动经验,而要和生活经历联系起来,帮助学生获得经验,为学生终身体育奠定基础。使学生在走向社会、踏上工作岗位之后,能满足自身的健康需求,并能融合到群体之中。

课程内容的整体性:课程内容的整体性体现在知识的整体性上,融合了体育、生理、心理、卫生、健康、环境、安全等诸多学科领域的有关知识,使课程内容跨越学科之间的鸿沟。这些内容变化最大限度地体现了体育与健康课程知识的"整体"面貌。

课程内容的选择性:加大了学校、教师、学生对课程内容的选择权,课程内容只是规定了学习内容选取的范围具体学什么,则由各地、各校根据实际情况自行决定。这就使各校在实施课程教学时有了更大的自由度和灵活性。

四、体育教材

教材是教学活动的基本工具。编写中小学体育与健康教材，必须依据《课程标准》，全面理解新的课程理念，充分体现课程性质和课程价值，根据课程目标和内容标准构建富有特色的教材体系。教材有别于教学内容，教材是教学内容的一部分，教学内容是教材的上位概念。教师可根据教学任务的需要及学校的实际，对教材中的内容进行合理科学的选择，把握好继承与发扬、创新与升华的关系。

（一）教材编写的原则

1. 教育性原则

教材编写要贯彻国家的教育方针，体现素质教育的精神，有利于全面提高学生的素质，有利于对学生进行爱国主义、集体主义和社会主义教育。

2. 健康性原则

教材编写要有利于学生了解和掌握体育与健康的有关知识和技能，使学生通过科学的体育锻炼，增进身心健康和社会适应能力。

3. 趣味性原则

教材编写要面向全体学生，以学生为主体，依据不同年龄阶段学生身心发展的特征，充分考虑学生已有的经验，并从学生的兴趣、需要和能力出发，激发学生学习、表现和创造的欲望，培养学生积极、主动的学习精神。

4. 发展性原则

教材编写要充分考虑社会发展、现实生活和学生个人自我发展的要求，注意选取对学生终身体育具有重要影响的基础知识、基本技能和活动内容，以利于学生学会学习，并具有一定的自我设计、自我锻炼、自我评价的能力，满足学生终身体育的需要。

（二）编写教材内容的基本要求

（1）编写教材要依据五个学习领域的内容，精选与学生身心健康紧密相关的教材内容。

（2）教材要多样化和具有开放性，要突出重点，不求面面俱到。教材内容要有利于引导学生独立思考和探索，培养学生的创新精神和创新能力。

(3) 教材内容的选择要在继承优秀传统体育文化的基础上吸收现代体育文化。优秀的传统体育文化要渗透在教材之中，现代的体育文化更应在教材中得到充分的体现。

(4) 教材内容的选择要有利于培养学生的安全意识，有利于学生掌握安全运动的方法。

(5) 教材内容应处理好各水平阶段的纵向衔接和与其他相关学科的横向联系，避免重复，以利于学生循序渐进地学习。

(三) 教材的呈现形式和体例

体育与健康教材包括多种载体，除学生课本、教师用书以外，还应包括挂图、卡片、图片、幻灯、音像资料、多媒体教材等。其中小学不编写学生课本，初中和高中根据按水平加选修编写学生课本，各学段均需编写教师用书。

1. 学生课本

学生课本的用途是在教师指导下供学生自学和实践。因此，课本的版式设计要美观，图文并茂，生动活泼。内容要贴近学生的生活经验，与学生的切身利益紧密相连，激发学生阅读体育与健康教材的兴趣，从而使学生了解和掌握体育与健康的有关知识。

(1) 课本内容的呈现要改变以往从概念到概念的叙述形式，从问题出发，指导学生通过运动实践和观察、思考，自己去获得知识和结论。要给学生留下自主学习的空间，使学生的学习方式有所突破，逐步学会学习。

(2) 课本内容的表述要适合学生心理，既科学严谨，又生动活泼，有利于学生阅读和思考。

(3) 有关学生课本体例的建议包括以下几个方面

① 课题：应标题鲜明，引人注目。

② 学习提示：应启发学生思考，引导学生感受课题的价值。

③ 学习内容与方法：应引导学生体验与感受、表现与创造、综合与运用、参与与发展。

④ 练习和自我测评：应引导学生反思、领悟学习内容，评价自己的学习情况，提高学生自我学习、自我评价的能力。

不同版本的学生课本体例可各具特色。

2. 教师用书

教师用书是课程教材的重要组成部分，主要内容应包括：

(1) 教学目标、教学特点、教学方法、需要注意的事项和教学评价。

(2) 课堂活动设计。

（3）对教学内容的扩充和深化，以及其他必要的补充知识和背景知识。

（4）学年、学期、单元、课时教学计划案例。教师用书的内容应与学生用书相对应。

思考题

1. 联系体育活动实践理解体育教学内容特点。
2. 如何理解体育教学内容的选择依据及要求？
3. 简述体育教材编写的原则。

作业题

1. 学习《体育（与健康）课程标准》后，谈谈对其的理解。
2. 举例说明中、小学体育教学内容的创编有哪些形式？

第五章　体育教学方法

本章提要：

阐述了体育教学方法概念、分类及改革与发展趋势，体育教学中常用的学习指导法、动作练习法和一般教育法。联系体育基础知识类教材、运动技能类教材、发展体能类教材，介绍了体育教学方法的选择和运用。

第一节 体育教学方法概述

一、体育教学方法的概念

体育学方法是体育教学的基本要素之一，直接关系着体育教学工作的成败和教学效率的高低。实践已证明，教师能否正确理解、选择和运用教学方法，对于教学活动过程顺利进行具有重要意义。

人们对体育教学方法概念的认识和界定，在不同时期甚至同一时期有差异性：从只注重体育教学过程中教师的作用，到关注学生主体地位和主体性的发挥；从重视教学的双边性，到更加深刻地理解和注重教与学的整体性与师生的相互作用，表明人们的认识正不断地接近体育教学方法的本质属性。

综合体育教学方法的各种定义和近年的研究成果，体育教学方法包括教师教的方法和学生学的方法，就其来源说，一方面是一般教学方法在体育教学中的运用；另一方面来源于体育教学实践，是体育教学中特有的。因此，体育教学方法有与其他学科教学方法的共同点，又有自身的特点。体育教学的最大特点是以身体练习为基础，多种感官参加，不仅需要通过视觉、听觉接受信息，而且要在中枢神经系统的指挥下，运用动觉、位觉、触觉等来感知自己身体的动作，特别是通过本体感觉来感知自己身体运动时用力的大小、方向和动作的幅度，以便有效地控制动作。这不仅能提高机体对信息的接收量和增加信息的传播途径，也有助于机体在中枢神经系统的调节和控制下，协调各个方面，按照技术标准要求掌握动作。另外，多种感官参加活动，对于发挥认知因素和非认知因素的作用，也起着积极的促进作用。

体育教学方法在实现体育教学目标中起着桥梁和中介的作用，是为了达成教学目标而设计的。教学方法是手段，它的优劣应该由达到的教学目标的程度和教学效果的好坏来衡量。

二、体育教学方法的分类

教学方法分类就是建立次序和系统，把众多的教学方法，按照一定的标准归属到一起；或按照某些不同特点，把他们区分开来，以便更好地分析、认识各自的特点、作用和条件，掌握其发展的规律。

在长期的体育教学实践和研究过程中积累了一个内容丰富、种类繁多的体育教学方法系统，目前也存在着不同的分类，主要有：

(1) 依据师生双边活动来分类：把体育教学方法分为教授法和学习法。

(2) 依据学生获得知识的主要途径和来源，把体育教学方法分为语言法、直观法、练习法。

(3) 依据教学目标：把体育教学方法分为传授与掌握体育知识、技术和技能的方法，发展学生体能的方法，加强学生思想品德教育的方法。

(4) 依据体育教学方法的外部形态(信息传递途径)：把体育教学方法分为：以语言传递信息为主的方法；以直接感知为主的方法；以身体练习为主的方法；以比赛活动为主的方法；以探究性活动为主的方法。

(5) 考虑到体育教学实践中应用教学方法的方便和实用：把体育教学方法大致分为：学习指导法、动作练习法和一般教育法三大类。体育教学方法体系结构详见图 5－1：

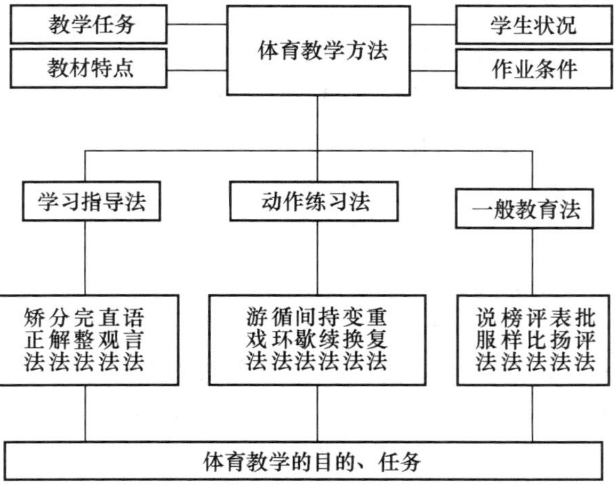

图 5－1　体育教学方法分类图

三、体育教学方法改革与发展的趋势

体育教学方法的改革与发展历来备受人们关注，其趋势可以归纳为以下几个方面：

(一) 体育教学方法的现代化

体育教学方法的现代化与整个教学方法的现代化一样，是依靠现代科学技术尤其是信息技术，来提高体育教学效果。主要表现在：

(1) 现代视听教学设备在体育教学中的广泛应用：使教学物资设备现代化，从幻灯机、电影到录音机、电视与录像，打破了传统体育教学方法的时空限制，为学生展示了在体育课上无法感觉和体验的东西。

(2) 计算机辅助教学的广泛应用：把体育教学带到一个新的感知空间。例如，电子计算机辅助教学(CAI)把计算机用于展示动作过程，展示技术环节图等，把容易模糊的概念、教学中的重、难点逼真地演示给学生。现代化教学技术手段的采用，使得体育教学中信息传导的途径和方式不断增加，传播媒介和手段不断丰富。

(二) 体育教学方法的个性化

重视个性化是体育教学方法改革的一个重要特点。传统的体育教学一度过分强调教师为中心，强调统一性，教学方法过于划一、呆板，学生在教学过程中处于被动接受的地位，压抑了学生的个性发展。体育教学的学习效果在很多时候与学生先天素质及其个体差异有很大关系。体育教学方法个性化就是根据学生个性差异的水平，改革和创造体育教学方法，恰当的选择和运用能使每个学生得到最充分发展的体育教学方法。

(三) 体育教学方法的开放性

体育教学方法改革所呈现出的开放性特点，表现在吸收现代化的教育理论，贯彻现代教育思想、观念，重视知识的更新，不断地与其他学科进行交流和借鉴，扬百家之长等方面。例如，对体育教学方法改革影响最大的学科是学习心理学和教学论，不仅用心理学研究来证明运动技能学习的过程，用教学论研究成果来重新审视体育教学方法体系，而且将这些学科最新进展应用于体育教学方法的改革上，提出并尝试了诸如自主学习法、探究式学习法、发现式学习法以及合作学习法等。可以预见，随着相关学科的发展，将会给体育教学方法的改革和发展提供更多的理论支撑。

第二节　常用的体育教学方法

一、体育教学中的学习指导法

体育教学中的学习指导法是指教师指导下学生学习的方法。主要包括语言法、直观法、完整法、分解法、预防和纠正错误法等。

(一) 语言法

语言法是运用各种形式的语言指导学生学习的方法。在体育教学中，正确地运用各种语言形式和时机对顺利完成教学目标，提高教学效能有重要的意义。它一方面能使学生明确学习目标、激发学习动机、实现师生互动；另一方面又可启发学生的积极思维，加深对教材的理解；同时，还有利于培养其分析问题和解决问题的能力。

体育教学中常用的语言法的形式主要有：讲解、口令和指示、口头评定、口头汇报、默念和自我暗示等。

1. 讲解

(1) 讲解的意义：讲解是指在体育教学中，教师用语言向学生说明教学目标、动作名称、作用、要领、方法、要求，以指导学生进行学习的一种方法。讲解是体育教学中运用语言法的一种最主要、最普遍的形式。体育教学中常用的讲解方式有：

① 直陈式：用简明扼要的语言直接陈述。多用于对简单动作的讲解以及宣布课的目标、内容和要求等。

② 分段式：把教学的动作分成若干段落，逐段讲解。多用于较复杂动作新授阶段的教学。

③ 概要式：按完成动作技术的要领归纳出要点进行概括讲解。多用于动作技术复习阶段的讲解。

④ 侧重式：在分段讲或概要讲时，突出重点、难点和存在的主要问题。这有利于学生有重点地进行学练、了解并改正错误和掌握动作技术。

⑤ 对比式：把相对的两个方面加以比较，指出其中的异同。此法可以加深学生对问题的理解。

⑥ 提问式：向学生提出问题后再进行讲解。能强化学生注意，启发其积极思维。

⑦ 联系式：根据教学需要联系实际的讲述。多用于一节课的导入或一项教材教学的开始或结束时，亦可用于启发学生改正错误。

此外，还有比喻法、复述法、引证法、鼓动法等多种讲法。在体育教学中教师可根据实际需要，分别或综合选用。

（2）体育教学中讲解的要求

① 讲解目的要明确并具有教育性：教师讲什么？讲多少？怎样讲？都要根据教学的具体目标、内容、要求、教学进程以及学生的实际，有的放矢地进行讲解。

② 讲解要生动形象、简明易懂：讲解时要正确使用体育专业术语，广泛采用比喻、口诀、概要等形式生动形象地进行讲解。要注意突出教学的重点、难点、关键，要口齿清楚、用词贴切，层次分明并符合学生的程度。

③ 讲解要富有启发性：讲解时教师要善于设问质疑。可通过提问、引导、联想等方式使学生积极思维，并能将看、听、想、练有机地结合，以取得良好的讲解效果。

④ 讲解要注意时机和效果：不同的教学阶段、不同的学生、不同的教材，讲解的方式和时机有所不同。例如，课的开始，教师宣布课的教学目标、内容时，语言要精练、果断；在分析动作要领时，对技术的重点、难点可通过手势、语气以及语调的变化加以强化；而在组织调动队伍、教师背向学生以及学生正在做练习（特别是静止用力或较危险的动作）时，除了适当采用简短提示和评价外，一般不作具体讲解。

⑤ 注意精讲多练：在教学过程中应根据实际需要判断和运用讲解，该讲则讲，能少讲不多讲，把更多的时间留给学生自己主动地去学习、练习和体验。这就要求教师除了抓住重点和关键以外，还要放手让学生自己去探索和尝试。

2. 口令和指示

口令和指示是教师以最简明的语言，以命令的方式指导学生学练的一种语言法形式。如在队伍的调动、队形的变换，基本体操、武术、舞蹈、韵律操的练习时都经常采用口令和指示。教师在运用口令指示时，要声音洪亮、节奏分明、发音准确有力。

3. 口头评定

口头评定是指教师根据教学目标和要求，以简明的语言评价学生学练效果、成绩和行为的一种语言法形式。例如，学生在练习过程中或练习之后，教师用“很好”、“有进步”等一句话评价。这种口头评定有利于激发学生的学习兴趣，使学生及时了解自己的不足，提高学习效率。教师在运用此法评价学生时，要准确及时，以鼓励为主，并注意指出学生的主要缺点和不足。

4. 口头汇报

口头汇报是指教师要求学生根据教学的要求和自己对动作学习的体验，简要分析说明自己见解的一种语言法形式。这也是促使师生信息交流，启迪学生积极思维，培养和提高学生表达能力、自我分析和评价能力的一种有效的方法。

5. 默念和自我暗示

默念和自我暗示是指学生在练习中，通过指示性的默念字句，暗示自己努力做好动作的一种无声的语言法形式。默念和自我暗示可以在头脑中激起有意识的活动，提高对动作技术的深入理解，并可针对自己存在的问题，抓住关键，有助于纠正错误动作，回忆教学进程。

（二）直观法

直观法是指在体育教学中教师通过实际的演示或外力帮助，借助学生的视觉、听觉、触觉和本体感觉器官来直接感知动作的教学方法。常用的直观方式主要有：动作示范、教具和模型的演示、视频影像、条件诱导与限制等。

1. 动作示范

动作示范是以具体动作为范例，指导学生进行学习的一种方法。

体育教学中动作示范的主要形式有：正面示范、侧面示范、背面示范、镜面示范、完整示范、局部示范、常速示范、慢速示范、静止示范等。

体育教学中动作示范的要求：

(1) 示范要有明确的目的：每一次示范都要有明确的教学目的，做什么示范？怎样示范？均要依据课的目标、教学的进程、学生的水平等有针对性地安排。通常在某项运动技术教学初期，为了使学生了解学什么并建立完整的动作概念可选用完整、常速示范；为了使学生进一步了解动作的结构、时空特征，掌握学习的方法，可采用慢速示范；而为了突出教学的重点和难点，纠正学生的错误动作则可采用分解示范或静止示范，以引起学生注意。

(2) 示范要正确、熟练并具有感染力：动作示范的正确性应从两个方面来理解：一是示范动作要符合动作的技术规格和技术要求等；二是动作示范的难易程度、达到的标准、展示的重点以及示范的表示方法等，要以学生的实际需要为依据，不应低于或高于学生的需要。此外，示范做得轻松、优美，具有感染力，能够激发学生的学习动机。

（3）示范的方向和位置要利于学生观察：为了使动作示范便于学生观察，教师要正确地选择示范的位置和方向。示范的位置要根据学生的队形、动作性质及安全等因素决定示范的方向，要根据动作结构和要求学生观察的动作部位而定。示范时还应依据实际需要讲究各种示范的“面”，如实践中为了显示动作的左右距离，可采用正面示范；为了显示动作的前后部位，可采用侧面示范；对方向、路线变化比较复杂的动作，可采用背面示范；对于动作技术结构简单、学生易于模仿的练习，如徒手操等可采用镜面示范。总之，示范应使每个学生都能清楚观察为原则。

（4）示范要与讲解相结合：在教学实践中，根据教学目标、练习的内容及学生的身心特点，采用先讲解后示范、先示范后讲解、边讲解边示范的讲解与示范相结合的不同方式，可充分发挥学生的视觉、听觉等感知觉的能力，有利于直观和思维紧密结合，提高教学效果。

2. 教具和模型的演示

教具和模型的演示是通过挂图、图表、照片、模型等直观教具所进行的一种直观的再现动作的方式。当动作技术较复杂时，动作示范难以充分显示动作的结构、过程、细节、时间与特征时，可借助于教具和模型的演示。教师要根据教学的实际需要选择、使用教具、模型，并注意演示的程序、时机，以提高教具模型演示的直观效果。

3. 视频影像

视频影像是利用电影、幻灯、投影、电视和录像等现代化的电化教学手段进行直观教学。借助于电化教学的视听工具可以完整地、准确地再现和重复动作，对一些复杂的动作还可调控速度或暂停进行分析，这对于激发学生的兴趣，启发其思维并加深对问题的理解具有显著功效。

4. 条件诱导与限制

条件诱导与限制是以某种条件为诱因或限制，以达到直观目的。体育教学中的条件诱导与限制的形式很多，如助力、阻力、定向和领先等形式。

助力和阻力是借助外力的帮助，或对抗的阻碍与限制，使学生通过触觉和肌肉本体感觉，体验正确用力时机、大小，辨别动作的时间、空间特点，以直接体会动作的要领。

定向是以具体的或形象的方向标志物，给学生指示动作的方向、幅度、轨迹和用力点。

领先主要是利用超前的信号和某种视听手段，对学生进行刺激或引导，以利于完成某一动作的直观方法。

(三)完整法

完整法是指从动作开始到结束,不分部分和段落,完整地、连续地进行教学的一种方法。

完整法的优点是能使学生完整地掌握动作,不至于破坏动作结构和产生动作脱节。其缺点是不易于较快地掌握动作技术中较为复杂的要素和环节。完整法一般适用于动作技术较简单,或已经基本掌握了的动作,或动作技术复杂却又无法进行分解教学的动作,以及对动作分解教学后又连接起来完整掌握时。

运用完整法的注意事项:

(1)对于较简单的动作,教师讲解、示范后即可让学生完整地进行练习。

(2)对于较复杂的动作教学,为降低教学难度,可采用如下几种做法:

① 突出教学重点:教学中可先要求学生掌握技术基础部分,再逐步掌握技术细节,或者首先强调动作的方向、路线,然后再要求动作的幅度和节奏等要素。

② 简化动作要求:如跑可缩短跑的距离或降低跑速;跳高可降低横杆的高度;投掷可减轻器械的重量;球类战术配合可采用先去掉防守队员等。

③ 采用各种辅助和诱导性练习:许多复杂和不能分解的动作,可在练习前或练习间进行与该动作技术结构特点相近,有迁移性的练习,以促进动作的学习和掌握。

(四)分解法

分解法是把一个完整的动作合理地分成几个部分(或段落),按部分逐次进行学习,最后达到全部掌握的一种教学方法。

分解法教学的优点是可简化教学过程,缩短教学时间,提高学生学习的信心,较快地掌握动作。其缺点是使用不当易使动作割裂,破坏动作的技术结构,影响动作技能的形式。分解法适用于技术较复杂而用完整法学习又不易掌握,或动作的某些部分需要加强学习等情况。

1. 分解法的形式

分解法通常采用以下三种形式:

(1)单纯分解:即先学第一部分,再学第二部分,然后再学第三部分、第四部分,各部分逐一学会后,最后联系起来进行完整练习(图 5-2)。

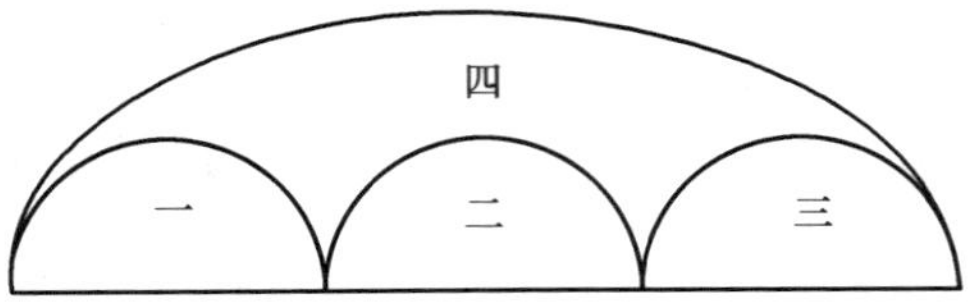

图 5－2 单纯分解

（2）递进分解：即先学第一部分，再学第二部分，然后将第一、二部分联系起来教学，掌握后再教第三部分，最后将一、二、三部分完整学习（图 5－3）。

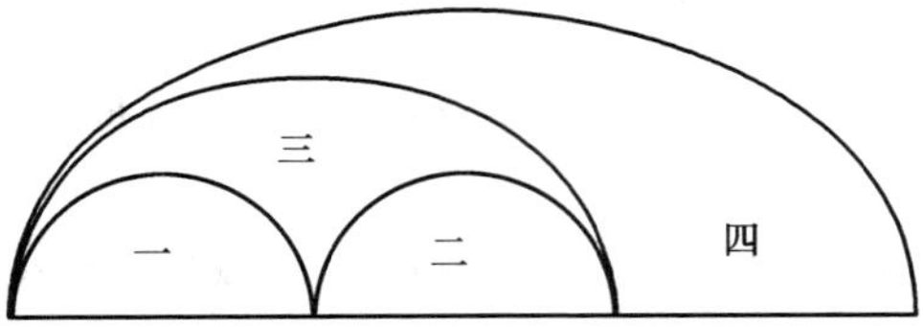

图 5－3 递进分解

（3）顺进分解：即先学会第一部分，学会后再一起学第一、二部分，两部分都学会后再一起学练一、二、三部分，最后完整掌握（图 5－4）。

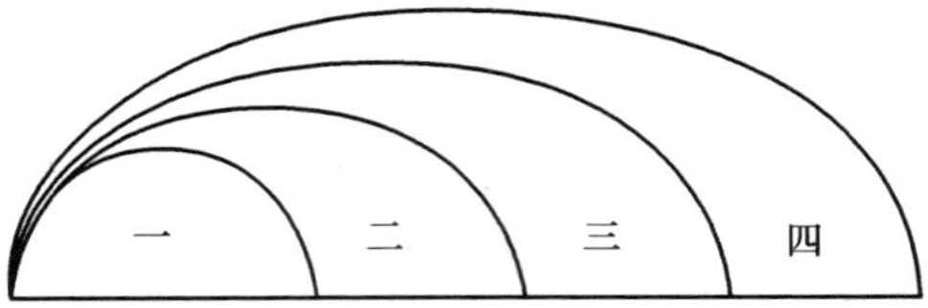

图 5－4 顺进分解

2. 运用分解方法的注意事项

（1）对动作技术分解时，要考虑其内部联系，使部分的划分不致改变动作的结构。

（2）使学生明白所学的每一部分在完整动作中的位置及作用，尽可能地增加学生对教材的整体感。

（3）分解教学时间不宜过长，要与完整法结合运用。

（五）预防与纠正错误法

学生在学习掌握动作技术时，出现这样或那样的错误动作是一种正常现象，教师要采取有效的措施，及时地加以预防和纠正，否则就易形成错误的动力定型。因此，教学中必须采取有效的措施，预防和纠正学生出现的各种错误。

预防与纠正错误法是指教师针对学生练习中产生错误的原因，有针对性选择有效的手段，预防或及时纠正错误的一种方法。

为了有效地预防和纠正错误，首先要分析产生错误的原因。通常情况下，错误动作产生的原因是多种多样的，概括起来有如下几个方面：

（1）学生因素：主要是学生学习目标不明确，积极性不高，怕苦、怕累、怕受伤，缺乏信心，有畏难情绪。学生对所学动作技术的概念、要领和方法不清楚，或因受旧技能的干扰等。学生的身体素质和运动能力没达到相应的水平。

（2）教师组织教法因素：主要是所选教材内容不符合学生的实际水平，教学安排缺乏系统性，组织教法不当等。

（3）教学的外部环境与条件因素：主要是受到场地、器材设备等教学条件和周围环境与季节气候的影响等。

针对上述产生错误的主要原因，教师要分别采用相应的方法进行预防和纠正，如运用分解法解决复杂技术问题；通过诱导性练习以及转移性练习等手段消除学生的紧张情绪；加强基本技术的教学，全面发展学生的身体素质等。实践中可遵循下列程序：预测可能产生的错误—观察与发现各种错误—分析错误产生的原因—采取相对应的措施—检查与检验效果—总结教学经验。

学生错误动作纠正的快慢往往与教师的指导有密切关系，要充分发挥教师在教学过程中的主导地位，对症下药，有的放矢，耐心细致，把预防与纠正法贯彻于体育教学整个过程之中。

二、体育教学中的动作练习法

动作练习法是体育教学中特有的基本方法，又称身体练习法。学生掌握动作技术、技能，锻炼身体，增强体质，都需要通过反复练习来现实。所以，动作练习法对实现体育教学目标具有重要的意义。体育教学中常用的动作练习法主要有：重复法、变换法、持续法、间歇法、游戏法、比赛法、循环法等。

（一）重复法

重复法是根据练习的需要，在相对固定的条件下，反复进行同一练习的一种方法。相对固定的条件有动作的结构、场地、器材、运动负荷的表面数据等。如用同一速度跑 5 个 50 米；在一定高度上（如 1.50 米）用同一姿势（如背越式）反复进行跳高练习等。重复法的特点是练习的条件固定并反复进行练习，且每次练习的间歇时间没有严格规定。重复法的主要作用是有利于学生在反复的练习中掌握和巩固动作技术，提高运动负荷量，发展体能，培养意志品质。因此，重复法通常在掌握动作技术、技能和发展各种身体素质时采用。重复法又分为单一重复练习、连续重复练习和间歇重复练习三种不同的形式。

1. 单一重复练习

是指对同一动作的每一次练习后，根据需要安排适当休息的一种重复练习法。此法的特点是练习持续的时间短，休息控制灵活，练习数量少，运动负荷较小。因此，单一重复练习多用于动作的初学阶段。其主要作用是有利于学生集中精力学习以及教师对学生完成动作的观察。

2. 连续重复练习

是指在动作练习之间无间歇地对某一动作进行多次重复练习的方法。该练习的主要特点是练习持续时间较长，练习的重复次数较多、练习密度和运动负荷较大。连续重复练习多用于具有周期性特点的动作教学，如跑的练习。用于非周期项目动作教学时，可根据教学需要人为地赋予周期性特点，连续地进行重复练习，如连续做乒乓球的挥拍练习等。该方法既可以加速学生动作技能的形成和巩固，又可提高其神经系统和循环系统和呼吸系统的功能，还能够发展练习者的身体素质和意志品质。连续重复练习在教学初期运用时，要注意控制好连续重复的次数；用于发展学生体能时，要注意负荷与休息的合理安排。

3. 间歇重复练习

是指练习后安排相对固定的间歇时间再重复进行练习的一种方法。间歇练习的主要特点是对练习间歇时间以适当的控制，以加强对机体的影响。该方法对提高学生的心肺功能、身体素质、掌握运用动作技术的适应能力、负荷强度的承受能力，以及培养学生的意志品质均具有重要作用。运用间歇的重复练习关键是要根据教学、锻炼的需要和学生的承受负荷能力，安排好间歇时间。因此，教学时要加强医务监督。

运用重复法的注意事项：

（1）根据锻炼时的实际情况，选择重复练习的内容和时机。

（2）根据发展体能的任务和学生个体的具体情况确定练习的次数、距离、时间、强度、间歇时间。

（3）应尽量选用简单而有实效的或已基本掌握的练习手段，以保证练习的准确性，提高练习效果。

（4）使学生明确发展体能的目的和意义，激发锻炼动机，克服单纯从兴趣出发与枯燥感，并要采取灵活的调整措施，调节课堂的气氛。

（二）变换法

变换法是根据练习的需要，在变换的条件下进行练习的方法。变换的条件通常有动作内容、形式、组合结构、运动负荷的表面数据以及环境、设备等。例如，越野跑，沙滩跑，听音乐节奏的跑、跳练习等。变换法的特点是练习条件的变换。因此，它可以有效地提高学生中枢神经系统和身体各器官系统间的协调能力、对环境和负荷的适应能力，以及练习的积极性和运动技术水平。变换法有连续变换和间歇变换两种形式：

1. 连续变换法

在动作内容、形式、组合结构、运动负荷的表面数据以及环境、设备等变化的条件下，无间歇地进行练习的方法。如越野跑中环境的不断改变等。

2. 间歇变换法

在间歇后改变动作内容、形式、组合结构、运动负荷的表面数据以及环境、设备等条件再进行练习的方法。例如，某种距离跑间歇后增大或减小跑速；再如，体操、武术套路练习中动作组合的改变等。

运用变换法的注意事项：

（1）要根据特定需要选择和安排变换的条件。变换什么条件要根据实际需要有针对性地安排，如在改进提高运动技术时一般改变技术要素；在提高应用能力时，一般改变环境和条件因素。

（2）对变换的条件和内容要做出明确的要求和限定。

（3）用于发展学生体能时，要使运动负荷符合练习的要求以及学生的承受负荷能力。

（4）运用变换法练习时应注意对正确动作的干扰，防止动作错误的产生。

（三）持续法

持续法是在相对较长的时间内，用相对稳定的强度，不间歇地连续进行练习的一种方法。持续法的特点是练习时间相对较长，一次练习的量较大，强度相对较稳定。因此，运用持续法可使学生心血管系统和呼吸系统的机能得到稳步地提高。持续法多用于周期性项目中发展一般耐力以及球类项目的教学。

运用持续法的应注意事项：

(1) 因人而异，控制好负荷强度：在体育教学中，要依据不同教材、季节气候和学生的体质妥善安排运动负荷。如果练习强度较大时，就要缩短练习时间，而当延长练习时间时，练习强度就不能太大。

(2) 加强医务监督：教师在教学中要善于观察学生练习时所产生的生理、心理反应，及时进行调整。

(3) 加强思想教育：由于持续法较枯燥，因此，教学中除广泛采用多种练习组织形式外，应不失时机地向学生进行吃苦耐劳，坚韧不拔的意志品质教育。

(4) 培养学生自练、自控的能力：教学中应向学生传授持续法的基本知识及控制与调节运动负荷的方法，使学生自觉而科学地参与练习。

(四) 间歇法

间歇法是在一次(组)练习之后，严格控制间歇时间，在机体未完全恢复的情况下又进行下一次练习的方法。间歇法由每次练习的时间和距离、练习重复的次数和组数、每次练习的负荷强度、每次(组)练习的间歇时间和间歇时的休息方式等五大要素构成。根据这五个要素，可组成不同的间歇练习方案。间歇法的主要特点是每次练习时有间歇，但必须控制间歇时间和休息方式，即机体还没有恢复，就要进行练习且要采用积极性休息方式。因此，间歇法能有效地提高练习者呼吸系统和心血管系统的机能。

运用间歇法的注意事项：

(1) 根据教学目标确定间歇法五个因素的参数。

(2) 根据学生的实际去安排、调节和控制间歇时间。

(3) 间歇时应采用慢跑、走步、放松等积极性休息方式。

(4) 由于间歇法对机体的影响较大，所以，应注意总负荷和局部负荷的安排和控制。

(五) 游戏法

游戏法是在体育教学中以游戏的形式组织学生进行练习的一种方法。游戏法的主要特点是有竞争性和娱乐性，且有一定的规则限定。因此，游戏法能有效地调动学生练习的积极性，发展体能，培养学生的创造性和集体主义精神。

运用游戏法的应注意事项：

（1）应按教学的意图和计划来组织游戏者的活动。

（2）严格遵守游戏规则，应在规则允许的范围内发挥主动性和创造性，并应不失时机地利用游戏对学生进行思想品德教育。

（3）要注意通过游戏内容、规则、时间，以及组织游戏和场地器材等其他间接途径控制和调节运动负荷。

（六）比赛法

比赛法是在比赛情景下组织学生进行练习的一种方法。比赛法的主要特点是具有“竞争”因素，直接培养、提高所学内容的应用能力和运动参与意识。参加者投入竞争，情绪高涨，身心高度紧张，能促使参加者最大限度地表现出机体的机能能力。体育教学中采用比赛法的形式多种多样，可以是游戏比赛，也可以是教学比赛或专门组织的测验比赛；可以是个人与个人之间的比赛，也可以是小组与小组间的比赛；此外，按教学的具体目标和动作性质既可以比快、比高、比远，也可以比完成动作的质量或比课堂中学生组织纪律性等。

运用比赛法的注意事项：

（1）应根据教学目标、教材的性质、学生的特点和具体条件，正确、灵活地运用各种比赛形式和方法，并注意在比赛过程中，切实贯彻教学要求。

（2）要注意明确比赛规则，在比赛过程中应及时进行公正的评定。

（七）循环法

循环法是教师根据教学要求，选择若干练习或动作，分设若干作业点，要求学生在每个作业点上完成规定的练习内容和任务，然后再转到下一个作业点去，依次完成全部作业点练习。做完一轮可再重复下一轮练习。循环法的练习方式很多，最基本的有流水式循环和分组轮换式循环两种。

流水式循环是按练习顺序、路线、要求排成一路纵队依次循环练习。流水式循环又有分组流水和不分组流水两种形式（图 5-5）。

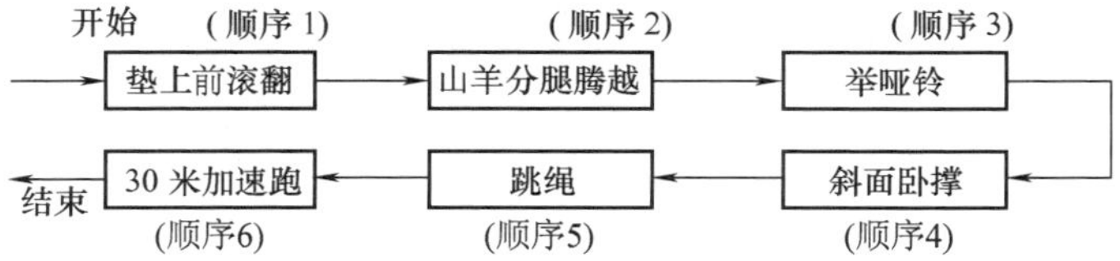

图 5-5　流水式循环练习法

分组轮换式循环是把学生分成若干组，各组学生分别在各练习站，按练习要求同时开始练习，一站练习完后，按一定顺序又到下一站练习，如此依次循环进行(图 5－6)。

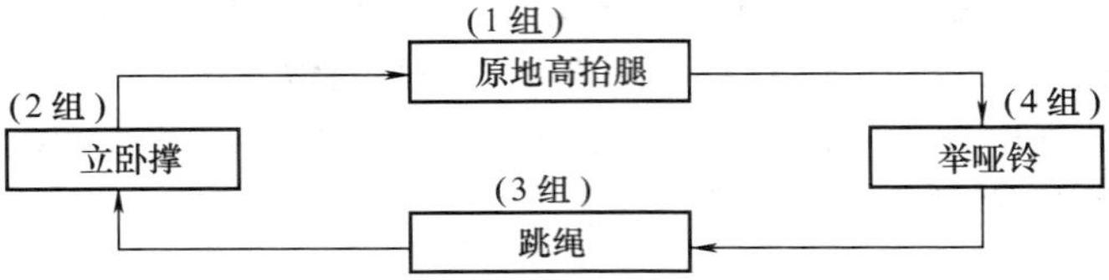

图 5－6　分组轮换式循环练习法

循环法既是一种练习方法，又是一种教学组织形式。它的主要特点是能有效地增大练习密度和运动负荷。同时循环法采用的练习大都是学生已基本掌握的、简单易行的，并具有一定针对性。所以，循环法大多用于发展学生的身体素质和机体机能能力，也可用来巩固提高某项主要教材的学习。

运用循环法的注意事项：

(1) 应根据练习的目标要求和学生的实际，选择练习作业点、练习的数量和强度、练习手段以及循环练习的方式。

(2) 各作业点选用的练习手段应简便易行，要尽可能使各组练习手段的安排对身体各部位以及发展各素质具有不同的影响。

(3) 各练习作业点的顺序应尽可能使难易程度及负荷大小不同的练习交替进行或渐进安排。

(4) 由于循环练习的总负荷积累较大，各站的运动负荷可依学生状况从最小负荷开始，练习过程中再逐步增大。

三、体育教学中的一般教育法

在体育教学中，有计划、有意识地对学生实施思想教育，有利于培养培养他们积极进取、团结互助、坚韧不拔的优良品质和完美人格，是体育教学的基本任务之一。对学生实施思想教育，发展个性的方法很多，其中最基本的方法有说服法、榜样法、评比法、表扬法和批评法。不论用哪种方法，都不能脱离体育教学的特点，要围绕体育教学活动和体育教学内容本身所包含或承载的教育因素进行。

(一) 说服法

说服法是通过摆事实、讲道理等说教来影响学生言行的一种方法。体育教学中的说服法通常采用讲解、座谈、讨论、谈话等方式。具体运用时应注意下述几点：

（1）说教时应观点明确，联系实际，符合学生特点。

（2）运用座谈或讨论方式教学时，教师应注意启发诱导，鼓励学生广泛发言，并对问题及时总结。

（3）要注意以事实为依据，以道理作引导，热情耐心地实施教育。

（二）榜样法

榜样法是以模范行为、先进事例等来对学生进行鼓励、教育的一种方法。由于青少年学生可塑性大、模仿性强，所以榜样对其有很大的感召力。在体育教学中，运用榜样法应注意以下几点：

（1）体育教师要以身示教：教师要通过自己的言行举止、教态、修养对学生进行潜移默化的影响，以发挥教师的楷模作用。

（2）教学中要善于树立典范。教师要不失时机地表扬先进，树立典型，使学生学有榜样。

（3）运用榜样法时，应实事求是，切忌把榜样特殊化。

（三）评比法

评比法是利用竞赛、检查、评估等方式在体育教学中对学生的表现、行为进行比较评价，以鼓励先进、激励后进的一种教育方法。青少年学生好胜心较强，运用评比法可在学生中形成一种你追我赶的竞争氛围，能起到良好的激励作用。体育教学中进行竞赛评比的内容很多，既可在班与班之间进行，也可在小组或个人之间进行；既可进行组织纪律性评比，也可进行贯彻执行教学常规的评比或行为表现评比等。此外，还可根据情况进行优秀体育班级、优秀体育小组、优秀体育骨干和体育积极分子的评比活动。

体育教学中运用评定法应注意以下几点：

（1）评比要有明确的目的：评比是一种教育手段而不是目的，要通过评比起到一定的宣传教育作用。因此，运用评比法时，对于评什么？怎样评？达到什么预期结果等均要有具体的操作计划。

（2）评比要有明确、具体的条件和标准，要利于学生公平竞争。

（3）评比时，要发扬民主，让大家充分发表意见。

（4）评比的结果要及时公布和总结，以扩大评比的影响。

（四）表扬法

表扬法是对学生的优良思想行为做出肯定评价，以达到强化教育效果的一种教育方法。表扬能增强学生的自信心和自尊心，鼓励学生不断上进，并创设一种蓬勃向上的良好氛围。体育教学中的表扬法可通过口头称赞、点头、微笑、鼓掌等方式表达。运用时应注意以下几点：

(1) 表扬要及时：教师要善于捕捉学生身上的“闪光点”，不失时机地给以肯定和鼓励，尤其对于后进的学生，更应给以及时表扬，以增强其上进心和自尊心。

(2) 表扬要适当：教师对于学生的表扬要实事求是，不要过分夸大。

(3) 表扬时要适当指出缺点和不足。

（五）批评法

批评法是对学生的不良行为做出否定的评价，用以克服和改正其缺点错误的一种教育方法。批评能使学生认识到自己存在的不足，明确标准，从而尽快地改正错误。体育教学中可通过当众批评、个别批评、表情、眼神、手势等方式表达。运用时应注意以下几点：

(1) 批评学生要从爱护的角度出发：通过批评要使学生明白错在哪里？为什么错？有何危害？如何改正？以使其能尽快改正错误。

(2) 批评要使学生心悦诚服：教师在批评学生前一定要深入调查情况，弄清事实，有理有节。

(3) 批评要注意方式：青少年学生的自尊心较强，最好以表情、眼神及个别批评的方式进行，尽量不要采用当众批评的方式，更不应该采用体罚及经济制裁的手段。

体育教学的方法是不断发展和完善的。近年来，随着体育教学改革的深入，国内外的体育教育者也在不断总结和推出一些新的方法，诸如情境教学法、发现式教学法，等等。这些方法的出现和运用，必将对我国的体育教学方法的丰富和完善起到积极的推动作用。体育教学的各种教学方法，在教学实践中常常是结合运用，共同完成体育教学目标。任何一种教学方法都不可能是万能的，体育教师应不断地总结教学实践经验，注意吸取国内外先进的教学思想与方法精华，依据客观事实，从实际出发，灵活地、创造性地运用各种教学方法。

第三节　体育教学方法的选择与运用

一、选择体育教学方法的依据

任何一个教学方法都不可能是万能的，都有各自的独特功能、适用范围和使用条件限制，有各自的优点和缺点。同时，体育教学方法受教学过程中各种因素的影响，难以用一种模式概括，所谓“教学有法，但无定法，贵在得法”就是形象的实践总结。因此，教师能否正确地选择教学方法，就成为影响体育教学质量的关键问题之一。正是从这个意义上说，每个教师都必须学会依据不同的教学任务、学生特点、教材性质和不同的情景条件来科学地、恰当地选择教学方法。

1. 根据体育课教学目标与任务来选择教学方法

教师在选择教学方法时首先要根据不同的教学目标和任务选择不同的教学方法。例如，新授课的教学目标是使学生建立初步的动作定型，可以运用讲解法、动作示范法以及完整法与分解法等；如果是巩固技术和提高体能，可选择重复练习法、持续法、循环法等。

2. 根据教材内容的性质和特点来选择教学方法

体育教材是实现体育教学目标的载体，不同教材内容有其自身特点，通常，不同性质的教材内容，要求采取不同的教学方法。如田径、球类、体操、武术等不同的教材，它的“教”和“学”有不同的方法；不同的动作教学过程中的不同阶段也需要不同的教学方法。所以，教师应在仔细分析教材的基础上，根据教材的性质和具体内容特点，灵活而有创造性地选择适当的体育教学方法。

3. 根据学生的实际情况来选择教学方法

体育教学方法要体现实效性，归根结底是要看学生能否有效地学习。因此，教学方法要适应学生的基础条件和个性特征，要根据学生年龄特征、心理特点，现有的体育知识、技能水平，以及班级的学习风气等方面的准备水平，选择最能适应学生条件和能促进发展学生技能和体能的教学方法。例如，小学生活泼好动，注意力不易集中，宜采用生动的直观方法，并常用游戏方法来进行教学。中学生争强好胜，群体意识和集体主义荣誉感强，可采用集体分组比赛的方法。

4. 根据教学条件选择体育教学方法

体育教学方法的运用需要借助一定的媒介物进行，教学方法的选择要考虑当时的教学情境和现实的教学条件，比如学校的教学器材、场地设施等。这些教学条件为教学方法发挥作用提供了必要的物质条件。同时，教师在选择教学方法时也不能被动、消极地适应场地器材等条件，还应合理地在现有条件下开发利用教学资源，进一步地开拓教学方法的功能和范围，以提高体育教学方法的效果。

二、体育基础知识类教材教学方法的运用

所谓体育基础知识类教材，是指体育与健康课程教学所涉及的知识类教学内容。由于体育与健康课程所涉及的知识内容丰富，应根据不同年级学生的实际水平与需要，有目的、有计划地确定教学内容。体育基础知识类教材特点决定了教学中一般采用语言法和直观法，具体应用的方式有：

1. 讲授

教师要根据教材特点和学生接受能力充分备课，系统组织课的内容。在讲授中，做到层次分明，重点突出，深入浅出，注意启发思考；语言要生动准确，通俗易懂，控制好语速和节奏；也可结合直观教具或板书进行讲授。

2. 讨论

可针对学生熟悉的内容，或关心的体育赛事活动、热点体育话题，联系学生已有知识、体会和看法，展开讨论乃至辩论。这种方法适用于高年级学生，但不宜过多。讨论时要引导学生围绕主题进行。

3. 答疑

课前教师可通过一定方式，集中学生在体育活动中出现的有关体育知识的疑问或困惑进行解答，也可现场让学生提问题，教师解答，为避免冷场，教师应注意做到有启发、有诱导的答疑解难。

4. 知识竞赛

教师事先向学生发布关于知识竞赛的范围、组织措施，让学生明确竞赛规则、奖励办法等。教师要充分准备，围绕学生已学过的体育基础知识，适当扩大和延伸有关内容。要做到问题明确、难易适中、评分公平合理。此法每学年运用不宜过多。

5. 演示

提倡利用电视、录像、电影、幻灯等演示手段，指导学生把握好观察的重点和时机，把讲述和演示有机地结合起来。

三、运动技能类教材教学方法的运用

（一）不同类型运动技能的教学方法运用

运动技能就其结构特点可分为闭式和开式。闭式技能的特点是：完成

动作时，基本上不因外界环境的变化而改变自己的动作，在动作结构上多属周期性重复动作，完成动作的反馈信息只来自本体感受器，如田径、游泳等项目多属于闭式技能。开式技能的特点是：完成动作时，往往随外界环境的改变而改变自己的动作，在动作结构上表现出多样性或非周期性特征，完成动作的反馈信息由多种分析器参与工作，并综合反馈信息。其中往往以视觉分析器起主导作用。一般来说开式技能比闭式技能的动作复杂。通常球类等对抗性项目属于开式运动技能。

（1）闭式技能类动作教学方法的应用：除初学时的语言法、示范法、预防与纠正错误法等一般方法的常规使用外，由于闭式技能的单个动作比较简单，多次重复的动作结构和反馈信息以本体感受器为主，所以，在该类动作的教学指导时主要运用完整法和重复法。首先多以完整法来解决单个动作的正确性和完整性；随之多以重复法为主以提高动作的结构性和连贯性；变换法主要以变化运动负荷的表面数据为主。随着动作掌握程度的提高，多以自我练习为主要方式，精讲多练，以较长的连续重复练习时间和较大的练习密度让学生主动体验动作，强化技能，提高节奏性和经济性。由于闭式技能的动作多以简单和周期性的重复为主要形式，学习时多以自身本体感受性为主，学生容易产生枯燥和疲劳感，所以，在教学时要注意激发学生的学习动机，活跃课堂气氛，提高学习积极性。

（2）开式技能类动作教学方法的应用：由于动作的相对独立性、动作结构的复杂性和影响因素的复杂多变性，在进行该动作的教学指导时，适用的方法比较宽泛，因人、因时，多样和多变。通常以直观法、语言法、完整法来建立正确动作的表象；对于较复杂的单个动作可根据动作结构特点适当采用分解法来重点学习技术难点和纠正错误，但分解练习的时间不宜太长，一旦解决了特殊问题就及时转用完整法来巩固和提高动作技能；由于开式技能多表现为多样性和非周期性，所以要及时注意学生的表现，以预防为主，及时纠正错误；要综合各个反馈信息；以个别指导为主要形式，多用变换法，充分利用速度、力量、节奏、幅度、姿态等技术要素的变化来不断提高动作质量，增加学生的学习积极性；同时还要利用外环境的调整和变化以及比赛和对抗的形式提高学生的适应性和应用能力。

（二）运动技能形成各阶段的教学方法运用

运动技能的形成过程一般要经过三个阶段：粗略掌握动作阶段、改进和提高动作阶段、巩固与运用自如阶段。在各个阶段中教学方法有不同特征，见表 5-1。

表5－1 运动技能形成过程各阶段教法特征

阶段	教学任务	教法特点
粗略掌握动作阶段	使学生理解动作学习任务，建立动作表象和一般概念，形成动作的基本结构，防止与纠正主要错误与多余动作	建立表象、明确概念，体会要领，对技术细节不要求过高，正确充分地运用讲解、示范
改进与提高动作阶段	要使“粗略”掌握的动作技术达到比较完善的程度，进一步消除错误与多余动作，加深对所学动作规律性的理解，提高动作的协调性与节奏感，规范动作细节，提高动作的适应性，初步建立动力定型	注意理解动作的内部联系，纠正错误，增加练习的次数，掌握和形成动作细节
巩固与运用自如阶段	巩固与发展已掌握的动作技能，扩大动作技术变化的范围，以便在多种情况下灵活运用；根据个人特点，提高个人技术水平，促进学生在发展身体素质的基础上，进一步改进完善动作技术	对技术要精益求精，严格要求，增加练习次数，变换练习条件，增加练习的难度

1. 粗略掌握动作阶段教学方法的运用

粗略掌握动作阶段主要运用语言与直观法，使学生明确动作学习的意义与任务，建立正确完整的动作表象与一般概念，通过完整法和尝试性的练习，初步建立动作的基本结构。在学生具有完整动作概念的基础上，注意“分解”、“助力”、“阻力”等方法的运用。

为了使学生更好地掌握动作，在粗略掌握动作阶段往往通过简化动作要求，利用辅助器械等，帮助学生形成正确的动作结构。

由于本阶段学生分析运动感觉的能力有限，所以这一阶段的评价，主要是来自于教师的语言和学生本身的视觉监督。教师在对学生进行评价时，一是要抓住动作的基本结构，动作关键；二是要给学生指明视觉监督的具体方法与位置；三是要正确进行正误动作对照评价，掌握评价的分寸。

在形成运动技能的最初阶段，学生出现一些动作技术的偏差是难免的，教学中要善于发现学生中出现的严重错误，即对完成动作有严重影响的错误，并能找出产生这些错误的原因，采取有效的措施及时加以纠正。

2. 改进与提高动作阶段教学方法的运用

为了促使学生尽早建立完整动作的动力定型，通常以完整练习法为主，以加深学生对完整动作的体验。如果采用分解法，主要是起辅助性作用，纠正某一错误动作，或加强某一动作环节或要素。

运用讲解、示范等方法，主要是为了更好地揭示动作的规律性，分析掌握动作技术的过程，阐明产生错误的原因，使动作概念进一步具体化，透彻了解动作的顺序。注意运用"定向"、"领先"等视听感觉与正确动作进行比较，为了促进学生动觉的形成，可以适当限制视觉的运用。

为了提高学生动作技能适应性，应适当采用变换练习的方法，改变练习的条件、练习的环境、动作的组合，并注意运用竞赛法等。

要注意提高学生对动作技能自我评价的能力。随着动作技能的逐渐形成，学生对自我完成动作的感觉逐渐清晰，为此，在该阶段一方面教师继续给予学生以具体的评价；另一方面要求学生进行自评和相互评价。

3. 巩固与运用自如阶段教学方法的运用

巩固与运用自如阶段可以在复杂多变的情况下，运用重复练习法与变换练习法，并注意在完整练习中进一步巩固与改进技术细节。

讲解、示范主要是提示，促进学生自我认识动作完成情况，提高学生分析问题与解决问题的能力。

对学生动作掌握程度进行全面的评价。即在本阶段教师要对学生掌握动作的稳定性、可变性、自动化程度、动作效果进行全面的评价。

四、发展体能类教材教学方法的运用

体能是指各器官、系统的生理功能及其在体育活动中所表现出的能力以及身体素质发展水平。发展体能主要是通过生理负荷的变化来对学生产生影响的，同时与学生的心理因素有很大的关系，如果没有较好的心理准备状态，是难以顺利完成这类教材的练习的。比如在进行耐力练习时，具有较强的意志品质的学生就容易战胜疲劳，取得效果。

下面主要以力量类、速度类、耐力类教材为例来说明教学方法的应用。

(一) 发展力量素质类教材教学方法的运用

1. 发展力量素质的方式和方法

(1) 负重抗阻练习：可以运用一些带有重量的器械如杠铃、哑铃、沙袋等器械。

(2) 对抗性练习：如双人顶、推、拉等练习，依靠对抗双方以暂短的静力作用发展力量素质。对抗性练习不需要任何训练器械及设备，又可引起练习者的兴趣。

(3) 利用力量训练器械练习：可以使身体处在各种不同的姿势(或坐、或卧、或立)进行练习，可直接发展所需要的肌肉力量。

(4) 克服外部环境阻力的练习：如沙地和草地跑、跳练习等。

(5) 克服自身体重的练习：如引体向上、倒立推起、纵跳、攀登等。

2. 发展力量素质方式和方法应注意的事项

(1) 普通学生应以发展一般力量为主，部分身体条件较好的学生可发展力量耐力及力量型爆发力。中学生特别是低年级学生应避免大强度练习，可以做些克服自身体重的练习。

(2) 全面发展学生的力量素质，避免过度刺激某一部位的肌肉，使力量素质协调发展。要把动力性力量与静力性力量、大肌肉群与小肌肉群的力量、快速力量和慢速力量等练习相互结合交替进行，以保证力量素质的全面发展。以发展动力性小肌肉群的力量为主，到高中以后，可逐步发展大的肌肉群力量和进行静力性力量练习。采用较大的力量练习时，不宜单一地进行静力性练习，应提倡综合力量练习，同时应使力量练习与其他性质的练习交替进行，从而提高肌肉的弹性。

(3) 在中学高年级用最大力量可以有效地发展绝对力量，采用中等、多次的负荷则有利于发展速度力量。

(二) 发展速度素质类教材教学方法的运用

1. 发展速度素质的方法

(1) 教师可采用不同的信号，让学生即刻做出各种反应的练习。例如，在走或跑过程中，按口令组成“二人一组”；“三人一组”；随口令迅速做起跑练习或组织一些躲闪的活动性游戏等。

(2) 发展动作速度一般常用游戏和比赛法，如限时进行投篮比赛；二人一组进行足球快速传球比赛(定时计数)，也可以组织一些快速跳绳比赛等。

(3) 发展位移速度可以广泛运用各种快速跑、冲刺跑、下坡跑的练习，也可以组织一些接力跑的游戏或追逐游戏等。

2. 发展速度素质方式和方法应注意的事项

(1) 发展速度素质应在学生体力充沛、精神饱满的时候进行练习，要避免在精神恍惚，身体疲劳的情况下练习。

(2) 中、小学生是发展速度素质最佳的时期，但必须在全面发展各项素质的基础上重点发展速度。

(3) 应采取多样化的方法和游戏法、比赛法进行练习，提高学生的兴趣和情绪，力求在自然、主动的条件下发展学生的速度素质。

（三）发展耐力类教材教学方法的运用

1. 发展耐力素质的方式和方法

发展耐力素质的手段和方法很多，如各种形式的长跑，长距离竞走、游泳、滑冰，跳绳等，或长时间重复做某一周期性运动，如排球运动中多次作滚动练习，或反复作克服自身体重的练习，坚持较长时间的抗小阻力的练习。

2. 发展耐力素质方式和方法应注意的事项

（1）掌握好练习的时间，控制好练习的强度和密度。耐力素质练习应首先从加量开始，逐步加大强度。例如，用跳绳练习来发展学生耐力，开始连续跳绳 15～20 秒，休息 5 秒，而以后练习时间逐步延长到 1～3 分钟，休息的时间和重复练习的时间次数可依据学生的实际情况灵活加以安排。

（2）中学生应以有氧耐力训练为主，以提高学生心血管系统和呼吸系统的功能。在中学高年级可适当进行无氧耐力练习。

（3）采取多种教学方法，活跃课堂气氛，调动学生的积极性。应广泛运用游戏法、比赛法、音乐伴奏等，也可用学生喜闻乐见的形式，如个人跳绳和集体跳绳计数或比赛，踢毽子、跳皮筋等作为辅助手段，有条件的学校可组织学生就地就近进行爬山或在野外、沙滩、树林、公园练习长跑。

（4）加强意志品质的培养和教育。结合耐力练习向学生进行不怕困难、吃苦耐劳，勇敢顽强、拼搏进取等优秀心理品质的教育。

五、运用体育教学方法的注意事项

（一）运用体育教学方法要树立整体优化的观点

每一种教学方法都有各自的功能、特点及应用范围和具体条件，同时，体育教学内容不同，教学对象、条件不同，所选择的教学方法也不同。为了有效地完成教学任务，教师必须坚持系统的观点，把教学方法本身看作一个有机的系统，用优化观点统筹多样化的教学方法，注意各种教学方法之间的有机配合，充分发挥体育教学方法体系的整体功能。例如，教师在运用各种教学方法时，不仅要让学生观察，还要让学生看、听、想、练相结合，看、听是前提，想、练是深入，它们之间相互联系，相互促进。发挥视觉、听觉、动觉、思维整体效果，是提高教学质量的关键。实践证明，单一使用某种教学方法难以满足体育教学的要求。

(二) 运用体育教学方法要坚持启发性

坚持启发式教学是运用体育教学方法的指导思想。要求教师从学生实际出发,采取各种有效的形式,激发学生的学习兴趣和求知欲望,最大限度地调动学生学习的积极性和自觉性,激发学生的主动精神,创设情景,启发学生积极地开展思维活动,引导学生通过身体活动和体验,掌握体育基础知识、技术。坚持启发性教学可培养学生思考问题、分析问题、解决问题的能力,能有效地培养学生的体育学习能力。

(三) 运用体育教学方法要有针对性

教学方法缺乏针对性难以取得好的效果,教师在对体育教学方法全面了解和掌握的基础上,根据体育教学的不同情况,从中选择最有针对性,最能发挥其独特性能的方法。例如,同样是教授运动技能,在运动技能形成的不同阶段如何运用语言法、直观法、练习法,应该是有所不同的。又如,同样性质的篮球教材,是采用完整法、分解法,还是采用游戏法或竞赛法也应视具体情况而定,再如,教授垫上前后滚翻动作时,有的学生出现错误,就要针对他的错误的原因采用恰当的纠正错误动作的方法。

(四) 运用体育教学方法要有灵活性

尽管教师在备课时根据体育教学目标、教材内容的性质和特点以及学生实际设计了体育教学方法,但在实际教学中,往往有各种变化,要根据实际情况,灵活地、创造性地加以变化。例如,教学中教师要观察学生注意力、情绪变化,动作质量、出汗程度等方面的情况。

思考题

1. 分类说明体育教学中的学习指导法。
2. 分类说明体育教学中的动作练习法。
3. 怎样认识实施新课标后体育教学方法的新变化?

作业题

1. 简述动作技能形成过程中教学方法的运用。
2. 简述各运动素质发展中体育教学方法的运用。

第六章　体育课教学的组织与管理

本章提要：

本章分析了体育课组织教学的阶段特征，阐述体育课教学组织形式的类型和教学组织形式的选择。从操作层面介绍体育课场地器材布置方法、体育课常用的学生队形、教师教学站位形式和教学队伍调动方法。阐述了体育课运动负荷的安排与调控，体育课堂教学秩序管理和突发事件的应变技巧。

第一节 体育课组织教学的阶段特征

体育课教学组织与管理是指教师通过协调课堂内的各种教学因素，组织学生、管理纪律、设计教学环境、引导学习，从而有效地实现预定的教学目标。体育课教学组织与管理不仅是稳定教学秩序，保证教学活动正常进行的基本措施，也是激发学生学习积极性的重要手段，贯穿于课堂教学的始终，对于有效提高课堂教学质量具有十分重要的意义。

一、体育课组织教学阶段划分的依据

(一) 课堂组织教学的需要

任何一个完整、独立的事件，就其存在的有限过程而言，一般都可以划分为开始、基本、结束三个阶段。课堂教学是教学过程的逻辑单位，是有时间限制、有组织的教学过程，它必须符合教学活动的时空界限，课堂上教师教的活动与学生学的活动，都是按照确定的目标，以一定的形式和程序启动、互动，而生成和展开的。尽管课堂上师生双方扮演着不同的角色，但从组织教学的角度，课堂教学的进程基本上可概括为“开始—发生、发展—结束”。几个相互联系的阶段组成的一个完整的统一体。从教学的内部进程来看，上述进程也可以理解成教学导入、教学展开、教学总结三个阶段。这种阶段性体现了课堂组织教学的一般规律，突出了课堂教学过程中“教师—学生”的互动，对于所有的课程包括体育课都有指导意义，只不过各门课程在具体的内容、方式等方面有着各自的特点。

体育课堂教学主要是在体育场馆或室外场地进行，教学环境是开放和变化的，受到的干扰因素较多，学生大部分时间处在不断变化、多种形式的运动中，因而使得体育课教学组织管理工作更加复杂，阶段划分对组织教学显得尤为重要。从时间的全程上看，教师“教”所经历的内容基本上可分为启动与组织、引领与指导、保护与帮助、总结与布置作业。学生“学”所经历的内容基本也可分为身心准备、视听思维、学练参与、巩固提高、恢复调整。体育课堂教学正是这种“教”与“学”复合、互动的过程，这使得体育课堂教学的发展进程可划分为三个阶段：开始部分，包括教师启动与组织，以及学生身心准备等内容；基本部分，包括教师引领与指导、保护与帮助，以及学生视听思维、学练参与、巩固提高等内容；结束部分，包括教师总结与布置作业以及学生恢复调整等内容。

（二）学生机体工作能力的变化

由于体育课堂教学是以身体练习为主要形式，学生身体各器官直接参与活动，要承受一定的生理负荷，这就决定了体育课堂教学要实现学生身体的机能状态由常态（安静）转换到运动态，并通过积极的身体活动，使人体的机能状态达到必要的水平，并在一定的高度波动，处于一种相对的稳定状态，而只要停止身体活动，人体机能状态就会自行逐渐恢复到常态。这样，学生的身体机能活动及工作能力在一次体育课中，会呈现一个“上升—稳定—下降”的变化。

体育课堂教学中学生机体工作能力“上升—稳定—下降”的变化，体现了人在承受一定的运动负荷时生理机能活动能力变化的规律，同时，也是一种主动通过组织教学安排来实施调控的过程，基本上同体育课堂组织教学的开始部分、基本部分、结束部分三个阶段相对应。一般而言，开始部分身体机能由常态转换到运动态的时间不能太短，否则身体由于自身的惰性难以正常承受；也不能太长，否则将影响基本阶段学生机能状态所应达到必要的水平和维持的时间。基本部分作为体育课堂教学的主体，使机体“维持”工作的能力处于最佳状态，反映了对学生身体活动的度的把握与量的控制。而在体育课结束部分的身体活动，则是使学生机体逐渐恢复接近相对安静时的水平而做出的有意识的安排。

从课的组织教学看，学生机体工作能力的变化，还有更宽泛的意义。具体地说，开始部分不仅要实现生理机能状态的转换，还要实现教学心理的心态转换和活动主体的角色转换。而结束部分要把心理状态由兴奋恢复到平静则相对需要一定的时间，为了不影响下一堂课的学习，心理调整也是这一部分的显著表现。

二、体育课组织教学的阶段特征

将一节体育课划分为开始部分、基本部分和结束部分三个阶段，既可以理解为一节课中所包含的几个主要环节，也可以理解为由几个主要的上课步骤组成。各个阶段都有着它的特殊作用，并体现不同的特征。

（一）准备部分

准备部分的内容按其性质，可分为组织教学所必需的教学常规、一般性准备活动和专门性准备活动。

准备部分组织教学所必需的教学常规，主要包括全班整队、检查人数、宣布课的教学目标与要求、检查服装、布置见习生活动内容等。

准备部分要求用较短的时间将学生组织起来，集中学生精神和注意力，明确教学目标与要求；调动起学生的学习积极性，使学生身体各系统的机能迅速进入工作状态，在生理及心理上充分做好准备。

（二）基本部分

基本部分的内容包括课程标准所示的学习内容（领域）和结合本地区、本校实际情况所选用的具有乡土特色的教材内容，同时根据课的教材内容的性质和学生特点，选择和安排必要的辅助练习、诱导练习和体能练习内容。

基本部分是完成课的教学目标的主要环节，通过讲解、示范等，让学生建立动作技术表象，通过各种练习方法学习运动技术，提高运动技能，发展体能，并让学生体验运动学习与锻炼的乐趣，使学生掌握科学锻炼身体的知识、技能和方法，培养良好的品质和行为习惯。

（三）结束部分

结束部分的内容主要采用各种放松性手段进行练习后的整理活动，使学生放松身心，促使其恢复到相对安静状态；小结本课的教学情况，提出需要注意的问题，布置课外锻炼作业，预告下次课的内容等。

结束部分主要是有组织地结束课的教学活动，它作为一堂体育课不可缺少的环节，既反映了课堂教学内容的客观要求，又是课堂教学自身科学性的体现。

开始部分、基本部分、结束部分互相衔接，紧密联系、和谐统一构成体育课的整体。基本部分是完成体育课教学目标的主要部分，而开始部分和结束部分不仅为基本部分服务，也具有自身的教育和教学因素。由于可供体育课教学选择的练习内容的丰富性和练习方式的多样性，使同一教材内容体育课的开始部分、基本部分、结束部分安排各异，也会因此呈现出不同的特色。但无论怎样选择练习内容与练习方式，都必须围绕体育课的基本部分进行搭配与组织。

第二节　体育课教学组织形式的选择

教学组织形式是指为完成特定的教学任务，教师和学生按一定要求组合起来进行活动的结构。体育课教学要通过一定的组织形式去实现，教学内容、教学原则、教学过程等都要最终集结、落实到一定的组织形式中去。因此，体育课教学组织形式在教学理论和实践中处于具体落脚点的地位，采用何种教学组织形式，或者正确与否，与体育教学活动的效率、教学质量密切相关。

一、体育课教学组织形式的类型

（一）个别教学

个别教学是历史上最早出现的教学组织形式，是把不同年龄、不同基础的学生组织到一起，教师分别对每一个人进行教学的组织形式。

这种教学组织形式照顾了学生的个别差异，关注学生发展的自主性，使学生的潜能得到充分发展，有利于因材施教，有利于培养学生的自学能力、独立思考能力等。但由于其效率低，难以适应教育普及的需要，同时，完全让学生自主，以致学习内容的系统性无法维系，不利于自主性不强的学生的发展。此外，个别教学大多把着眼点放在知识技能的获得上，忽略了“情感、态度、过程目标”，缺乏学生间的互相交流和学习，不利于学生的社会化发展。

（二）班级教学

班级教学又称“班级授课制”，是把年龄和基础相近的学生，编成固定人数的班级集体，把学生集体作为指导对象，有统一的上课时间，按规定的内容，组织教材和选择适当的教学方法，向全班学生进行授课的教学组织形式。班级教学经济实用，能在时间和精力都比较经济的条件下，较全面地实现教学任务，有利于推进和普及教育。是现阶段体育课堂教学中最基本和常用的教学组织形式，在实践中班级教学的基本形式有：

1. 行政班（自然班）

所谓行政班（自然班）是以原有的教学行政班为单位进行体育教学活动。这一组织形式固定性强，组织比较方便，学生相互之间比较了解。但区别对待学生男女性别差异、体质健康差异、运动技能差异就比较困难，很可能出现“吃不饱”和“吃不了”的现象。

2. 男女分班

随着学生年龄的增大，男女生在身心发展方面的差异越来越显著，如体能、技能、兴趣和爱好等。因此，有条件的学校到了高中阶段大多采取按年级男女分班上课的形式。为了方便教师的教学，通常的做法是将两个平行班放在一起排课，男生由一位老师上课，女生则由另一位老师上课。这一组织形式有利于教师根据男女学生不同的生理和心理特点，有针对性地制定目标、选择与安排内容、采用教学方法与组织形式进行教学，以提高体育教学的质量。

3. 按兴趣爱好分班

按兴趣爱好分班是尊重学生的兴趣和爱好，让学生选择自己喜欢的运动项目，重新编班后的教学组织形式。按兴趣爱好分班可以在同一个年级打破班级界限，按所学运动项目重新编班进行选项教学。在不同年级也可以打破年级界限，按所学运动项目重新编班进行选项教学。根据学生的兴趣和爱好分班，可以调动学生的学习积极性，促进学生自觉地从事体育活动，使他们真正获得更多的知识和技能。

（三）分组教学

分组教学是把一个班分成若干小组，教师以组进行指导的教学形式。这种教学组织形式既保留了班级教学的长处，又能在一定程度上解决区别对待的问题，教师可以根据各个小组的不同特点进行不同的指导。

在实践中分组教学的基本形式有：

1. 随机分组

所谓随机分组，就是按照某种特定的方法或标志，将学生随机分成若干组。例如，用报数的方法将全班分成若干个小组。

随机分组的优点在于简单、迅速；缺点在于没有考虑学生在爱好、能力上的差异，无法很好地体现区别对待的教学原则。

2. 同质分组

所谓同质分组，是指分组后同一个小组内的学生在基础和水平上大致相同。例如，体操支撑跳跃教学中，常设置高度不同的跳箱让学生有所选择，经过一段时间的练习，每个学生基本可以选择自己最适合的高度进行练习，这种分组形式即为同质分组。

同质分组的优点在于能增强活动的竞争性，符合学生争强好胜的性格，可以提高学生参与活动的兴趣。但这种分组容易在学生中产生优劣感，甚至造成学习意欲下降。

3. 异质分组

所谓异质分组，是指分组后同一小组内的学生在基础和水平方面均存在差异，但小组间差距不大。异质分组不同于随机分组，它是人为地将不同基础和水平的学生分成一组，或根据某种特别的需要对“异质”进行分组来缩小各小组之间的差距，以利于开展某项活动。例如，在进行接力跑游戏前，教师把跑得较快和跑得较慢的学生合理地分配在各个小组里，此时形成的小组就是典型的异质分组。

异质分组的优点在于小组内不同基础与水平的学生可互帮互学，学会理解尊重他人，学会与人共处。不足之处是学生之间在体能、技能等方面存在较大的差异，对区别对待带来一定的困难。

4. 友情分组

友情分组是在学生有自主选择练习伙伴的情况下，大多数学生会选择与自己关系较为密切的同学在一起进行练习，这就是友情分组。在友情分组中，由于学生相互之间的信任度高，依赖性强，思想一致。因此，在体育教学中采用友伴型分组，可提高学生的学习热情，更能发挥各自的作用，形成合力，凝聚力更强。

二、体育课教学组织形式的选择

（一）影响体育课教学组织形式选择的因素

1. 师生数量

体育教学组织形式直接体现为师生相互作用的方式，这种作用方式既可以在班集体中进行，也可在小组内或个体间进行，师生数量在很大程度上影响着体育教学组织形式的选择和运用。如果教师多学生少，教学组织形式就可以小型化，并有多种教学组织形式可供选择；如果学生多教师少，则班级教学形式是较合适的选择。

2. 体育场地器材

体育场地是体育教学活动必要的空间条件；体育器材是师生发生互动的中介和传递教学信息的媒体。因此，体育场地器材直接关系到体育教学效率，也是优化体育教学组织形式的一个重要因素。如果学校场地器材充裕，体育课组织教学就容易得心应手。

3. 体育教学目标和内容

体育课的教学组织形式主要取决于课的教学目标和教学内容。因为教学组织形式是为教学目标服务的。体育教学组织形式总是围绕一定的教学内容而设计的，不同的教学内容必须要求与之相适应的组织形式。如武术教学可采用全班集体上课，而表现为技能、技巧学习的教学组织形式则以个别化、小型化教学为佳。

4. 学生个体差异

由于受各种条件的影响，使得学生生理、心理上存在明显的个别差异，有着不同的体育基础、兴趣和爱好，在选择体育教学组织形式时，应充分注意到学生在身体条件、兴趣爱好和运动技能等方面的个体差异，根据教学实际有的放矢地选择和采用适当的组织形式，才能确保每一个学生受益。

（二）体育课教学组织形式的选择

由于各种体育教学组织形式所考虑和设计的角度不一，它们都有特定的指向和适用范围，有各自存在的合理性，这与不同地区、学校体育发展水平、学生实际情况以及不同的教学目标相适应的。因此，不存在一种万能的体育教学组织形式，也不能笼统地断定某种教学组织形式优于另一种教学组织形式，具体采用哪种教学组织形式更没有固定的模式，不能搞“一刀切”、“一哄而上”。实践中，要从全面系统的角度，分析研究影响体育教学组织形式的各种因素，结合各地、各校的实际情况，考虑不同水平阶段学生的特点、不同的教学内容、不同的教学目标，对各种体育教学组织形式进行合理的抉择、糅合、改造和创新。

通常，在经济比较发达、学校体育条件比较好的地区、学校，在明确班级教学为基本的教学组织形式的基础上，可以采取更灵活、更多样化的组织形式，在更广阔的空间内组织班级教学。如班级教学规模小型化即实施小班化教学，与以往的“大班”相比，小班人数明显减少，班级规模一般不超过 30 人，师生间关系更加密切，对教学环境的要求更高。在小班化教学中，由于教学活动和教学方式呈现多样化，这样就提高了学生参与活动的积极性，有利于建立和谐、融洽的师生关系，并营造宽松、愉快和温馨的课堂氛围，利于促进学生的全面发展。而条件比较差的地区、学校，加强班级教学组织形式，重点还是把学生组织起来，使教学内容、教学活动得到有计划的实施，甚至有些学校还必须采用分组轮换或复式班等形式来实施体育教学，这也可以说是一种历史发展阶段的要求。

就一项具体的教学活动来说，解决共性问题时，宜采用全班教学；解决不同层次问题时，宜采用分组教学；解决个性问题时，宜采用个别教学。需要教师观察到每个学生的动作方法和练习的过程，则采用分组教学组织形式效果会更好一些。对于一些具有讲解、交流性质的活动，则采用班级教学的形式较合适，因为它不仅能使全班学生在最短的时间内都能接受，而且能促进学生之间相互交流、分享经验，获得更高的效率。

就学生年龄特征而言，小学 1～6 年级一般可采用按行政班上课的形式，初中阶段，特别是高中，可按男女生分班上课。学习某些内容（如健美操），也可考虑采取男女生合班上课的形式，以利激发学生的表现欲，活跃课堂气氛。高中学生可根据自己的条件和兴趣选择学习内容，按年级分专项班上课，也可打破年级界限，按学生实际达到的水平层次进行分组等。

体育课教学组织形式是体育教学改革关注的热点问题之一，在改革与探索中表现出的以下几个趋势，可供我们在选择体育课教学组织形式时参考和借鉴：

1. 班级教学仍是体育课教学的基本组织形式

班级教学组织形式采取“着眼中间，兼顾两头”，从学生的“平均情况”出发。齐步走的教学组织形式，不利于照顾学生差异与因材施教，但时至今日，班级教学仍具有许多合理因素，有许多可取之处，仍没有哪种教学组织形式能完全取而代之，它不仅教学效率高，而且有利于学生之间的相互学习、交流感情，以及培养合作精神等。因而，班级教学在今后很长一段时间仍然是体育课教学的基本组织形式。

当今，班级教学组织形式本身也在不断的改革、自我完善和更新：

第一，表现为缩小班级规模、趋向小型班。

第二，学生组合方式有所变化，出现了班级教学组织形式的各种变式来适应学生的差异性，诸如上述男女分班、按兴趣爱好分班的教学形式就是一种班级教学组织形式的变式。

第三，开始注重个别化教学。虽然在现实条件下，还不允许教师完全针对学生差异进行个别教学，但有向个别化教学方向发展的趋势。个别化教学是寻求各种不同的途径，按照不同的个人特点来达到一般的教学目标的结构形式。例如，在进行班内个别教学时，教师先因人而异地给学生布置学习任务，并按照每一个学生的能力设计学习进度，在学生学习过程中，教师对学生自学给予指导和帮助，使所有的学生都能采取有效的方法集中地完成学习。这种班内个别教学形式，适合能力不同的学生学习，有利于学生培养的自学、自练能力，有利于提高运动技能，常用于巩固运动技能的教学。

2. 以分组教学来适应学生差异

当今教育、教学重点正从学生发展标准化的共性为主，转向发展多样化的个性为主，教学组织形式的发展途径也必将是面对学生差异、满足差异，向有利于学生学习的方向发展。学生组合方式适应学生差异的常用方式是分组教学。

由于分组教学克服了班级教学“整齐划一”的特点，可以有效地进行因材施教。因此，它已成为体育课教学组织形式选择的一个主要趋势。目前，实施的分组教学可以归结为两大类型：外部分组，即打乱传统的按年龄编组的班级，而以学生的能力、基础或需求为标准重新采取编组的形式；内部分组，即在传统的按年龄编组的班级内，以学生的能力、基础或需求为标准采取编组的形式。具体形式有很多，最常见的有按体能分组、按技能分组等这种分层次形式。为克服分组教学由教师固定分层给学生划标签而对学生造成的不良心理影响，让学生根据学习任务“自然”分化，形成一个面对学生差异、满足学生差异、发展学生差异的闭合回路，促使弱生上进、优生更优，全体学生齐发展的局面。

分组教学组织形式发展中值得关注的动向是提倡合作学习。所谓合作学习，是指学生在小组或团队中为了完成共同的目标与任务，有明确的责任分工的互助性学习。这种形式与传统班级教学相比，在增加学生的交往，促进学生社会情感的发展，提高练习的兴趣和热情，培养学生的合作意识上有较为显著的优势。小组合作学习要求小组成员共享目标和资源，共同参与任务，可采用各种方式（如讨论、互相帮助、合作练习等）直接交流，相互依靠，将教师作为教学的促进者帮助学生发挥其主体的能动性，以此达到教和学的统一和教为学服务的目的。与传统的以教师为中心构建的“教型”教学组织形式相比，小组合作学习强调的是学生在教学活动中的积极性、能动性和探索性。

3. 体育课教学组织形式的综合运用

由于各种体育教学组织形式都是相对的，都有自己的特点和最适用范围，每一种教学组织形式既有优点，也有不足，某种教学组织形式能够顺利地完成这项教学任务，但用来解决另一项任务就不一定是最佳的；某种教学组织形式的优点可能恰恰是另一种组织形式的不足所在，反之亦然。因而，我们选择教学组织形式的态度应该是灵活的，能实现教学目标的组织形式，都可以综合运用。

加强对各种教学组织形式的互补性和相关性的研究，以实现多种教学组织形式的优化组合，使具有互补性的教学组织形式互相配合、互相补充，取得最佳的教学效果。提倡根据课的类型、教学重点以及班级学生特点，将班级教学、分组教学、个别教学进行优化组合，并保持某种教学形式在某个阶段的主导作用。近来流行的小集团学习、友伴群体学习等，都可以看到班级教学、分组教学和个别教学组织形式结合的痕迹。

第三节 体育课场地器材的布置

体育场地器材是进行体育教学的前提条件，场地器材布置是体育教学特有的组织工作，是实现教学目标的物质保证。合理布置场地器材，不仅能充分利用场地器材，增加学生练习的次数，而且能创建优良的教学环境，有利于保证安全，调动学生的学习积极性，提高教学效果。

一、体育课场地器材布置的基本要求

(一) 确保安全、卫生

体育课场地器材布置必须始终贯彻"安全第一"的宗旨，应充分考虑学生在练习时的安全因素，精心组织，细致检查，严格要求，落到实处，不能滋生、隐匿安全隐患。安全因素主要从两方面考虑：一是要考虑到场地器材本身的安全因素；二是要考虑到场地器材在运用与轮换使用过程中的安全因素。

布置场地器材应注意器材的受力是否足够，衔接处是否牢固，以及器材不能有锋利突出的表面和毛刺。如篮球架、肋木、秋千、爬梯等深埋地下的铁(木)支架或固定底盘要检查是否松动或底盘固定不稳，木制支架还应检查是否腐烂或虫蛀。

对体操、投掷等具有一定危险性的项目，要重视场地、器材布置的细节，对事故易发的薄弱环节要反复检查，增加安全防范措施，尽量减少可能造成安全事故的薄弱环节。例如，投掷项目要根据学生的投掷能力与水平划好安全线与投掷线。

对容易发生事故的练习地段或环节，应设置缓冲、隔离区域，安装软包层、隔离栏等安全保护装置，保证学生在舒适、安全的环境条件下进行练习，以防发生伤害事故。

选择野外天然场所作为教学场地，必须对运动区域、运动线路进行事先考察，对场地进行必要的监测，如雪道的压实；天然浴场水质、水温、深浅度监测；天然攀岩场所岩壁的安全性，等等。

(二) 因地制宜

体育课场地器材布置要根据教学的具体需要，发挥主观能动性，考虑并充分利用学校现有的场地器材以及环境条件，挖掘潜力，创造性地完成场地器材保障任务。场地器材条件较差的学校，更应该因陋就简，土洋结合，充分利用学校现有的环境和条件，最大限度地发挥现有场地器材的作用，巧设计、巧布置，为上好体育课打下良好的基础。

充分利用各校的环境条件来设计与布置场地，只要条件许可，符合学生身心特点都可以进行联想和设计。例如，利用台阶作仰卧起坐或双脚纵跳练习；利用草地作技巧或柔韧练习；利用墙壁进行足球或网球练习；利用校内的沙地制成沙滩排球场；利用学校的自然地理环境进行不同的跑跳练习；肋木和单杠可当作障碍跑的“山洞”；篮球场正中可竖立两根可升降的活动杆作排球场和羽毛球场及网球场等。趣味场地设计空间更大，结合各校的实际地形，利用楼群之间的空地，见缝插针，设置学生喜闻乐见的场地器材，在水泥地板画上各种各样进行跑、跳等活动图形；利用废旧汽车外轮胎安装成各种简易跑步器、钻圈等。

对于器材的功能开发，要学会转换视角和思维方法。例如，“栏架”不仅可以用来跨栏，也可以用作投射门，还可以用作钻越的障碍等；利用“跳绳”可以作绳操、斗智拉绳、三人角力、绳投掷等；利用“标枪”可以在武术的枪术教学中替代枪，还可以在两根标枪之间拉上橡皮筋当作跳高架，或用标枪作蛇形跑、钻“洞”跑、图形移动练习、跳跃练习等。利用“实心球”可以作负重物、障碍物、标志物，还可以用来打保龄球。而“呼啦圈”可以用作障碍物，也可以用来替代跳绳。“橡皮筋”则可以用来替代栏板、跳高的横杆，等等。

（三）营造氛围，激发兴趣

兴趣是学生从事体育学习的内在动力，场地器材布置是一种“激发剂”。

通过场地器材的布置，彰显运动项目的特色，给学生创设良好的教学环境，激发学生的情感，利用学生的好奇心和直接兴趣，激发学生对所学内容产生浓厚的兴趣。场地设计合理，标志线清晰，富有新意，美观适用，或器材色彩鲜艳、放置错落有序、卫生整洁，都会通过视觉刺激产生鲜明的美感，带来轻松愉快的感觉，使学生一到现场就感到心情舒畅，跃跃欲试，激起学生上体育课的兴趣。

通过场地器材布置可使枯燥的专项技术练习趣味化、大众化，激发学生参与活动的主动性和积极性。如“耐久跑”，如果单纯让学生绕场地转圈，感觉越跑越累；如果在场地上设置各种障碍、情景，或添加线段图案，效果大不一样。在前滚翻和后滚翻教学中，备一些篮球和方木块，让学生直接感受不同物体滚动效果，在探究中帮助学生理解滚翻动作。

二、体育场地的布置

(一) 运动场地的点、位、线

布置运动场地，首先要确定场地的点、位、线，它是标注运动场地方位、运动区域位置、器材摆放位置、标示布置要求的基础。确定场地的点、位、线，一般需按以下步骤进行。

1. 测量场地的横轴线、纵轴线和中心点

确定场地横轴线、纵轴线和中心点，关系到所布置场地格局是否合理、效果是否美观。首先，对场地的长度和宽度进行丈量，取场地两个边线的中点并连接，即是场地的横轴线；取场地两个端线的中点并连接，即是场地的纵轴线；横轴线中心与纵轴线中心的交点，即是场地的中心点。布置圆形场地，中心点也是该场地的圆心。

2. 场地点、位、线的标注

场地的点、位、线标注，包括场地的界线、距离标志、跑道、准备区域等。要充分理解有关场地规格的描述，标注的位置要准确无误。

3. 设置场地的线段

根据测量好的点、位、线标注位置，设置场地的线段。设置线段时，要根据测量时所做的标记，注意线段的位置。

(二) 体育场地线段的画法

场地线段主要有石粉画线、胶带贴线和预制移动线铺设 3 种方法。

1. 石粉画线

石粉画线分手柄式画线勺画线和手推式画线车画线两种。

(1) 手柄式画线勺画线：手柄式画线勺画线操作方法是：手持画线勺，取适量的石粉(一般略浅于勺口)，勺口接触地面，与地面呈一定的倾斜角，沿标志线向前或向后推(拉)动，随着勺里石粉的减少，倾斜角也随之加大直至石粉全部落下。操作时既要看清勺下的标志线，又要用余光远看标志线的远端，推进速度要均匀，不要出现明显的弯曲和线段中断。

手柄式画线勺画线是最简单的人工画线方法，使用方便、灵活，适用于沙土、煤渣、草坪场地临时设置线段。

(2) 手推式画线车画线：手推式画线车画线操作方法是：将画线车底部出粉口调至关闭状态，往容器中加入适量的石粉，调准线宽间距，将画线车的方向定位尖头对准标志线，推动画线车时石粉落下，视石粉落下的速度控制推进的速度。画线车画线的效果较好，线条规范。

2. 胶带贴线

胶带贴线常用于室内体育场馆，由于这些线条是临时设置，随时可以去除，所以应用广泛。胶带贴线操作方法是：将需设置场地的线段做好标记，按要求选用颜色、宽度合适的胶带，拉出胶带，对准标记将胶带慢慢落下，同时用干布将胶带压实、捋平，再用裁刀修饰毛边。

3. 预制移动线

将需设置场地的线段做好标记，将预制线（布带线、塑料线、金属线等）展开，将预制线沿标记铺设，再将预制线固定。预制移动线的铺设操作灵活，线条规范、美观。

（三）体育场地标志线（物）布置

所谓标志线，是指根据不同的教学内容和形式，在某一地方设置一条或几条标明记号的线。体育课教学中，标志线除标明运动场地方位外，还标明学生做各种练习的位置或安放器材的地方，场地标志线不仅能严密课堂组织，保证练习安全，而且还能激发学生的练习情绪，提高练习兴趣，活跃课堂气氛。

标志物是向学生标记动作的方向、幅度、轨迹、用力点的目标物。除设置在场地上外，还可设置在器械上方、侧面和远端。设置标志物简便易行，能引起学生的注意，激发学生的兴趣，有助于掌握动作技术，如合理应用，将会起到事半功倍的教学效果。

1. 标志线（物）的类型

（1）点、线、面标志：标志线（物）起到标示点、线、面的作用。例如，利用标志物摆成跑道，标出接力跑的接力区；利用标志物标出分数等级区域；把标志物摆成一排，中间间隔一定距离，进行灵活性练习中的蛇形跑；或用标志物作为一个区域进行定点发球练习等。

（2）限制性标志：限制性标志是为了提高动作的准确性或防止错误动作的出现，利用设计好的标志强制性地让学生做出某一动作。例如，在教短跑起跑动作时，为防止学生过早地抬起上体，在练习起跑学生的前方，设置一定的高度的竹竿，并要求学生在一定距离内不能触及竹竿。

（3）诱导性标志：诱导性标志是利用物体标记来诱导学生，让他们达到预期的目的和要求。例如，在鱼跃前滚翻教学中，在学生面前拉一根一定高度的橡皮筋做标志物，让学生从上面鱼跃过去，帮助学生体会和感知腾空时的身体感觉，建立空间知觉。

2. 标志线(物)的布置技巧

(1) 标志线“一线多用”:体育课场地标志线过多,易造成场地混乱,学生注意下降,使用效果也不好。因此,提倡“一线多用”,能画一条标志线就不画两条,想办法使画出的标志线能做多种用途,如利用篮球场的两条边线将学生分成两组对面散开站好,既可做相对推实心球练习,又可做往返跑的折回线。

(2) 选用器材来替代标志线(物):可选用课中常用的体育器材作标志线,常会收到意想不到的效果,如将跳绳平行或等距离置放在地上,作跑的等距标志线,既可减少画线的麻烦,又集中了学生的注意力。

(3) 标志物的出现时机:运用标志物旨在标记与人体运动中所处的远度或高度关系,与器械之间的远度或高度关系,与场地之间的远度或高度关系,提高学生的自我时空调节能力。如果运用不当,容易引起学生注意力分散,产生恐惧心理或起到相反的作用。因此,在教学中标志物不宜出现太早或时间过长,只有选择的时机适宜,才能发挥良好的作用。此外,要适时地去掉标志物,不能使学生产生依赖心理。

三、体育器材的布置

(一) 体育课器材的安置方法

体育课教学所需要的器材既有固定在体育场地上的篮球架、排球柱、足球门、乒乓球台、单杠、双杠、滑梯、爬杆等器材,还有在体育器材室存放的篮球、排球、足球、乒乓球、垒球、实心球、体操垫、跨栏架、哑铃等常用器材。此外,还包括自制的器材,或由一些日常废旧物品作原料,在颜色、形状等方面稍加改造或直接用于体育课程的体育器材,如橡皮筋、毽子、小沙包、胶圈、胶棒、纸棒、饮料瓶、易拉罐、彩带等,这些器材要结合场地使用。体育课器材安排方法主要有:

1. 相邻安置法

相邻安置法是指进行两项教学内容练习时,所需用的器材安排在相邻的场地中。这种安排的优点是当进行第一项教学内容时,已经考虑到了第二项教学内容的器材使用,以便尽量减少队伍调动,避免浪费时间。

2. 重叠安置法

重叠安置法是在同一场地内安排两项教学内容所需要的器材,并相继进行练习。这种安排的优点是可以发挥场地的潜力,提高场地的使用率,对缺乏场地或场地过小的学校可采用此法。如在“前滚翻和圆周跑接力”一课中，课前先用石灰粉画好一个半径10米的圆，把4～6块垫子均匀地放在圆周内靠近边线的地方。课的准备活动在圆周上进行，然后把学生分成4～6组分别站在垫子一边练习前滚翻，之后再按原来的分组在圆周上练习圆周接力。

3. 流水安置法

流水安置法是一节课中要进行两项以上的教学内容时，以流水作业的形式安排使用器材，这种安排方法适用于场地器材条件较好的学校。

无论采取上述何种安置方法，体育课器材的布局要合理，要做到相对地集中，将可移动的器材向固定器材附近靠拢，既便于教师观察、巡回指导、全面照顾学生，又考虑到组织和调动队伍的紧凑性和连续性。

对活动范围不大的项目，如单、双杠等器材应尽量安置在场地的边角或面积较小的地块，对活动范围较大的项目，要考虑练习时互相影响和干扰，防止练习时人员互相交叉和穿过练习场地，以保证练习的安全进行。同时，器材放置的方向应避免阳光的正面直射学生和逆风等情况。

安排两项教学内容时，一种器材的安放要顾及到另一项教学内容的进行，注意器材之间的距离，把器材放在体育教师的视野之内，让教师随时能观察到全班学生的练习情况和器材的使用情况，以便于教师随时进行有效的管理与控制。

（二）体育器材的收发

体育课教学需要的大型器材，如跳箱、山羊、跳高架等，教师应提前将器材布置于场地，但还有大量人手一物或两三人共同使用的小型器材需要在教学进程中分发和回收。如何组织学生有序、安全地收发器材，对保障体育课教学的有序、顺畅，减少使用的盲目、混乱，能起到关键性的作用。

体育课中器材的收发，要有明确的组织措施，教师在课前应周密考虑，如体操绳、棒或武术教材中使用的剑、棍、刀等，是采取排头去领取分发，还是纵队前进依次领取，或课前就布置在预定的场地上等，都要有明确的规定和具体的要求，且做到领取器材选准人、发放器材有秩序、收回器材要及时、回收器材归原位。这样在课中使用器材才能省时高效、有条不紊、确保安全。

体育课中器材的收发，要调动学生的积极性，发挥体育委员或体育骨干的作用，这样既密切了师生关系，又节省了时间。例如，篮球运球练习，可以由体育委员按顺序将球发给各小组长，再由各小组长分发给组员。练习结束后，再由小组长按顺序将球收回，交还给体育委员。这种方法适用于器材比较轻巧，便于拿放，如篮球、排球、足球、沙包、小垫子等。在安排人手一件的器材（如剑、棍等器材）时，最好是根据练习时的位置于课前就摆放好，让学生明确使用的顺序、路线和方法，课中练习时，学生各就各位即可，避免临时发放造成学生蜂拥而上的现象发生。如果是一些极易造成伤害的铁制和尖锐器材，或投掷类器材，在收发器材环节更要小心谨慎，组织严密，如投掷项目要听教师鸣哨后才能投出，其他同学必须站在规定的安全区域内，投出后听鸣哨收回器材，保证练习安全进行，避免造成争抢器材，导致器材损坏，甚至发生伤害事故。

课后体育器材的收缴，要明确分工，指定专门人员进行。同时，要严格遵守器材借还制度，教师要对发放和收回的器材数量做到心中有数，避免器材的流失。

第四节　体育课教学队伍的安排与调动

体育课教学从开始到结束都离不开队伍的安排与调动，课中合理地安排、及时调动练习队伍，不仅能严密教学组织，而且有利于师生的课堂交流，为学生学习创造有利条件，直接影响体育教学的效果和质量。

一、体育课常用的学生队形

学生队形是指体育课中，教师把分散的个体学生集结成一个能适应体育教学的集体组织，是为协同动作而采取的队伍排列形式。体育课教学中常用的队形有：

1. 四列横队队形

四列横队队形如图 6－1 所示。在体育课教学中最为常见，学生都能在教师的视线范围之内，有利于教师的组织与管理；便于教师讲解、示范，学生注意力容易集中；适合集体练习，特别是各类操、韵律活动和武术等教学内容。但这种队形不利于远处的学生与教师交流。学生之间交往范围比较狭窄，前排学生影响后排学生的视线。

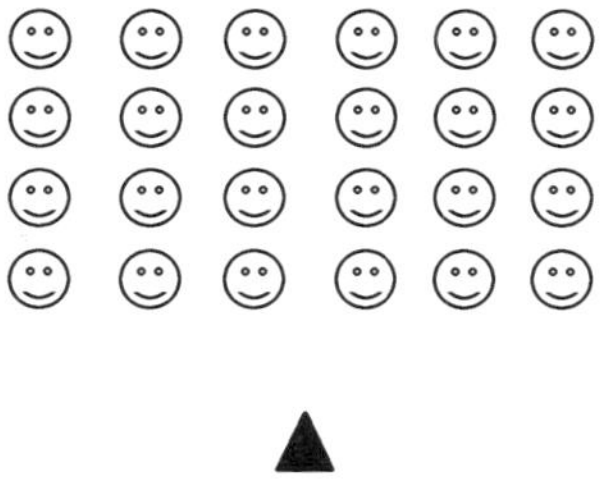

图 6－1　四列横队队形

2. 四路纵队队形

四路纵队队形如图 6－2 所示。在体育课教学中也是常见的类型，其特点同四列横队队形有相似之处,在整队或迎面接力等项目的练习中使用较频繁。

3. 双排对面站立队形

双排对面站立队形如图 6－3 所示。它是在四列(路)横(纵)队队形的基础上形成的,把多列横队从中间分开,面向教师,学生面对面站立,其目的是为了减少学生重叠数量,便于示范和讲解。主要适用于学生人数多,需要详细讲解或侧面示范时采用。能使学生听清教师的讲解,清楚地观察到教师或学生的演示。如果让内侧两排学生蹲(坐)下,效果会更好。

图 6－2　四路纵队队形

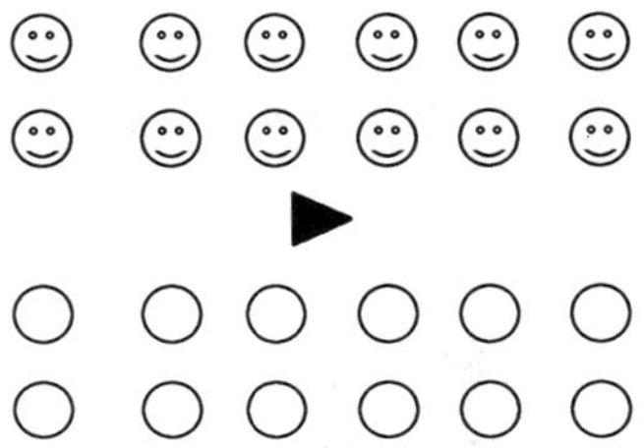

图 6－3　双排对面站立队形

4. 八字形队形

八字形队形如图 6－4 所示。由于教师站在的顶点位置,有利于统观全体学生,掌握学生的情况,也便于学生观察老师的示范,而且在安全方面也有防范效能。如在投掷教学中,教师使用八字形队形讲解示范就不太容易出现意外,学生也有安全感。这种队形在行进间的体操练习中运用的机会较多,行进中两排头稍往里一靠,就形成了这种队形,教师讲解之后,两个排头往外一拉,又可进行练习。

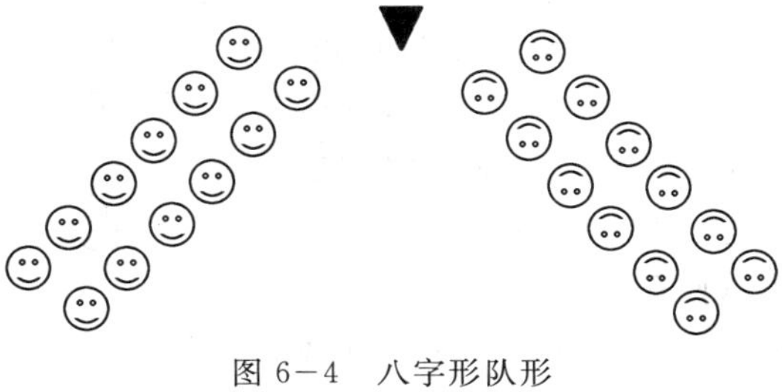

图 6－4　八字形队形

5. 弧线形队形

弧线形队形如图 6－5 所示。它是以场地中的一个标志为中心，让学生站成半包围式，学生与教师，学生与学生之间都能看见对方，便于师生交流，使更多的学生有好的观察角度，看清示范和听清讲解，有更多的机会参与课堂活动。如在跳高教学中，弧线形排列能使学生排列有序，同时也是学生之间相互观察练习的好角度。

图 6－5　弧线形队形

由于弧线形队形同中心点有等距的界限，在向中心点标志物掷准练习中，根据距离和准确度能及时了解学生练习情况，从而判断出学生的投准能力。

6. 圆形队形

圆形队形如图 6－6 所示。它的运用也相当广，不但让学生对场地上的情况一目了然，也能使学生之间产生直接的对比，激发学生参与活动的激情和活动兴趣，提高学生的竞争力。这种队形主要适于专门性练习和游戏性练习。也可直接作为下课队形。

7. 方形队形

方形队形如图 6－7 所示。它的运用也很多，其特点同圆形队形有相似之处，学生与学生之间都能看见对方，便于相互观察，容易调动学生的学习积极性，营造融洽的教学氛围，但不适用于领做和进行左、右方向有变化的动作练习。

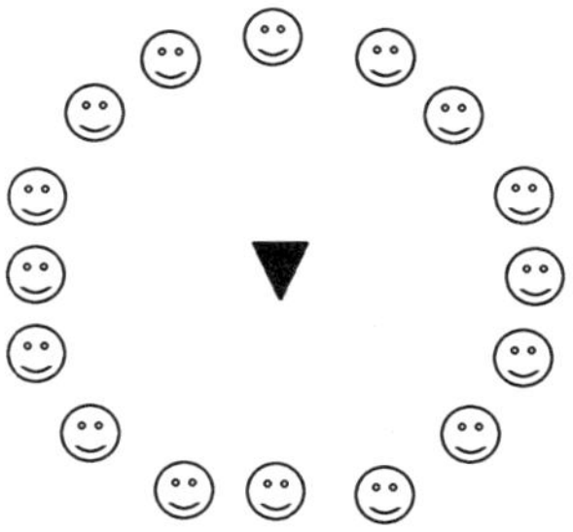

图 6－6　圆形队形

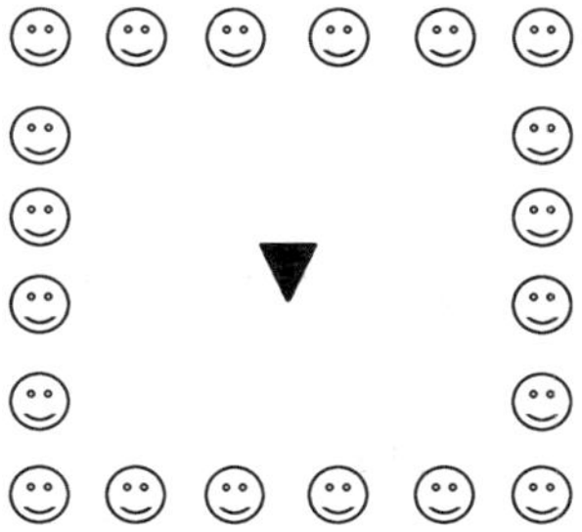

图 6－7　方形队形

8. 散点式队形

散点式队形是学生寻找便于观察示范、听讲和练习的位置，随意站立的队形。这种队形可节省集合时间，学生很自然地围在教师周围，听讲解、看示范，无形中拉近了师生之间的距离，具有亲和力。但使用时要做到收放有度，否则会使学生养成随便的习惯。

二、体育课教师教学站位的形式(队形合并)

1. 等边三角形顶点的教学站位

教师站在与第一列学生左右翼成等边三角形的顶点位置，这种站位有利于教师统观全体学生，便于教师掌握学生的情况，同时也便于学生观察老师的示范等。这种教学站位是最常见的一种方式。

2. 圆形的教学站位

在学生成圆的队形时，教师应站在圆心偏后、面向大半圆学生位置。这种教学站位可照顾到大部分学生，减少学生重叠数量，便于学生观察教师的动作。

3. 场地外教学站位

教师站于学生练习的场地外，用口令或提示来指挥、指导学生练习。这种教学站位有利于学生顺畅练习，避免教师教学位置与学生练习产生冲突。

4. 多列横队中间的教学站位

把多列横队从中间分开，面向教师，学生面对面站立，教师位于中间位置，其目的是为了减少学生重叠数量，便于示范和讲解。

5. 队伍行进间时的教学站位

教师在队伍行进间时的教学站位置，随队伍行进方向、路线的变化而不同，学生成纵队向前行进时，教师面向前进方向，站在队伍中后部的侧面，有利于指挥学生，让学生听清指令，做练习。在成螺旋形等队形行进间时，通常，教师站在队伍前部，有利于教师在行进间动作时领做，并起到标志的作用。

三、体育课教学队伍调动的方法

1. 口令指挥调动队伍

队伍调动多数情况下是在教师的口令指挥下完成的，准确的指挥口令在队伍调动上就显得格外重要。口令的准确，表现在指挥口令的唯一性上，下达的口令要做到学生能快速正确理解。此外，有些口令有预令和动令，要把预令喊清楚，引起学生的注意，动令要果断有力。

指挥口令不能自始至终只是一种声调、一种情绪，要根据场面情况用不同的声调语气和情绪进行指挥。体育课开始时或练习场面不太整齐时，口令要洪亮有力，语气激昂，指挥声调提高，以求集中学生精力；当学生都进入了角色，课堂氛围比较好时，就应该用柔和的语气，降低声调，用体现关怀和融洽的声音来指挥。切忌无论在什么情况下指挥口令都处于严肃状态，使课堂处于紧张的气氛当中，不利于教师与学生之间的融洽。

指挥低年级学生或复杂的队伍时，可在喊口令时加手势，指示方向或要达到的形式。例如，喊向右转时，教师以右臂由侧举，向转动方向挥动，表示向右转。对一些简单的队伍调动，可用口哨来代替一些行动的口令。例如，用口哨长短、快慢、强弱等变化队形。

2. 标志辅助调动队伍

队伍变化复杂时，教师可用白灰在地上画上方向路线、图形或范围，也可用合适的材料做成标志物，放在关键地方，标明行动方向路线，使学生行进时能一目了然，迅速行动。教师示范引导调动队伍，也属标志辅助的方法。例如，一路纵队蛇形行进时，教师站在排头位置，即可引导学生完成。也可教师或排头先按要求演示一遍，让学生明确方向、路线和要求，然后教师指挥学生进行队伍调动。

3. 采用游戏、音乐调动队伍

采用一些游戏和竞赛的练习进行队伍调动。例如，“看谁集合快”、“看谁记得牢”、“抢位练习”等都可以用作调动队伍的手段，而且学生对此兴趣浓厚，积极性高。此外，用节奏鲜明、欢快的乐曲伴奏指挥调队，在行进时配合姿态优美、韵律感强的动作，学生会感到十分惬意，效果较好。

在实践过程中，可将以上几种方法结合起来，用于调动和变化队伍，达到效果最佳化。

四、体育课教学队伍安排与调动的基本要求

（一）教学队伍安排必须以有利于学生学习为前提

构成体育课教学队伍组织的因素包括队形、学生的站位、队伍的基本方向和基本路线等四种。学生是体育教学的主体。因此，从有利于学生学习来考虑体育课教学队伍安排。

根据教学内容的特点，从有利于教师讲解、示范、指导，有利于学生观察的角度，选择和运用各种队形。通常，不同的教学内容，教学队形也有所区别。例如，初学健美操主要由教师领做，可采用半弧形学生交错站队形式；

学习跨栏跑时，学生应侧对栏架站立，以提高观察效果；分组依次做跳箱动作时，为了便于学生之间相互观察，使练习井然有序，可采用斜纵队或纵队练习；活动性游戏较多采用圆形队形等。

队形安排应便于学生听讲解、看示范，队形应与其练习方向、行进路线尽可能保持平行。如学习蹲距式起跑，让学生分布在跑道两侧，采用单或双排对面站立队形，教师在二行之间讲解、示范，效果较好。

队形安排还应考虑学生练习时学生之间相互的观察面，要方便学生互相观察。例如，在进行往返接力比赛跑时，如果队形安排是前后重叠的队伍，就不便于后边同学观察，如果把队形安排成扇形，学生既能直接参加比赛，又能清楚地看到比赛场面。

学生的站位应尽可能满足“三背向”、“三面向”。所谓“三背向”就是学生的站位应背风沙、背阳光、背干扰；“三面向”就是学生的站位应做到面向教师、面向练习场地、面向练习器材。要求学生面向教师，目的是使学生能最大限度地看清教师的示范动作，听清教师的指导，同时也便于教师的观察学生。要求学生站位与场地器材结合，目的是便于学生观察同伴、互帮互学，体现学习的连续性和高效性。

学生队伍的行进、练习的基本方向，包括单向、双向（相向、背向）、向心、多向等多种。在确定队伍的基本方向时，为了便于学生相互观察，应尽可能地使学生的行进、练习的方向与观察者所在队列的方向相平行，同时，尽可能地采用单项行进。在选择学生队伍的基本路线时，尽可能使队伍的基本路线与学生的队列相平行，在这种情况下，学生的注意力容易集中，学生的观察才能收到良好的效果。

（二）把握时机合理调动教学队伍

体育课教学中，队伍调动是必不可少的环节，无论是开始部分的准备活动，基本部分讲解、示范和练习，还是结束部分的放松与整理，都需要队伍的调整和变换。队伍调动体现了教师对教学内容的把握和教学方法的选择，教师通过队伍的调动，向学生传递体育教学内容的变换和深入，传递教学方法的改变。课堂上学生队伍的调动，应以教材内容为中心，紧扣教学方法，把握好运用时机。通常，在以下情况下出现学生队伍调动：

调整和变换队伍，为准备活动服务。例如，根据准备活动的内容和需要，学生由横队变纵队，由单路变多路，或变成各种队形（圆形、方形）等。

由讲解向示范转换时，或在各练习之间相互转换时，或者变换练习地点时，多采用队伍变换作为纽带，承上启下，合理过渡，紧密衔接，使体育课组织教学严谨。例如，学生四列横队做武术动作，结束后需分成四个组进行发展身体素质练习，采用原地向左转，四路纵队变成一路纵队走(跑)，然后变成方形，分组做发展体能的循环练习。

通过各种队伍调整和变换，摆放和收取体育器材，使课堂秩序井然。例如，学生一路纵队对角线走(跑)到场地中间路过球筐处取球，然后走(跑)成教学需要的队形。再如，学生手持小实心球做开口螺旋形跑，跑到圆心处将球放在筐内，然后沿反方向跑回，完成送还器材。

在一堂课中教学队伍调动的时间不宜过长，次数不宜过多，调动队伍时应尽量缩短时间，并使学生积极配合课中队伍调动，做到步调一致，提高教学效率。

(三) 教学队伍安排与调动要防止盲目追求形式

体育课教学队伍安排与调动要有明确目的，既要避免由于随意性导致课堂一盘散沙，甚至连正常的教学秩序也无法保证，又要防止由于过度要求学生队伍整齐划一，使课堂气氛紧张有余，活泼不足。要根据课堂教学需要，恰当、适时、巧妙地运用正式队形和松散队形来组织教学。

所谓正式队形，主要是指按教师的指挥所排成的整齐划一的队形。所谓松散队形，主要是指教师在课堂教学中，为了节省时间或有利于教学而采用的临时性的队形，如为了使全体学生都能看清教师的示范动作，让学生围着教师自己选择有利的站立位置。这两种形式的运用应根据教学内容、教学对象、教学环境等因素来决定，都有一个“度”的问题，尽可能做到“统而不死”，“活而不乱”。通常，正式队形多用于学期初或课的开始部分、专门的队列队形练习和易出现伤害事故的练习。松散队形一般多用于练习过程中的讲解、示范与纠正错误动作及较大强度练习后的整理活动。

教学队伍的安排与调动既要继承和发扬传统体育课的精华，又不能把教学队形的运用绝对化，要开动脑筋，精心设计，力求新颖、实用，使其既有利于组织教学，又能提高学生的练习兴趣。实践中，已有不少教学队形和学生站位的创新，如扇形站位、菱形队形、梅花形队形、放射形队形等。还有将教师规定队形与学生自选队形相结合，少量的时间由教师规定队形，而更多让学生(班或小组)自行选择队形站位。总之，只要善动脑，多实践、勤总结，就一定会有更多的创意，取得更大的教学效益。

(四) 队伍安排与调动要符合安全的原则

安排学生队伍进行任何练习时，都应以相互不妨碍为原则，特别是一些投掷类练习项目，如果练习队形、站位不合理，很容易导致伤害事故。长投项目的练习，常用的队形一般为横排，学生单向或两列横队相背成投掷队形站位；而短投项目的练习，采取向圆心或放射状队形练习为宜，不仅可增加练习兴趣，而且能减少不安全因素。

第五节　体育课运动负荷的安排与调控

体育课运动负荷是指学生在课中从事的身体练习对机体刺激的程度。体育课上学生要承受一定的运动负荷，是体育课教学区别于其他课程教学的显著特征，也是学生掌握运动技能、发展学生身体素质、体验运动乐趣的前提条件。可以说，体育教学活动是通过加之于学生的适宜运动负荷而产生效应，使学生的身心状况发生变化，进而实现课堂教学目标。体育课运动负荷的“过与不及”都不利于完成体育课教学目标，更不利于学生的健康成长。

一、体育课适宜运动负荷的含义

体育课适宜运动负荷要符合学生的现实可能和人体机能活动变化规律，满足体育课教学的需要。运动负荷是否适宜应从以下几个方面来考虑：

1. 学生机体能够承受，具可接受性

学生在体育课中承受一定的运动负荷，必然会产生相应的效应，但不是只要施加运动负荷，就一定会产生良好的效应。机体产生良好效应的现象只发生在适宜运动负荷的条件下，而当运动负荷超出最大承受能力时，机体便会发生劣变现象，导致伤病甚至出现生命危险。可见，学生个体所能承受的运动负荷应该是一个区间范围，它相对于学生个体的承受能力而言，相对于同一学生的不同时间阶段身体状态而言。运动负荷太小，不能引起机体的机能发生变化，失去练习的意义；运动负荷过大，则可能有损身体健康。因此，运动负荷的可接受性有两方面含义：一是要以保证学生的运动安全为前提，不能出现局部运动负荷过重造成运动损伤，或者因为负荷过大造成昏厥、休克甚至更严重的伤害等。二是在学生所能承受的运动负荷区间，有利于身体发展和完成体育课教学任务。

2. 能够促进学生各种能力产生定向变化

体育课教学的主要特征是以身体练习为手段，身体练习能否取得效果及取得什么样的效果，在很大程度上取决于运动负荷安排是否具有实效性。

实效性所要求的是最佳的良性影响，所以，适宜的运动负荷应该能够促使学生掌握运动技能，发展体能，增进学生身心健康，增进学生社会适应能力，使学生在这几方面产生定向变化。

在学习和掌握运动技能的不同阶段，有不同的运动负荷安排。例如，在初学阶段，运动负荷的安排不能过大；在复习、巩固、提高阶段，需要安排较大的运动负荷；在战术学习时不能安排很大的运动负荷，而在战术运用与教学比赛时，就需要较大的运动负荷。

运动负荷要符合发展各种不同身体素质的不同要求。例如，发展灵敏性、平衡性、柔韧性、协调性和发展速度、力量、耐力，发展有氧运动能力和发展无氧运动能力，发展一般力量和发展爆发力的练习等，在运动负荷方面均有不同的要求和适宜的范围。

运动的乐趣也需要适宜的运动负荷来诱发，如果运动负荷过小，体育运动的特点无法体现，体育课就上得平淡、消沉；如果运动负荷过大，会使学生感到疲惫不堪，也难以体验到运动的乐趣。适宜的运动负荷，在掌握运动技能、发展体能的同时，也能使学生的学习情绪高涨，并在运动中体验到成功感、愉快感和自我价值感。

3. 运动负荷安排的节奏符合人体机能活动变化规律，并能保证课与课之间衔接

对体育课运动负荷总的要求是从逐步上升到一定程度，保持一段相对平稳，然后再逐步下降到相对安静。其变化形态反映了体育课组织教学三个阶段的基本特征：通过身体活动，逐步克服机体惰性而进入工作状态的准备部分；通过主项练习，完成体育课主要任务的基本部分；通过放松练习和总结，使机体逐步恢复到课前状态的结束部分。

体育课运动负荷安排的节奏应是大、中、小负荷合理交替，既要使学生的身体得到充分的活动和锻炼，又不至于影响课后其他课程的学习。

二、体育课适宜运动负荷的量度

由于身体活动过程具有多变性、丰富性，以及学生之间存在着年龄、性别、体能、体育基础等方面的差异，导致学生个体能够适应的运动负荷也不尽相同，承受的能力也有大小。所以，体育课适宜运动负荷是受众多因素影响的动态过程，其复杂性，很难用数字、公式完全地精确计量。所谓量度是对某种不能直接测量、观察或表现的东西进行测量或指示的手段。衡量体育课运动负荷有内部数据与外部数据两个层面。

外部数据是学生练习的次数、练习时间、练习重量、练习距离、练习速度、练习密度与强度等，通常可从教师对练习的安排以及学生从事的练习数量直接观察或测量到；内部数据是学生从事身体练习时，机体内部产生的变化，通常用心率、肺活量、心输出量、血乳酸含量等指标来测量。外部数据和内部数据具有因果关系：前者是因，后者是果，一般情况下成正比关系，即外部数据越大，内部数据也越大。但相同的外部数据对于不同的个体，或对于同一个体所处的不同阶段，内部数据也可能不一样。

体育课运动负荷的大小可以从“外部数据”与“内部数据”两个方面来确定，这两种度量值指标对体育课运动负荷的安排与调控都是重要的。如果说安排体育课的运动负荷是教师在课前教学设计时考虑的重点问题，那么，运动负荷的调控就是教师进行体育课堂教学时的重要工作，它们都体现了体育教师的教学经验和专业化水平。

教师安排与调控体育课运动负荷通常是从外部数据入手，操作的对象主要是量与强度。运动负荷的量反映着负荷对机体刺激的量的大小，一般为练习次数、时间、距离、重量等；强度则反映负荷对机体刺激的深度，常常通过练习的速度、远度、高度、单位练习的负重量或练习难度予以衡量。量和强度构成了运动负荷的整体，它们彼此依存而又相互影响，任何负荷的量都是以一定的强度为条件而存在的，任何负荷的强度又都是以一定的量为存在的必要基础，一个方面的变化必然会导致另一方面的相应变化。将运动负荷分为负荷量和强度两方面的意义，不仅便于我们认识并研究运动负荷，而更重要的是便于安排和调控运动负荷。通常情况下，一堂课运动负荷的增加要逐步进行，并有节奏。所谓逐步增加，就是无论加强度还是加量，都要由小到大渐进安排，从而逐步提高对负荷的适应能力。所谓有节奏的增加，是指运动负荷不宜直线上升，而要大、中、小相结合，通过量与强度的变化，呈现一种波浪式的有节奏的增加。就某一项练习安排而言，强度越大，则量就要相应减少，强度适中，则量可以相应加大。

内部数据反映练习时有机体的动员程度，评定能量供应系统作用的方向，以及有机体与负荷适应的相符性。体育课通常采用简单易行的心率指标来反映运动负荷的变化，并由此判断运动负荷的适宜程度。通常，心率指标对以能量供应大小为主要依据的练习敏感度较高。例如，有氧代谢的心率区间是 110～150 次/分，而最佳的有氧代谢区间是 120～140 次/分。学生的有氧代谢是重点发展的领域，特别是心肺功能得到发展的重要标志，所以，心率指标可以较客观地反映体育课有氧代谢运动负荷的大小。但也有一些练习不以能量供应大小为主要依据。例如，发展灵敏性、平衡性、柔韧性和协调性的练习，是以神经和肌肉控制为主要特征的身体练习体系，对心血管系统的要求较低；肌肉静力性力量练习中因胸内压加大而引起的心率加快等，对于这类练习，仅用心率来衡量难以真实反映运动负荷大小，应该结合外部数据来反映其负荷。

到目前为止，体育课适宜运动负荷通常采用课的平均心率、课的练习密度这两个指标来反映。所谓课的平均心率，是通过一次课上多次测定学生的心率的方法来获得平均数。通常，一堂体育课心率测定一般不少于20次，采用练习前后与定时测（2分钟为宜）相结合的方法来获取数据。所谓课的练习密度，是一节课上学生实际从事练习的时间与课的总时间的比例。体育课的平均心率与课的练习密度较为公认的参数是：全课平均心率维持在130次/分左右，全课学生实际练习时间占全课时间的30%左右，被认为是体育课适宜的运动负荷。

三、合理安排体育课运动负荷的注意事项

体育课教学过程中，运动负荷的产生是以教学组织与方法手段为媒介对学生身体产生作用的。因此，合理安排体育课的运动负荷，应注意以下几点：

1. 根据学生的身心发展水平安排运动负荷

由于学生的身体情况各不相同，其承担运动负荷的能力是不一样的，教师应对学生体质状况、运动能力等方面情况，尤其是身体素质较差学生的状况做到心中有数，并依此安排相应的运动负荷。体育课安排的运动负荷，原则上是以中等能力的学生为基准点，应该是大多数学生经过努力可以完成的。同时，还要兼顾两头，围绕基准点上下波动，安排不同层次学生进行不同次数和组数的练习，以满足不同的需求，确保每个学生受益。教师在课后要多和学生交流谈心，询问学生练习后的主观感觉，如肌肉的酸痛程度，精神状态等。通过询问，结合观察来判断体育课运动负荷的大小，有助于更好地安排运动负荷。

2. 根据体育课的类型安排运动负荷

课的类型不同对运动负荷的要求不尽相同。通常，新学期开学的第一节引导课，负荷安排中等偏小；相同教材的新授课与复习课，由于新授课以学习新教材为主，有必要的讲解、示范、保护与帮助等，运动负荷理应偏低，复习课以改进、巩固提高已经学过的内容为主，运动负荷会增大；综合课因有新旧两种教材，负荷通常居中；测验课、考试课一般练习密度相对较小而

练习强度相对较大。

3. 根据体育课教材的性质安排运动负荷

体育课运动负荷只有符合运动项目特点的要求，才能获得到满意的教学效果。例如，跳远、短跑是速度性的运动项目，在教学中要求学生以最快速度、最大强度完成特定的练习。因此，学生要能够承受很大的负荷强度和一定的负荷量，而体操、武术教学，则侧重动作难度的掌握，并充分表现出运动的外在美。因此，多安排中等强度负荷比较适宜。教师只有对教材的特点做到心中有数，才能做到有针对性地安排运动负荷。在安排教材内容时，应合理搭配不同性质、不同负荷的教材，如将强度较大的跑、跳跃教材与强度较小的投掷、韵律操和舞蹈等内容组合。如果预计教材内容达不到一定的运动负荷要求，还可安排专门发展身体素质的练习，也就是通常说的"课课练"，主要内容有伴随运动技术学习的身体素质练习、为提高运动技术的专门性身体素质练习、为发展学生某些基本身体素质的练习等，以使整堂课的负荷安排合理。

4. 根据季节气候及场地器材条件安排运动负荷

体育场地器材是体育课教学的物质条件，能否满足需要直接影响运动负荷的安排，这就需要教师开动脑筋，合理安排和组织教学，充分发挥场地器材的利用率。如果场地器材达不到正常标准，多采用分组轮换或循环练习等形式，以加大学生的练习密度。

季节、气候对体育课运动负荷的安排也有影响，高温天气要耗费学生一定体能，此时的负荷应降低；寒冷季节肌肉、韧带黏滞性增加，没有一定的负荷量难以达到热身效果。除此之外，风力、地理环境等也是安排运动负荷应考虑的因素。

四、调控体育课运动负荷的方法

教师不仅要在课前周密地安排运动负荷，在课的进行中还要细致地观察和分析运动负荷的大小及其变化情况，及时调控运动负荷，努力使所有的学生都达到适宜的运动负荷。调控体育课运动负荷是一项细致的工作，应综合研究分析多方面的信息，将量化分析与直觉判断相结合。最常用的方法除了心率测量外，还可采用更为直接简便的方法来判断运动负荷，如观察学生的脸色、表情、出汗量、气喘、反应速度及协调能力等表现来判断其承受运动负荷的情况，或者由学生自述主观感觉，包括有无疲劳感、肌肉是否酸痛等。

调控体育课运动负荷一般可采用以下方法：

1. 改变身体运动的要素

任何身体运动一般都由身体姿势、动作轨迹、动作时间、动作速度、动作速率、动作力量和动作节奏构成，只是其表现形式和程度不同，从而形成各自的运动形式和技术特征，以及对人体的不同影响和作用。其中动作时间的长短、动作速度、动作速率、动作力量对人体承受的运动负荷有直接影响。如动作速率改变，动作的强度也随之改变，而同一动作用不同的速度进行练习，对机体的影响也不同，即速度越快，强度越大，对机体的刺激也越强烈。反之亦然。安排与调控体育课负荷量度常以改变身体运动的要素作为手段。

2. 改变练习的顺序和组合

体育课各练习之间不同的间隔与联系会产生不同的运动负荷的累积效应，其中影响较大的是调整练习间歇时间。练习与休息交替是调控运动负荷的常用方法，如延长或缩短练习之间的间隔时间（休息方式）等。

3. 改变练习的重复次数

增加或减少练习的重复次数，可改变学生实际从事练习的时间，保证适宜的体育课练习密度与运动负荷。

4. 改变练习的限制条件

如通过改变活动范围、练习内容的难易度、附加条件等，进行运动负荷调控。

5. 改变课的组织教法安排

体育课组织教法措施是影响学生运动负荷的重要因素。例如，全班教学、分组教学、分组轮换教学等组织形式不同，学生练习机会也不同，负荷也有不同。分组教学，每组学生练习机会增多，负荷量度安排与调控具有更大的灵活性。此外，合理组织和调动队伍，避免让学生过多排队等待和变换队形，多采用竞赛法、循环练习法等，都可以增加学生练习的机会。当练习负荷大时，可通过讲解、示范、评价、学生分组观摩等各种形式，使学生得到一定的休息，减缓运动负荷。

第六节　体育课堂教学秩序

课堂教学秩序是教学过程中师生互动、学生之间互动所遵循的一种习惯性、制度化、合法化的规则。良好的课堂教学秩序可以维持课堂的稳定，激发学生的学习动力，提高教学工作的效率，也是完成教育教学任务的保障，对提升教学质量能起到事半功倍的显著效果。

在课堂管理领域中，人们对于课堂教学秩序内涵的理解也是发展的。传统课堂管理一般理解为：教师控制 ＋ 学生服从。现代课堂管理提出课堂教学秩序的新内涵，即师生平等、共同参与教学、共同制定规则并遵守规则。这样，课堂教学秩序就不再意味着教师僵化的控制和学生对纪律被动的顺从。但强调师生平等、尊重学生个性与权利，并未否定规章制度约束的必要性，建立并维持一定的秩序是进行有效课堂管理的必要条件，更何况现代社会注重"游戏规则"，要求个体必须具备规则意识，自觉遵守、执行规则，这是学生成长过程中必需的。

一、制定和执行必要的体育课堂常规

体育课堂常规是在教学过程中，师生共同遵守的、保证体育教学工作正常进行的一系列的基本要求。建立必要的课堂教学常规是形成课堂教学秩序的行为依据，也是组织教学的手段。同时，课堂常规能促使学生养成自觉遵守纪律的良好习惯，并为创造活泼、和谐的课堂气氛和学习环境奠定基础。

（一）体育课堂常规的基本内容

1. 课前常规

有关教师课前准备工作的规定。如教师课前要认真备课、编写教案，提前到达教学场地，布置与检查场地器材等。

有关学生课前准备工作的规定。学生要准备好体育课的服装和鞋，提前到达教学场地，值日同学应提前领取教学所需器材并协助教师布置教学场地。要求学生因事、因病缺课要履行请假手续，因受伤或女生例假不能正常上课的情况，应由学生干部或体育委员在课前向教师说明，并由教师根据不同情况，分别妥善安排。

2. 课中常规

准时集合整队，师生互致问候，点名或清点人数、宣布课的教学目标与内容、提出课堂学习要求和安全要求，安排见习生。同时，检查学生的运动服装、运动鞋等情况，集中注意与激发情绪、准备活动等内容。

教学中要使用文明用语，尊师爱生。学生应按教师的规定使用器材，对已布置好的场地器材，不能随便移动，树立爱护公物的美德。

在课结束时，教师要进行课堂小结和讲评，并提出课后锻炼的要求及下次课要学习的内容。学生应主动参与收回器材并归还。

3. 课后常规

教师每次课后应及时了解学生的意见，总结经验教训，提出改进措施。检查学生课后归还器材等工作的执行情况。

（二）制定和执行体育课堂纪律的注意事项

课堂纪律是课堂中学生的行为准则与秩序，反映课堂中师生之间、同学之间的关系。课堂纪律是秩序形成的关键，也是课堂常规的重要内容。制定和执行课堂纪律，应注意以下几个问题：

1. 体育课堂纪律应符合学生和学校的实际

制定课堂纪律：首先，要考虑学校的相关规章制度对课堂中教师与学生的行为的相关规定，以及学校与班级的传统，它对课堂中教师与学生的行为起着潜移默化的作用；其次，要考虑学生对课堂纪律的看法，由于学生的年龄和背景的差异，他们对课堂纪律的认识就会出现差异。因此，教师应当更多地考虑学生积极的、正向的期望，以保证学生在课堂上与教师保持互动。

要制定出适合于具体学校、班级的课堂纪律，需要从以下方面入手：首先，要吸引学生参与课堂纪律的制定，这一方面能保证课堂纪律的严肃性，另一方面又能使学生乐于接受并自觉维护；其次，课堂纪律应清晰明了，具备可实施性，课堂纪律每项规定必须明确，不能模棱两可，内容表述应以正向引导为主，尽量用积极的语言，规定学生可以做什么，这可以使学生对教师的期望产生积极的反映，使学生理解教师对学生的尊重，从而产生良好的心理效应。

2. 不断进行体育课堂纪律教育，规范学生行为

学生对课堂纪律的认识一般要经历对课堂纪律的认识、对课堂纪律的认同、对课堂纪律的自觉维护三个过程。教师应从一开始就引导学生认识纪律，给学生建立明确的规范和学习常规。通常从以下几个方面向学生明示：即内容（课堂常规所指明的具体内容，它标明对学生行为的期望和具体要求）、条件（课堂中学生行为所需要的前提和背景）、强化标准（即学生行为后适用的各种奖惩方式，它也成为衡量学生行为的基本指标）。

每学期开学初，教师都应向学生进行课堂常规教育，对新生提出课堂常规要求尤为重要。同时，要经常了解学生是否明了课堂常规的要求，只有当学生完全了解课堂常规的具体规定之后，实施才成为可能。要根据学生的具体情况，结合课堂教学给予必要的指导，知道自己的行为是否恰当，促使学生养成自觉遵守课堂常规的良好习惯，从而使学生能达到课堂秩序管理的基本要求——自控。

3. 执行体育课堂常规应公平一贯

教师要始终如一地贯彻执行已经订立的规章和制度，对全体学生一视同仁，自始至终坚持一个标准，不能因为学生在班级的地位和表现的差异，而做出不同的反应。执行体育课堂常规如果缺乏公平，不仅会损伤教师在学生中的权威，使学生对于课堂常规的认知、情感、行为出现矛盾，而且会使课堂常规的严肃性和公平性受到质疑。

在执行课堂常规时，一定要在严、细、实上下工夫，要经常依据课堂常规要求检查指导学生的学习活动，及时发现学生违规的原因，迅速地制止学生在体育课堂中出现的不良行为，并能使问题解决在萌芽状态。

4. 执行课堂常规应尽量采用积极的强化方式

课堂常规一经确立，就需要对学生的各种反应方式进行强化，强化的目的是使学生形成良好的行为习惯，不论是正向的强化还是负向的强化，都对学生的行为习惯的养成产生重要的影响。对于学生而言，正向的强化有助于激励学生的理想行为而纠正不良行为，使学生始终保持良好的心态参与学习，负向的强化则可能造成学生的恐惧与不安，甚至使师生关系紧张。因此，应更加注意多采用正向强化，即使是在迫不得已使用负向强化时，也应慎用与巧用批评与惩罚，注意不要对学生的人格进行攻击。

二、营造和谐的师生关系与课堂氛围

在如何维护课堂教学秩序，使学生的行为与教师的期望保持一致上，传统的思维方式总是习惯于用严格的纪律将学生的行为局限于某种范围之内。实际上，课堂教学秩序并非只是课堂纪律功能的表现，和谐的师生关系、课堂氛围都是达到维护课堂教学秩序的重要条件。这是因为教学过程是由教师与学生共同构建的，伴随教学过程的秩序也应该是教师和学生共同合作形成，即维护课堂教学秩序是师生共同承担的责任。这种合作性秩序强调要营造和谐的师生关系与课堂氛围。

当代学生的自我意识逐渐提高，他们渴望受到尊重，建立民主、平等的师生关系是实现和谐课堂氛围的基础。在教学活动中不仅需要学生尊敬教师，同时教师也应尊重学生的个性与人格尊严，让学生感到自己是具有独立人格的被尊重关爱的人。同时，教师必须不断加强自身修养，提升人格魅力，在无形中引导学生，在师生之间形成相互尊重相互信任的民主合作关系。

尊重学生的主体地位,要深入教师心中,在每一个细节上体现。教师要经常与学生进行思想交流、感情沟通,尊重理解学生,把情感融入课堂。师爱是学生愿学、乐学的催化剂,教师充满挚爱、信任与期望的语言,以及直观的肢体语言,容易唤起学生共鸣,调动他们的学习积极性。尊重学生,爱护学生,但不是无原则的溺爱,要坚持“刚柔相济”的管理,做到严中有慈,慈中有爱,爱而不宠,在对学生动之以情,晓之以理的情感融通中实现传道授业解惑。

在教学方法的设计中要运用学生容易接受的教学方法,从提高课堂教学艺术入手,尽量营造有利于学生学习和参与的各种氛围,让学生愉快、主动地学习。要善于让不同水平、不同接受能力的学生都能感受、体验体育运动的乐趣,都能领略到成功的喜悦,这样不仅可以激发他们的学习兴趣,还能充分发挥他们的聪明才智。教师还要在学生之间营造一种竞争、合作的氛围,充分发挥动态的集体力量,激发学生个体与个体、个体与群体、群体与群体间的交往、讨论。同时,形成一种在自学、自练基础上相互帮助、相互纠正、共同提高的学习环境。如果教师能身体力行,参与学生的活动,则无形中缩短了教师和学生间的距离,效果更为显著。

教师要把激励渗透到课堂。对学生在课堂上的学习行为,要多给予积极、及时的激励性评价,不断帮助学生树立自信,让学生体验到成功,形成“表扬—努力—成功—自信—再努力—取得更大成功”的良性循环。教师要提供一个宽松的环境,善于调控学生的情绪变化,消除紧张、拘束等不良情绪,保持学生愉快、积极上进的心境,对教学持积极参与的态度,这样才能形成轻松、融洽、合作的课堂氛围,共同完成教学任务。

第七节 体育课突发事件的应变技巧

由于体育教学环境的复杂性和学生生理、心理的差异性,学生行为的多样性,以及体育教师教学管理行为的不同特点,往往使教学过程中会出现意想不到的突发事件。课堂突发事件,主要指出乎意料地发生在体育课堂教学过程中,与课堂教学没有直接因果关系的突然性事件,它属于教师教学计划外的事情。

由于突发事件具有意外性、复杂性、紧迫性等特征,决定了课堂突发事件的处理不可能有一成不变的模式,只能因地因人,随机应变。所以,正确、恰当地处理课堂突发事件是一种技巧,是教师综合运用教育手段的能力表现。

一、体育课突发事件的类型与应变措施

体育课上突发事件有来自学生方面的原因或来自教师方面的原因，还有一些是来自非人为的原因，如场地器材故障或外界干扰所导致。

（一）来自学生方面的突发事件与应变措施

表6－1归纳了体育课教学中由于各种原因学生经常出现的一些现象以及应变措施。

表6－1 体育课中来自学生方面突发事件的应变措施

类　型	原　因	应变措施
学生突然提出奇特问题，使教师一时无从回答	1. 处于青春期的青少年学生既活泼好动，又具有较强的好奇心，对什么事都想问个为什么 2. 提出的问题(包括从其他书中看到的)，是教师事先没有想到的，有被学生难住的可能性 3. 教师在教学中出现的疏漏或错误，学生发现并指出的	1. 坦诚相告。如不知道确实情况，不知如何处理时，就坦诚告诉学生不知如何处理 2. 暂时回避。如果这个问题一时讲不清楚，可告诉学生待课后再一起讨论
学生突然的新要求	在以学生发展为本的新课程改革理念下，教师的教学方式也发生了很大的变化，体育课中学生可能会提出各种新要求，包括一些过分而不合理的要求	1. 要求合理又有条件解决的问题，教师要尽量给予解决。要求合理但一时还无条件解决的，教师要诚恳讲明原因 2. 不合理的要求，从实际情况出发，教师要加以正面引导教育，积极开导和转化
学生之间过激行为	争强好胜、自控力差是青少年的显著特点之一，而体育教学特别是在对抗比赛时，又给学生提供了较多的表现机会	1. 教师要以严肃的态度给予批评教育，制止学生的错误行为，平息事态 2. 先平息学生激动情绪，再问明原因。课后妥善处理 3. 立即让当事人退出练习场地，脱离当时情境。或把当事人隔开来，分在不同组里，避免再次直接摩擦 4. 采取有效的手段，转移学生的注意力

续表

类　　型	原　　因	应 变 措 施
学生运动损伤	1. 准备活动不充分 2. 方法不当、思想放松、注意力不集中 3. 教师保护不当 4. 场地器材原因	1. 教师一定要镇静,及时做出判断,并紧急处理。同时,要稳定其他同学的情绪 2. 让技术好、素质好的学生继续进行练习,以消除其他学生的紧张恐惧心理
学生对教师的顶撞	1. 教师因批评个别学生的纪律问题而产生的学生顶撞 2. 由于教师批评教育方法不当或学生情绪和心理受其他因素影响	1. 如学生有理,教师应虚心接受,给学生以肯定,并向他赔礼道歉,缓和学生的过激情绪 2. 如学生无理,教师要冷静对待,课后进行耐心教育,或协同班主任共同教育

(二) 来自教师方面的突发事件与应变措施

体育课教学中由于课前的思想准备不充分,或对本次课的内容不太熟悉,对动作技术生疏,以及自身身体能力方面等原因都可能导致教师讲解错误、示范失误。

教师出现示范失误,大多是因为课前准备不充分,或自身体能、技能原因引起的,此时不要碍于面子,隐瞒事实,应对学生坦率说明动作错误,并重新示范一次。还可借机提醒错误的原因示范,然后复述动作要领,这既可消除第一次示范失误带来的负面影响,也加深了学生对技术动作的理解。随着教师年龄增大,体能下降,做不出一些难度较大的示范,可以坦率说明情况,找学生(体育骨干、积极分子)按照自己的要求做示范,并指出不足。

教师在课上出现口误,这时脑子反应要快,巧妙拨正,最好先用风趣幽默的语言自我解嘲,这样既可以集中学生的注意力,又可以活跃气氛,挽回影响,及时纠正。

(三) 非人为的突发事件与应变措施

1. 体育器材设备损坏

在使用器材设备过程中,由于使用年限过长或平时维护保养不当,或其他原因往往发生器材设备突然损坏现象,如双杠突然断裂,录音机突然出现故障等,应采取以下方式处理:

保持冷静，安抚学生，调整课堂气氛使学生情绪稳定；迅速做出判断，撤离练习场地，改变练习方式；及时处理损坏的器械，以免造成对学生的伤害。

2. 外界环境干扰的应变措施

体育课教学中来自外界环境的干扰，主要有场地上其他班级上课的干扰，校园内外噪声干扰以及气候变化等。教师可主动让学生改变站位方向；或者采用做集中注意力的游戏，采取教学比赛的方式，集中学生注意力；当体育课教学过程突然遇到下大雨、刮风或下冰雹时，教师要让学生有序地离开操场。

二、突发事件处理的注意事项

1. 沉着冷静面对突发事件，果断采取处置策略

教师每当遇到突如其来的事件时，需要沉着、冷静、迅速判断事情的性质，思考处理的办法，尽快恢复课堂教学秩序。不同类型的突发事件要采取不同的处置策略。例如，体育课上发生伤害事故的原因是多方面的，一旦在体育课上发生这种情况，教师的一言一行直接影响到学生的情绪，这时教师一定要镇静，根据自己的观察和经验，及时做出判断并紧急处理。同时，要向其他同学讲明原因，稳定他们的情绪。

对于课堂出现干扰物而产生严重干扰课堂氛围，转移学生与教师的注意力情况时，教师应冷静而又幽默地处理，将干扰降到最低，此时如果处理得当的话，还会活跃课堂氛围，达到意想不到的效果。

对于违纪学生，教师要有耐心和爱心，善于控制情绪，行动要谨慎，不要轻易地把学生行为确定为故意捣乱，更不要动辄大发脾气，轻易采取呵斥、体罚、停课等简单化的方法，这种方式虽然暂时维持了课堂教学秩序，但对课堂气氛、师生关系，以及教育教学效果都会带来直接的负面影响。对于违纪行为导致的突发事件处理：首先，要避免事态的进一步扩大，尽快平息事件，不要因处理纪律问题而影响教学工作。其次，要注意针对问题，处罚坏行为本身，不得造成人格伤害，要顾及学生的自尊心，以收到正面教育的效果。

2. 宽严适度，掌握分寸

教师对学生行为的管理是通过对课堂秩序的管理实现的，如果学生违反课堂纪律导致突发事件，教师处理时，在情感的流露、措施的宽严、批评语言的用词方面都要精心把握，尤其要把握好对学生惩罚的度。因为任何方法措施都只适用于一定的范围，都有一个“度”，达不到这个“度”或超过了这个“度”，不但不会产生积极作用，还可能产生消极的影响。惩罚过严，学生难以接受，甚至会产生逆反心理；惩罚过轻，对学生不能有所触动，又起不到警示作用。宽严失当，失去分寸，必然造成教学秩序混乱。因此，要对问题的性质、程度、是否重犯等进行区分，正确地把握管理的尺度。要“严而有格”，处理事情不过于武断，强硬偏执，在宽容上要讲原则，讲规矩，不袒护，使学生感到他生活在一个和谐、融洽、规范的良好范围中，只有做到“严中有宽，宽中有爱，爱中有教”，才能达到预期的教育效果。

3. 因势利导，善于把突发问题转换成课堂资源

在处理突发事件时，要注意发现和挖掘事件本身所表现出来的积极意义，或顺势，或逆势，变不利为有利，化消极为积极，这样，许多课堂“突发事件”不但会迎刃而解，而且会转化为宝贵的课堂教学资源。例如，课中突然一架飞机从操场上空飞过，学生不自觉地抬头张望，注意力全都集中在飞机上。针对此种情况，教师如果结合此景，讲述飞行员不仅要有高超的驾驶技术，更重要的是有一个健康的体魄，身体健康是干好一切工作的保证，我们要好好锻炼身体，这不仅拉回了学生的注意力，还能因势利导地对学生进行一场别开生面的教育。其实，许多课堂突发事件可以成为很好的教学素材，如果问题化解得巧妙，不仅能保证课堂教学顺利进行，而且会得到学生的敬佩。

思考题

1. 在体育课中如何合理安排与调控体育课运动负荷？
2. 如何理解体育课组织教学的阶段特征？
3. 简述体育课突发事件的类型、应变措施及注意事项。
4. 体育教师应如何根据自身的特点选择体育课教学组织形式。

作业题

1. 举例说明如何设计和优化体育场地、器材的布置。
2. 观摩一堂体育课或观看录像课，分析该课组织教法特点。

第七章　体育教学设计

本章提要：

阐述了体育教学设计的作用和意义，介绍了体育教学设计的一般程序，着重阐述了体育教学设计过程如何确定体育教学目标、选择体育教学内容、制订体育教学策略等方面的基本要求。阐述了学年体育教学计划、学期体育教学计划和单元体育教学计划的特点、制订步骤和要求。

第一节　体育教学设计概述

一、教学设计的含义

教学设计是运用系统方法分析教学问题，确定教学目标，建立解决教学问题的策略方案，评价施行结果和对教学方案进行修改的过程。它是以优化教学效果为目的，以传播理论、学习理论和教学理论为基础，通过一套具体的操作程序来协调、配置，使各教学要素有机结合的系统计划过程。

教学设计主要包括分析教学问题和学习要求，确定解决问题的策略、方法和步骤，选择合适的反馈评价方法等三个方面的内容。即：教什么和学什么、如何教和如何学、教的怎样和学的怎样。其实质是要解决目标、策略（途径和方法）、评价三个方面的问题。

教学设计也可以说是一种教学问题求解，侧重于问题求解中方案的寻找和决策的过程。通过系统分析技术（学习需要的分析、学习内容的分析、学习者的分析），形成制定、选择策略的基础；通过解决问题的策略优化技术（教学策略的制订、教学媒体的选择等）以及评价调控技术（形成性评价、终结性评价等），使解决教学问题的最优方案逐步形成，并在实施中取得最好的效果。

教学设计的特征主要表现在：运用系统化方法，系统全面地分析教学过程的每个环节，而不是孤立片面地处理教学中的各个具体问题；以计划和布局安排的形式，确立解决的程序纲要，使教学效果最优化。

从这一过程可以看出，教学设计的着眼点可能会在整个学段，或者整个单元，或者一节课。包括教学计划的设计、教学计划的执行、教学活动的评价与反馈。既包括实施教学活动之前，在分析教学主体状况和教学目标、整合教学资源的基础上形成教学方案的“前设计”，又包括教学过程中基于交流和创新而进行教学调整的“中设计”，还包括教学过程结束后基于反思的“后设计”。

教学设计没有固定的模式，教师可以发挥自己的创造力。教师除学习与教学设计有关的基本原理和方法外，主要是通过案例来模仿、分析、移植、创新，反复实践、反思、总结，逐步掌握教学设计的技能，提高体育教学质量。

二、体育教学设计的作用与意义

体育教学设计是教学设计理论与方法在体育教学中的运用。长期以来，体育教师为了追求教学效果和效率，都在自觉不自觉地进行着体育教学设计工作，但因为这种设计往往受到教师自身的教学经验、知识水平、传统习惯、工作环境等因素的限制，所以它是一种经验式的体育教学设计。有经验的教师凭借这种途径也能取得较好的效果，但对于绝大多数教师来说，只能在体育教学实践中茫然地摸索。体育教学设计则克服了这种局限，将体育教学活动建立在系统方法的科学基础之上，使体育教学手段、过程成为可复制、可传授的技术和程序。只要懂得相关的理论，掌握科学的方法，一般教师都可以熟练地操作。因此，学习和运用体育教学设计理论与方法，是提高体育教学质量的有效途径。

体育教学设计本质上是一个教学问题，是构建解决方案，并对该方案进行预试、评价和修改，为体育教学最优化创造条件的过程；形式上是一套系统化计划的具体工作步骤和程序，实际上是经过验证的各个层次的体育教学系统实施方案，包括年度计划、学期计划、单元计划、课时计划，以及为实现体育教学目标所需的教材、学习指导等。体育教学设计引导教师把眼光放在教学的整体构建上，而不仅仅是停留在“备课”的水平上；引导教师把眼光放到教学的整体进程上，而不仅仅是“一节课”的成效上。

体育教学设计在工作程序上，往往不是先完成一步再开始下一步的，而是不断往复、相互补充，综合考虑教师、学生、教材、媒体、评价等各个方面在体育教学中的地位与作用，使之相辅相成，互相促进。体育教学设计促使教师在教学设计之初，就要对不同的学生在课堂上可能产生的不同状态进行预测，准备应对各种可能出现的问题，如学生出现错误动作时，教师如何找到原因，采用何种练习手段，帮助学生纠正错误动作等。

体育教学设计还起到沟通体育教学理论与教学实践的作用。一方面，通过体育教学设计，把已有的体育教学理论和研究成果运用于实际的体育教学中，指导体育教学；另一方面，也可以把一线体育教师的教学经验升华，充实和完善体育教学理论。

三、体育教学设计的一般程序

体育教学设计是根据教学目标和教学条件，对体育教学过程的各方面进行最优化的安排，旨在实现体育教学效果的最佳化。这里的体育教学过程，不仅包括一学年和一学期的体育教学，也包括一个单元的体育教学，更多的是指一节体育课（一学时）的教学。体育教学设计主要有以下阶段组成：

1. 全面分析学生

分析和了解学生的情况是体育教学设计的关键因素之一，这为教学目标的编制、教学内容的选择和组织、教学活动的设计、教学方法的运用提供了可靠的依据。学生个体之间存在着较大的差异，只有分析并了解每一个学生已有的体育健身知识、运动技能和体育态度，才能确定体育教学的起点和深度，才能选择最佳的教学策略，实现有效教学和达成教学目标。

2. 确定教学目标

应对学生通过体育学习和锻炼应达到的行为状态作出具体的、明确的说明，即规定了在一定体育教学活动完成之后，学生应习得的终点能力及其类型。如新学习了某一运动技术，或提高了某项运动技能，或增加了体育健身知识，或在体育学习中增进了某方面的情感等。

3. 选择教学内容

体育教学内容是为了达成体育教学目标，要求学生学习的体育知识和技能的总和。体育教学内容选择是解决“教什么”的问题。选择和安排体育教学内容，关键是分析所选的内容是否符合学生的认知水平、学习能力和教学规律。

4. 设计教学策略

体育教学设计的中心环节，包括确定课的类型、设计教学顺序、选择教学模式、设计教学活动和教学环境等。

体育课有理论课和实践课之分，实践课又有各种不同的类型：新授课、复习课、综合课和考核课等。不同类型的课具有不同的功能，而且有不同的教学过程和不同的教学方法，因此，设计教学策略首先必须明确体育课的类型。

教学顺序是教学过程的前后次序，也就是先做什么，后做什么，它主要包括以下三个方面：①体育教学内容呈现的顺序。指的是体育知识和技能出现的前后次序，先教什么内容，后教什么内容。②教师活动的顺序。指的是教师教学活动的前后次序，教师先进行什么教学活动，后进行什么教学活动。③学生活动的顺序。指的是学生学习活动的前后次序，即学生先进行什么学习活动，后进行什么学习活动。这三个方面是同步进行的，必须予以整体设计。

课的类型确定以后，在设计教学顺序的同时，根据不同的教学内容和目标选择不同的教学模式，再具体设计整个体育教学过程的各个环节。

在教学顺序设计的基础上，还要对每一项教学活动进行设计。包括导入设计、讲解设计、示范设计、情境设计、提问设计、练习设计等。

设计体育教学环境包括选择适当的教学形式，场地器材布局，营造和谐的课堂心理气氛等。

5. 体育教学设计方案评价

在体育教学设计过程的后期，需要对设计的方案作出评价。根据试行的结果判断它达成教学目标的程度，并由此对设计的方案进行修改，以使其不断完善。评价是体育教学设计过程的最后一个环节，绝不能忽视或省略。

一份教学设计方案形成以后，首先可以采用诊断性评价，在具体的设计方案试用之前，先予以诊断、检查，看看是否有原则性错误，如教学指导思想是否正确，教材的内容是否精选，科学性如何，教学过程安排是否符合学生学习规律，是否符合人体生理机能活动能力的变化规律，是否符合学生身心发展的规律等。

体育教学设计方案的评价，主要采用形成性评价。通过评价获得反馈信息，及时修改和调整。通过对体育教学过程（包括教与学的效果）的分析和总结，找出存在的问题，评价体育教学设计的有效性和可靠性。

上述五个方面所构成的体育教学设计过程，可用下图表示（图 7－1）。

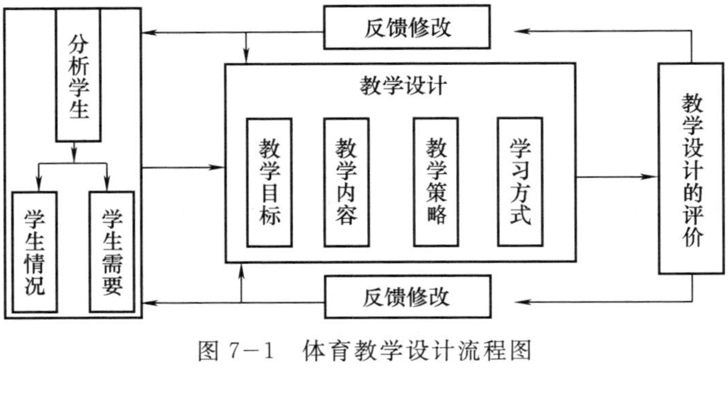

图 7－1　体育教学设计流程图

第二节　体育教学设计的过程

体育教学设计过程通常包括制订体育教学目标、选择体育教学内容和教学策略、安排教学组织形式和体育学习方式、提供体育学习资源等。

在作体育教学设计时，由于每个体育教师的价值取向不同、每次体育课的教学目标不同，对体育教学过程的处理方式也不同（如强调的重点和排列的顺序等不同），因而，必然设计出多种不同的体育教学方案。

一、制订体育教学目标

体育教学目标是课堂教学的灵魂，它是《课程标准》的要求和教师期望的明确化、具体化。明确的体育教学目标表明了体育教师对学生体育课堂学习的要求和学生的学习方向，是评价学生学习效果的客观依据，也是衡量体育教师教学效果的客观尺度。

体育教学目标对教师的教学行为具有约束作用。当体育教学目标设定后，实现体育教学目标就成为教师的责任。因此，为了实现课前所设定的体育教学目标，教师就必须研究体育教学对象、研究体育教学内容、选择符合学生身心发展水平的体育教学手段，这就使教师上课的随意性大大降低，有利于提高体育教学水平和教学质量。

（一）体育教学目标的制订

体育教学目标的制订要围绕和依据体育课程目标，它是体育课程目标的具体化。所以，在制订体育教学目标时，要了解和掌握体育课程目标。

体育课程目标在《体育（与健康）课程标准》中有明确的规定，是教育目的和学校体育目标在体育课程中的具体化。体育课程目标规定着课程编制的方向，决定着课程内容的选择和组织，是课程实施和评价的依据。

体育教学目标是预期的学生学习结果或学习活动预期应达到的标准，指向体育教学过程中的具体行为方式。体育教学目标来源于体育课程目标，并由教师根据学校和学生的各方面实际情况制订。体育教学目标是指导教学活动设计、实施和评价的基本依据，对教学活动具有导向、引领、调控和测评的作用。

为了使体育教学过程有清晰的教学目标，在制订体育教学目标时应该做到：

(1) 在体育教学目标中要求学生完成的学习任务一定是教师能够观察到的学生的学习行为,因此,必须用“行为”来表达体育教学目标。

(2) 要清晰地表达学生学习的条件、完成学习行为的程度,以及学生在学习结束时应达到的学习水平。

(3) 体育教学目标要符合学生的身心发展水平,明确阐明学生完成学习任务的最低标准或允许学生出现失误的最少次数等。

(二) 不同教学目标的体育教学设计

体育教学目标不仅包括增强学生体能,使之掌握和应用体育健身的基本知识、技术和技能,而且还要培养学生具有良好的心理品质,表现出人际交往能力和合作精神,形成积极进取、乐观开朗的生活态度。以下针对耐力跑教学,通过制订不同的教学目标,尝试运用不同的教学策略和教学组织形式,实现既定的教学目标。

示例 7-1

发展耐力素质的耐力跑教学设计

1. 教学目标

通过耐力跑发展学生的耐力素质。

2. 教学步骤

(1) 介绍耐力跑技术特点,使学生建立耐力跑的技术概念。

(2) 放松匀速跑 400~600 米,让学生做到呼吸与步伐有节奏地配合。

(3) 定时跑或定距跑练习,达到一定的练习强度。

(4) 变速跑(根据学生实际情况控制练习强度),如 200 米快 + 200 米慢、200 米快 + 100 米慢、直道快弯道慢等。

(5) 耐力跑 800~1 200 米,让学生学会合理地分配体力。

(6) 其他发展耐力素质的辅助练习,如跳绳、定向越野跑等。

耐力跑的特点是内脏器官做长时间强有力的工作与连续的肌肉活动,既要求跑出一定的速度,又要有持久性。在耐力跑过程中,最重要的是掌握正确的技术和合理地分配体力,一方面要尽可能减少体力的消耗,维持一定的跑速,另一方面要求在全程跑的过程中身体重心保持平稳,有良好的节奏。

这种教学设计,符合耐力跑的教学程序,是比较传统的教学方法。第一,体现了循序渐进的教学原则;第二,能够根据学生的实际情况安排练习的运动量和强度；第三，运用定时、定距和变速跑等教学手段，帮助学生克服耐力跑的单调性和枯燥性。这种教学设计，不仅达到了发展学生耐力素质的目标，而且对于学生掌握正确的耐力跑呼吸节奏和方法，注意体力的分配与呼吸的配合，增强心肺功能，不断提高学生的有氧耐力水平，以及培养学生吃苦耐劳和克服困难的优秀品质具有积极的作用。

示例 7－2

培养团队合作精神的耐力跑教学设计

1. 教学目标

通过耐力跑培养学生的团队合作精神。

2. 教学步骤

(1) 提出要求，激发学生学习的兴趣。5 人自由组合，开展耐力跑 5×800 米接力比赛，评出优胜小组。要求男、女耐力素质好的与耐力素质一般的学生互相搭配组成小组，小组内互相帮助。耐力跑比赛设最佳团队奖、最佳表现奖和最佳合作奖等。

(2) 分组。依据学生技能状况，将不同技能基础的学生分成若干组（异质分组），选出组织能力强、认真负责的同学担任“教练员”。

(3) 小组自主练习。各组讨论，根据自己的水平决定跑的距离，鼓励耐力素质好的学生跑的距离要长一些，耐力素质一般的学生的尽力跑出水平，为组争光。根据合作跑的方法和组内学生的水平，提出跑步方案，“教练员”综合组内同学的意见，确定练习方案，组织练习。“教练员”既“教”又“练”。体育教师可参与各组讨论，帮助各组制订最佳方案，及时给予正面评价。采用激励的方法，让每一个学生都有成功的体验，提高练习兴趣和增强练习信心。

(4) 比赛与讨论。各组开始比赛，对每一个同学的表现报以掌声。师生一起评出各种奖项。各小组分析个人与小组取得成功的原因。

这种教学设计以小组接力比赛的形式，在潜移默化中培养学生正确认识与理解他人，充分发挥小组每一个同学的作用，特别是在团队中，大家充分体现关爱和合作，耐力跑好的学生为了帮助组内耐力跑一般的同学，为了集体的荣誉多跑，感到很光荣，耐力一般的学生感受到组内同学的支持和帮助，也会尽力去跑。

在小组合作学习的过程中，每一个人都能根据自己的基础与条件，最大限度地发挥潜力。在耐力跑接力练习中，根据学习要求，小组内学生各显神通，运用多种策略和“计谋”，不仅努力争取最后的胜利，更主要的是培养了学生合作和相互关爱的精神。

示例 7-3

培养竞争意识和精神的耐力跑教学设计

1. 教学目标

通过耐力跑培养学生的竞争意识和精神。

2. 教学步骤

(1) 布置任务。体育教师将学生分成若干组，按照 800 米竞赛规则，表彰前 10 名学生，并设立最快进步奖、拼搏奖等，激发学生不怕困难，勇往直前的斗志。

(2) 赛前练习。体育教师把写有赛前练习方法、练习次数和注意事项等内容的教学卡片分发给学生，供赛前练习时参考。

(3) 个别指导。学生根据已有的耐力跑知识，运用跑过程中的技术和战术。体育教师在学生赛前练习过程中细心观察每一个学生，并对平时成绩一般或较差的学生给予针对性的指导。

(4) 比赛阶段。开始正式比赛，体育教师努力营造既紧张又愉快的“大赛”氛围。比赛结束后，根据最后成绩即时予以表扬和颁奖，以激励进步快、具有拼搏精神的学生。

(5) 教师小结。

这种教学设计，教师通过模拟比赛（课内锦标赛），设置几个奖项，主要目的在于激发学生的竞争意识和积极参与比赛的热情，提高对竞争和困难的承受能力，尽可能在“残酷”的竞争中磨炼自我，争取胜利，也使学生在耐力跑比赛中获得快乐和积极的情感体验。还通过课内教学卡片的形式，突出学生的主体作用，也为学生个性发展创造机会，调动学生学习的积极性和主动性。

耐力跑的教学设计，除上述几种外，还有以掌握耐力跑技术培养学生自主学习能力和合作学习能力为目标的教学设计。

综上所述，由于耐力跑教学目标的不同，可设计各种不同形式的教学步骤、教学内容和学习方式，体现“目标统领教学内容和教学方法”的要求。

二、选择体育教学内容

对体育教学内容的选择是为实现既定的体育教学目标服务的。因此，在体育教学设计时，要围绕教学目标，即学生需要学习哪些知识和技能、要达到什么程度和水平、要培养学生的何种能力等选择教学内容。

(一) 体育教学内容的安排

体育教学内容的安排，要根据课堂教学的性质，比如是全体学生都必须学习的(新授的、复习的、发展身体素质的)，还是学生对这些学习内容有自主选择权，还是根据分层教学的需要等进行合理的排序。体育教学内容的安排要有连续性，即课与课之间、单元与单元之间、学期与学期之间、学段与学段之间应该是连续的，还应该遵守循序渐进的教学原则。

1. 安排体育教学内容的顺序

首先，应该对学生的基本情况有所分析，合理安排教学内容的顺序。按照由易到难、由简到繁、循序渐进的原则。例如，《体育(与健康)课程标准》中，跑的内容在同一水平阶段以并列排列，在不同水平阶段以螺旋上升的方式排列。

其次，内容安排要考虑是否符合学生的生长发育水平和身心发展水平。例如，身体素质的练习内容，要符合学生的身心特点，小学以游戏内容为主，初中以专门性练习为主，而高中阶段则较多地在参与运动的过程中发展身体素质。发展身体素质的练习内容应该安排在课的基本部分的后部分，即在技术动作学习后，安排一些补偿性练习，如课的内容主要是下肢练习，身体素质练习可安排一些上肢练习的内容；如果课中内容主要是上肢练习，则安排一些下肢练习的内容等。

第三，辅助教学内容的安排，尽量符合学生的兴趣和爱好，将有利于激发学生的学习动机和学习积极性，提高课堂教学的效果。

2. 正确把握教学内容的重点和难点

从某个角度来说，教学过程实际上是突出重点和突破难点的过程，正确把握教学内容的重点、难点是处理好教与学关系的重要环节。因此，确立教学重点、难点，已成为教学设计的一个关键。

所谓重点是教学内容本身固有的，是在教学中必须理解或掌握的最主要的知识、运动技术环节或运动能力。教学内容的重点通常表现为身体练习的技术关键或技术环节，它是客观的，不以学习对象的不同而改变。所谓难点包含两层意思：一是教学中对于学生而言难以掌握、理解的主要知识点、运动技术环节或运动能力。二是学习者容易出错或混淆的内容。在体育教学过程中难点的形成概括起来主要有以下几个方面：①学生缺乏体能、技能基础或者基础很薄弱；②学生原有技能或经验是错误的；③动作过程复杂、综合性强的内容，都将成为教学的难点。在体育教学中，重点和难点有时是一致的，有时难点内容不见得就是重点内容，或难点与重点无关。但实践经验表明，教学时必须突破难点，才有利于重点的解决。

教师要在正确理解教学内容的特点和价值的基础上，从动作方法、动作结构等方面分析教学内容，以准确把握体育教学的重点和难点。在确定了教学内容的重点、难点之后，还要根据教学内容的结构特点、学生的特点，确定学生在不同阶段学习的重点、难点，从而选择具体、可行、科学的教学方法和手段，完成课堂教学目标。

正确确定重点和难点，尤其是合理选择和灵活运用各种行之有效的方法突出重点和突破难点，不仅是确保教学效果和质量的关键，而且是衡量一个教师的教学能力和教学水平高低的重要标志。

（二）安排体育教学内容应注意的问题

1. 安排体育教学内容应有利于实现教学目标

选择教学内容的主要标准就是要看所选择的这些教学内容是否有利于最终实现已设定的教学目标。如果已设计的体育教学目标是发展学生身体素质的，那么，所选择的教学内容就应当给学生提供较多的机会去进行发展身体素质的练习。如果体育教学目标设定在使学生熟练地学习和掌握一定的运动技能方面，给学生提供相关的运动技能知识、大量的练习和反馈就应当是优先考虑的教学内容。

围绕体育教学目标选择的教学内容，除了要考虑所选择的教学内容是否能够有效地为最终实现教学目标服务外，还要认真审视所选择的教学内容是否会在学生中产生负面作用。例如，大强度的身体素质练习，可以提高学生的身体运动素质，但也容易引起学生对体育课的厌恶，使学生产生不利于体育学习的消极态度，甚至出现抵触情绪而不与教师合作。

2. 对体育教学内容的安排应考虑学生的实际情况

对体育教学内容的选择应尽量满足学生的兴趣和需要。教师除了平时的观察以外,还可以通过与学生交流等形式,了解学生的体育兴趣和真实的体育需要。当然,也不能一味地迁就学生兴趣,要使选择的教学内容在完成既定教学目标和满足学生兴趣爱好这两者之间达成平衡。

此外,要掌握学生身心发展的特征,应考虑所选择的教学内容是否符合学生的身心特点,学生是否具备了学习相关内容的基础和条件(知识、技能),所选择的内容是过于复杂还是过于简单等问题。

3. 对体育教学内容的安排应引起学生积极的情感体验

学生在课堂体育教学中所获得的情感体验也是体育教师在安排教学内容时重点考虑的内容之一,因为体育教学过程不应该使学生产生难以忍受的情感体验。体育教学过程所引起的情感体验,可以为学生的终身体育打下良好基础。所以,体育教学内容是否能够引起学生良好的情感体验就成为选择和安排教学内容的标准之一。

4. 对体育教学内容的选择应具有可行性

新课程标准提出教师和学生可以自主地选择教学内容和学习内容,包括课程标准中提供的教学内容、学校的体育传统项目、时尚运动项目、校本教材中的内容等,但是,所选择的教学内容,要符合学校体育教学的实际。体育教学内容的选择要与学校体育教学资源相匹配,要权衡现有的体育教学资源是否能够满足体育教学内容实施的要求,体育教师是否具备与特定教学内容相关的知识背景,是否具备实施特定教学内容所需要的体育场地、器材和设施等,还要考虑到是否具有足够的时间来完成教学内容,以及体育教学内容实施时的安全问题等。

三、设计体育教学策略

设计体育教学策略是教学设计的重点,为实现体育教学目标服务,并随着教学情境的变化而有所调整。教师要依据教学目标、教学内容和学生特点,并考虑每种教学行为的表现形式,有针对性地选择或组合使用教学策略。

(一)设计体育教学策略的依据

1. 依据体育教学的具体目标

不同的体育教学目标,需要不同的体育教学策略去实现和完成。体育教学目标不同,所采取的体育教学策略也不同。

2. 依据体育教学内容

教师要根据体育教学内容的特点，制定和选择恰当的教学策略。如篮球的教学策略与田径、体操的教学策略就有所不同。

3. 依据学生的实际情况

教师的教是为了学生的学，教学策略要适应学生的基础条件和个性特征。所以，制定和选择教学策略，要符合学生的实际情况，要能调动学生的积极性。

4. 依据教师本身的素养

教学策略的运用是通过教师来实现的，每个教师在制定和选择教学策略时，都有自己的价值取向，以扬长避短，施展自己的教学特长。

5. 依据教学策略的适用范围

每种教学策略都有各自的适应范围和使用条件，同时又有各自的优点和局限。因此，制定和选择教学策略必须认真分析各种教学策略的应用范围和条件。

(二) 体育教学策略的类型

1. 主题教学策略

所谓主题教学策略，是指围绕一个主题展开教学，以学生主动建构知识和技能为主线，来实现教学目标的教学策略。如以“身体肥胖与健康”为主题，让同学们通过对肥胖学生的了解，提出肥胖者多参与相关运动的建议，或开展其他一些体育活动，激发肥胖学生参与体育活动的积极性。在设计主题教学策略时，主题的设计要与现实生活紧密结合，从学生的实际生活经验出发，还要考虑学生的个体差异。主题教学重视学习过程，强调体育与健康知识和技能的综合运用。

2. 分层教学策略

分层教学策略是充分考虑学生存在的差异，有针对性地分成不同层次进行练习，使每个学生在原有基础上都能得到主动发展。分层教学一般按学生素质、兴趣爱好、掌握动作程度、测试成绩等进行同类编组。

分层教学需要教师在设计教学时，突出层次性，注重因材施教。根据学生的体能、技能基础和认知能力，围绕主体参与这个中心，针对不同层次的学生，提出不同的目标。并注重分层练习的方法、手段、组织形式。

3. 多媒体教学策略

多媒体教学策略是通过多媒体的音响、影像、文字、图表、图像等对体育教学内容进行合理的、形象的演示，可以使学生对动作技术加以直观、形象的理解，突破教学的重点和难点，以提高学生的视觉效果。对于多媒体教学策略的使用，可以使学生在愉快、轻松的环境中获得体育知识和技能。

4. 问题教学策略

问题教学策略是依据学生的体育基础、技能水平和认知能力，对体育教学内容和目标进行问题式学习的教学策略。对于问题教学策略的运用，首先在于设计问题，即教师在备课时要根据学习内容和教学目标，在分析学生有关情况的基础上，精心设计富有吸引力的问题。也可以鼓励学生提出问题，教师根据情况在全班予以解释或个别辅导。

5. 反思性教学策略

反思性教学策略是教师以制订教学目标、选择教学内容和方法、安排教学过程、指导学生学习、培养学生学习能力及其学习效果为反思对象，进行主动思考、发现并解决存在的问题，提高教学实效的一种教学策略。反思性教学策略可以从学生在课中的学习热情、课后的情绪中得到反映；也可以与班级同学交流，发现存在的问题。

（三）安排体育教学的组织形式

体育教学的组织形式受体育教学目标、内容、学生特点等因素的制约，体育教学组织形式的安排不仅服务于体育教学目标和教学内容，而且有利于学生学习和掌握体育健身知识、技术与技能。传统的体育教学组织形式有按行政班的教学分组、男女合班按性别分组、合班选项等。同时，由于受到教学场地、器材等条件的限制，在分组教学中，还经常采用分组不轮换、分组轮换（分组等时轮换、分组不等时轮换）、分组不轮换与分组轮换相结合等方式，以增加练习次数，提高体育课的练习密度。

目前，随着新课程改革的实施，以及各级各类学校体育教学条件的改善，在体育教学组织形式上强调班级授课制和选项授课制，并努力实现以班级为基础的体育教学组织形式的多样化。

1. 按课的类型组织教学

《课程标准》规定体育课程由基础型课程、拓展型课程和研究型课程组成，不同类型的体育课有其适合的体育教学组织形式。一般来说，基础型课程的教学组织形式提倡分组轮换或分组不轮换；拓展型课程的教学组织形式提倡同质分组、异质分组、兴趣分组等；研究性课程提倡以课外合作小组或自由组合分组等。

2. 按课的结构组织教学

课的结构一般可以分为课的导入、课的进行和课的结束三部分或开始部分、准备部分、基本部分和结束部分等四部分。总之，按课堂教学的顺序（导入、提问、练习、反馈、结束）来选择组织形式进行教学活动。课的每一部分的结构形式应以获得教学效果的最大化为依据，同时要考虑各部分之间的衔接和过渡的手段。

3. 按教学对象组织教学

按照不同的教学对象——学生的年龄特征和身体素质状况分组，特别是初中、高中学生，应选择不同的组织形式进行教学。目前，新课程提倡中学以男女学生分班的形式上课，小学则是男女学生合班上课。此外，也有按照学生的体能分组、同质和异质交替分组等。

4. 按场地条件组织教学

要根据学校体育场地条件和体育器材的拥有状况，设计不同的组织形式和练习形式。实际上，采取分组轮换的形式，可以显著地增加课中学生练习的次数和练习的时间，有效地提高课的效率。

（四）突出体育学习方式

1. 自主学习

自主学习是学生自主而不受他人支配的学习方式，是学生充分发挥个体主观能动性的创新性学习。

体育教师根据教学目标设置适当的问题，学生明确问题并带着问题去学习，再不断寻找信息，提出解决问题的方案。这既是一个学习的过程，也是一个不断尝试、不断探索的过程。例如，教师在篮球移动运球技术的教学中，根据教学目标用启发性的问题引导学生，让学生用学过的或自己能想象到的所有原地运球动作进行尝试，并解答下述问题：手和球不同的接触位置对球的控制是否能产生不同影响？凭借学生对球性的认识，先让学生练习、体验、思考，充分发挥学生的主体作用。让学生有目的地练习完毕后再发言，交流在练习中的感受和需要注意的问题。学生根据自己的实践和体验加以思考总结，并允许有错误的地方。教师再根据学生的总结发言，提出建议性的讲解和示范动作要领，提示动作重点和难点，让学生再次按照教师提出的目标继续体验。

2. 合作学习

合作是指两个或两个以上的学生或群体，为了达到共同的目的而在行动上相互配合的过程。“合作学习”是一种能充分发挥学生主体作用，变师生单向交流为合作、多向交流，使不同层次的学生在互补互促中共同提高的一种学习方式。合作学习主要通过体育教学的集体因素和学生间交流的社会性作用，通过学生的互帮互学来提高学习主动性，提高学习的质量。例如，在体操项目学习中的保护与帮助、篮球学习中的战术配合、几人合作完成一个小课题、学习经验介绍、技能合作展示等，这也是实现体育教学培养学生社会适应能力目标的有效途径。

合作学习方式始终处于动态之中，既有利于不同层次学生的发展，又有利于培养拔尖人才。但是，教师要加强对合作学习的组织管理，如合作前的准备、时间的设定、内容的选择、人数安排、合作的方式、交流顺序、合作过程的监控与指导、学习成果的反馈与评估等，教师必须在体育教学实践中不断探索，以提高合作学习的效果。

3. 探究学习

探究学习是通过确定主题，创设有助于学生探究的情景，引导学生去发现问题和解决问题，培养学生的探究意识和创新精神。

在体育教学中的探究性学习，应根据学生的身体、心理发展特征及动作技能形成规律，发挥学生的潜能，体现学生学习的主动性，在教师的组织、指导下，探索体育学习过程中遇到的问题。例如，在跳远教学时，教师利用教具、语言等创设问题的情景，引导学生边想、边练、边议，或先议、后练、再议，或边看、边练、边议等形式，来了解、掌握和运用跳远技术动作的特点、动作要领和练习手段等。

第三节　体育教学设计的类型

体育教学计划是依据课程标准各学段学习领域目标和水平目标规定的活动或内容要求，结合学生身心特点和学校场地设备等实际情况制订的体育教学指导方案和体育教学过程实施方案，也是体育教学设计的具体表现形式，能够保证体育教学目标的完成，保证体育教学工作有序地进行，克服教学盲目性、片面性和随意性，提高教学质量。因此，每一个体育教师都应该掌握制订体育教学计划的技能和方法。体育教学计划主要包括学年体育教学计划设计、学期体育教学计划设计、单元体育教学计划设计和学时体育教学计划设计等。

一、学年体育教学计划

学年体育教学计划是以年级为单位，依据国家规定的课程标准，结合学校实际和学生特点，以及两个学期的气候特征，将课程标准中规定或建议的教学内容合理分配到两个学期中，并确定每一个学期的考核内容与标准的教学文件。学年体育教学计划一般是在每一个学年开始时，由教研组（室）共同讨论后制订的。

（一）学年体育教学计划的基本内容

学年体育教学计划主要根据各年龄段学生的身心特点来制订，并且要考虑到一学年中四个季节的变化。

1. 制订学年体育教学目标

在制订学年体育教学计划时，首先要悉心研究领会课程标准的总目标、领域目标和水平目标之间的相互关系，再依据学生的特点，结合学校体育场地器材的条件，确定学年体育教学目标。

2. 分配学年教学时数与教学内容

在学段各领域中的教学内容不是教师主观随意安排的，而是依据本学段各领域的水平目标选定的。因此，教师应先对所确定的教材进行深入研究，如根据教材的难易程度和目标的特定要求，考虑哪些内容适于安排在一年级，哪些内容适于安排在二年级等；根据教材的性质、特点，分清哪些教材分别属于哪个目标统领下的内容。掌握好教材的性质、特点及目标属性，有助于合理地把本学段的教学内容分配到各个年级中，做到目标明确、分量适宜，难易度符合相应年级学生的接受能力。

全年实际上课的时数是按校历的周数来分配的，在选定体育教学内容后，要根据体育教学内容排列，将全年的教学内容合理地分配到两个学期中，并确定各个教学内容的教学时数。

3. 制订年度考核和评价内容

根据教学内容和重点，制订年度和每学期运动技能和体能考核的方案和标准等。学年体育教学计划示例见表 7－1。

表 7－1　初中 1～3 年级学年体育教学计划设计示例(供参考)

领域	教学内容	安排方式(节)					
		初中一年级		初中二年级		初中三年级	
		1	2	1	2	1	2
参与运动	自觉参加体育与健康课的学习	随体育课的学习实施检查					
	积极参与课外的各种体育活动	随课外体育活动课实施检查					
	知道合理安排锻炼时间的意义和方法	在体育实践课中讲解					
	能用脉搏测定等常用方法测量运动负荷	在体育实践课中学会测定负荷的方法					

续表

领域	教学内容			安排方式(节)					
				初中一年级		初中二年级		初中三年级	
				1	2	1	2	1	2
运动技能	球类	足球	根据学校的条件每学期(或学年)任选一种	8～10	8～10	8～10	8～10	8～10	6～8
		篮球							
		排球							
		手球							
		乒乓球							
		羽毛球							
	体操	单杠		6～8		6～8		6～8	
		技巧							
		双杠			6～8		6～8		4～6
		支撑跳跃							
	武术			6～8		6～8		6～8	
	健美操和舞蹈				6～8		6～8		4～6
	田径	跑		8～10	8～10	8～10	8～10	8～10	6～8
		跳跃							
		投掷							
	安全地进行体育活动			随各项实践课教学安排					
	获取野外活动的基本技能			由学校统一进行安排					
身体健康	发展位移速度				2～4		2～4		1～2
	发展有氧耐力			2～4		2～4		1～2	
	发展反应速度和灵敏性			结合跑、球类教学进行安排					
	发展力量素质							1～2	1～2
	发展柔韧素质			结合体操、武术教学安排					
	了解活动中注意的问题			随各项实践课教学安排					
心理健康	调节情绪	肌肉放松法		随各项实践课教学安排					
		自我暗示法		随各项放松活动安排					
		呼吸调节法		随有关的放松活动安排					
	通过体育活动树立自尊和自信			在体育活动中应使学生获得成功感和自信心					

续表

领域	教学内容	安排方式(节)					
		初中一年级		初中二年级		初中三年级	
		1	2	1	2	1	2
社会适应	在体育比赛时能与同伴合理分配角色	在各项体育活动中进行安排					
	指出体育活动中不道德的行为	在各项体育活动中进行安排					
	简单评价媒体的体育与健康信息	结合重大比赛进行安排					
各领域基础知识内容	各校根据情况自选	3～4	3～4	3～4	3～4	3～4	2～3
机动		4	4	4	4	4	4
合计		48	48	48	48	48	48

资料来源：人民教育出版社《体育与健康》七至九年级教师教学用书。

(二) 制订学年体育教学计划的要求

1. 系统性

学年体育教学计划要同上、下学年体育教学计划有机衔接，计划的呈现形式和体例结构也应该与上、下学年一致；在学年体育教学计划中教学目标如何分解、教学内容如何排列、教学时数如何分配、学年与学年又如何衔接等均是学年体育教学计划应该考虑的方面。因此，学年体育教学计划不仅要注意各个年级体育教学计划的关系，还要注意学年内两个学期体育教学计划之间的关系等。同样，体育教学内容的安排也要考虑系统性，如顺序与搭配要由易到难、由简到繁，并处理好体育教学内容内部的纵横关系。

2. 全面性

教材的安排要考虑全面性。整个学年安排什么教学内容、安排在哪个学期、出现几次、教学内容之间的相互关系等都应该着重考虑。同时，在安排两个学期的教学内容时，要注意不同性质教材的搭配，防止同类教学内容过于集中在一个学期。

3. 针对性

对体育教学内容的选择与安排要考虑季节的针对性，根据季节情况，因时制宜地安排教学内容，如夏天可安排游泳、野营，冬天可安排滑冰和长跑等。

二、学期体育教学计划

学期体育教学计划又称教学进度，是根据学年体育教学计划和本学期的气候条件，将学年教学计划所规定的各项教学内容，按照教学时数合理分配到上、下两个学期的教学文件。学期体育教学计划一般由平行班级的任课教师共同讨论制订，是制订单元和课时教学计划的依据。

学期体育教学计划是体育教师编写单元体育教学计划的依据，因此，学期体育教学计划安排得是否恰当，对体育教学质量有着直接的影响。此外，学期体育教学计划是根据学期所在季节安排体育教学内容，因而具有明显的季节性。

（一）制订学期体育教学计划的方法与步骤

（1）以学年体育教学计划为依据，根据不同学期体育教学内容与学生实际，以及季节性特点和学校其他工作的安排，确定学期体育教学目标。

（2）根据所要完成的教学内容出现的课次，再乘以 2，得到学期教学计划的时数。

（3）根据体育教学目标和体育教学内容的性质，决定各个教学内容的单元教学时数。

（4）考虑到季节的因素，将主要单元内容安排在较好的教学周中。

学期体育教学计划可以采用表格或文字的形式呈现，表格式学期体育教学计划示例见表 7－2。

表 7－2　水平四学期体育教学计划（示例）

	教材类型	教学内容	学时安排																		总计学时	备注
			1	2	3	4	5	6	7	8	9	10	11	12	13	14	15	16	17	18		
上学期	精学教材	篮球	1	3	3	3	3	2													15	每周3课时
		武术											3	3	3	3	3				15	
	简学教材	羽毛球							3	3	2	2									10	
		毽球																3	2		5	

续表

<table>
<tr><td rowspan="6">上学期</td><td rowspan="2">教材类型</td><td rowspan="2">教学内容</td><td colspan="18">学时安排</td><td rowspan="2">总计学时</td><td rowspan="2">备注</td></tr>
<tr><td>1</td><td>2</td><td>3</td><td>4</td><td>5</td><td>6</td><td>7</td><td>8</td><td>9</td><td>10</td><td>11</td><td>12</td><td>13</td><td>14</td><td>15</td><td>16</td><td>17</td><td>18</td></tr>
<tr><td>介绍类教材</td><td colspan="20">介绍体育运动文化项目知识,每学期 2～3 学时</td><td rowspan="3">每周3课时</td></tr>
<tr><td>锻炼类教材</td><td colspan="20">各种专项练习和基本素质练习,融于实践课中经常练习</td></tr>
<tr><td>体育与健康知识</td><td>知识类教学内容</td><td>1</td><td></td><td></td><td></td><td></td><td></td><td></td><td></td><td></td><td>1</td><td></td><td></td><td></td><td></td><td></td><td></td><td></td><td>1</td><td>3</td></tr>
<tr><td colspan="22"></td></tr>
<tr><td rowspan="10">下学期</td><td rowspan="2">教材类型</td><td rowspan="2">教学内容</td><td colspan="18">学时安排</td><td rowspan="2">总计学时</td><td rowspan="2">备注</td></tr>
<tr><td>19</td><td>20</td><td>21</td><td>22</td><td>23</td><td>24</td><td>25</td><td>26</td><td>27</td><td>28</td><td>29</td><td>30</td><td>31</td><td>32</td><td>33</td><td>34</td><td>35</td><td>36</td></tr>
<tr><td rowspan="2">精学教材</td><td>篮球</td><td>1</td><td>3</td><td>3</td><td>3</td><td>3</td><td>2</td><td></td><td></td><td></td><td></td><td></td><td></td><td></td><td></td><td></td><td></td><td></td><td></td><td>15</td><td rowspan="7">每周3课时</td></tr>
<tr><td>武术</td><td></td><td></td><td></td><td></td><td></td><td></td><td></td><td></td><td>3</td><td>3</td><td>3</td><td>3</td><td>3</td><td></td><td></td><td></td><td></td><td></td><td>15</td></tr>
<tr><td rowspan="2">简学教材</td><td>毽球</td><td></td><td></td><td></td><td></td><td></td><td></td><td>3</td><td>2</td><td></td><td></td><td></td><td></td><td></td><td></td><td></td><td></td><td></td><td></td><td>5</td></tr>
<tr><td>单双杠</td><td></td><td></td><td></td><td></td><td></td><td></td><td></td><td></td><td></td><td></td><td></td><td></td><td></td><td>3</td><td>3</td><td>2</td><td>2</td><td></td><td>10</td></tr>
<tr><td>介绍类教材</td><td colspan="20">介绍体育运动文化项目知识,每学期 2～3 学时</td></tr>
<tr><td>锻炼类教材</td><td colspan="20">各种专项练习和基本素质练习,融于实践课中经常练习</td></tr>
<tr><td>体育与健康知识</td><td>知识类教学内容</td><td>1</td><td></td><td></td><td></td><td></td><td></td><td></td><td>1</td><td></td><td></td><td></td><td></td><td></td><td></td><td></td><td>1</td><td></td><td></td><td>3</td></tr>
</table>

资料来源:毛振明. 体育教学论[M]. 北京:高等教育出版社,2005.

(二)制订学期体育教学计划的要求

1. 对教学内容的安排应考虑系统性和连贯性

在安排教材的先后顺序时,应注意动作技术有联系的教学内容,应在有联系的旧教材的基础上安排新教材。而在技术上有干扰的教材在安排时应考虑有一定的间隔时间，切忌在很短时间内出现。

2. 对教学内容的安排要注意季节特点

对季节性较强的教材应安排在合适的季节授课，以利于学生的学习。

3. 合理安排不同形式的教学单元

根据体育教学目标，安排不同形式的教学单元。在技术和技能教学单元应安排身体素质练习的内容。

4. 要留有一定的机动时间。

三、单元体育教学计划

单元体育教学计划也称单项教材（包括课题单元）教学计划，是根据学期教学计划对各个单元的设计，把某项教学内容或活动（一般为测试项目或发展体能效果好、动作技术较复杂等重点教材或连续进行的课题活动），按照一定的体例安排到各个课次的教学文件。

（一）制订单元体育教学计划的方法与步骤

不同的教学目标可以形成不同的教学单元，因此，单元教学计划无论在形式上还是在规模上都有多样化的特点。

（1）依据该学段领域和水平目标的要求，按照学年、学期教学计划中该项教材的课时规定，提出每次课的目标要求和教学重点。

（2）结合学生的情况和教学条件，选择适当的教学方法和组织措施。

（3）确定某项教学内容的考核方法与评价方法。通常是在最后一次课给予终结评价，重点评价学生的参与态度、学习进步程度和掌握运动技能的情况（单元体育教学计划示例见表 7－3）。

表 7－3　上海市某初级中学单元教学计划

教学内容	排球二人垫球	年级	八	课次	6
单元学习目标	1.复习排球自垫球，学习两人对垫球，提高垫球准确性 2.发展灵敏素质和协调能力 3.培养独立思考、合作学习的意识和团结进取的精神 4.调动学生参与练习的积极性，体会排球运动的乐趣，增强健身能力			教学重点	脚步移动

续表

课次	教学内容	学习目标	重点、难点	教与学的主要方法和手段
1～2	复习自垫球，体验二人垫球	1. 复习自垫球，巩固自垫球的技术动作。体验二人一组依次垫球，为二人垫球打好基础 2. 发展身体协调能力和灵敏素质 3. 培养学生互帮互学，团结协作的精神，体验排球运动的快乐	重点：灵活运用垫球技术练习各种自垫球 难点：动作协调	1. 教师提示自垫球的要领，学生努力做到 2. 教师巡视指导，学生熟练掌握动作技术 3. 教师以语言激励，学生积极参与 4. 教师组织展示，学生积极表现 5. 教师提醒注意安全
3	学习二人垫球	1. 练习各种方式的二人垫球，初步学习二人垫球的技术 2. 发展身体协调能力和应变能力 3. 培养学生乐观向上，积极进取的优良品质，激发学生自主学习的兴趣 4. 培养学生相互配合，互相协作能力，使学生体会团队合作的乐趣	重点：体验二人垫球与自垫球的区别，进一步完善技术动作 难点：快速移动到球的落点位置	1. 教师正确示范动作，学生仔细观看 2. 教师边讲解边示范，学生模仿跟做 3. 教师以语言提示，学生尝试完成 4. 分组练习，教师巡回指导
4～5	巩固提高二人垫球	1. 复习二人垫球，巩固提高二人垫球的技术动作 2. 培养学生应变能力，发展反应速度 3. 提高学生学习排球的兴趣，培养其协作学习的能力 4. 通过集体练习，培养学生乐观向上的态度和团队协作的能力	重点：移动脚步 难点：移动后垫球到位	1. 教师进行各技术动作的讲解和示范，让学生能对各技术动作的过程有清晰的、直观的、深刻的理解并尝试跟做 2. 教师以语言提示，学生分组练习 3. 教师示范分析学生错误动作，学生在重新练习中体会并改正错误 4. 以优良的学生动作做展示，教师加以讲解 5. 教师对学生进行体育教育
6	评价（自评互评）	通过自评互评，让学生明确了解自己的学习情况，更好地提高技术	重点：熟练配合 难点：球有抛物线	1. 学生复习技术动作 2. 考核（学生参与评价）两人一组自评互评

（二）对制订单元体育教学计划的要求

1. 要有明确的教学理念

同一个教学内容用什么教学理念去指导，就会有不同教学设计和教学计划，也会有不同的教学效果，如“精教”、“简教”、“体验”、“探究”、“锻炼”等不同的教学理念，就会有不同的教学设计，也就会形成不同的单元教学计划。

2. 要认真钻研体育教材

要制订出完美的单元教学计划，首先要认真地钻研课程标准和体育教材，把握该项教学内容的技术结构、重点和难点；其次，要把握该项教学内容与学生发展之间联系；再次，要把握该项教学内容在每次课中的分配，与其他教学内容前后的联系、每次课的教学重点与该教材重点的联系等。

3. 要认真设计教学过程

要根据有限的教学时数，精心设计教学过程，使其紧凑有效，发挥最大的教学效果。要充分利用现有的体育场地器材资源，使学生在有限的教学时间里获得更多的学练机会。

4. 要全面掌握学生的情况

分析学生的体育基础、身体基本活动能力、体育兴趣爱好、身体素质等情况，做到心中有数，使单元教学计划的安排有的放矢。

四、课时教学计划

课时教学计划也称教案，它是依据学段水平目标的规定和单元教学计划（包括学期教学进度）的逻辑程序分割而成的一节课教学实施方案，是教师组织课堂教学的基本依据。课时教学计划是课堂体育教学最具指导性、最全面的教学文件，教师要悉心备课，精心设计教学方案，以确保顺利实施课堂教学和有效实现教学目标。

课时教学计划的格式、制订步骤与要求详见第八章。

思考题

1. 怎样理解体育教学设计的作用？

2. 结合具体教学内容，分析如何选择有效的体育教学策略。

3. 比较学年、学期、单元教学计划的特点，阐明它们之间的关系。

作业题

1. 以一节体育课案例分析课中学生的学习方式。

2. 选取体育与健康课程标准水平四的某项内容，编制单元体育教学计划。

第八章　体育课的备课与说课

本章提要：

本章主要分析了备学生、备教材、备组织教法、备场地器材、备天气、编写教案（课时计划）等体育实践课备课的内容及制订课时教学计划的方法与步骤、教案的格式等体育实践课教案（课时教学计划）的编制；介绍了备教材、备学生、备教法等体育理论课备课的内容及理论课教案编写；阐述了说课的类型、内容、技巧、评价及说课稿的撰写。

第一节 体育实践课的备课

一、体育实践课备课的内容

备课是指上课前的各项准备工作。备课是教师上好课的前提条件,也是提高教师业务素质和教师教学技能的重要措施。体育教师备课的形式主要以个人为主,辅以集体备课。备课内容主要有备学生、备教材、备组织教法、备场地器材、备天气、写教案、现场备课等。

(一) 备学生

1. 了解学生基本情况

教师课前要深入学生班级细心地观察,通过座谈及个别访问,了解任课班级学生的人数、年龄特点、体育基础、体质健康状况、兴趣爱好,以及学生掌握本次课教材的情况,选择教材的难易程度,防止选择内容过难而使学生学不会,或过于简单而使学生产生无兴趣现象。要从多数学生的实际情况出发,确定教学的起点,以满足不同层次学生个体发展需要。为了使整个教学活动更加有序,要了解任课班级的学习氛围及学生遵守纪律的情况,避免学生出现违纪现象。还要分析学生在学习该教材中可能出现的思想障碍和错误,如初次学习纵向分腿腾跃教材时学生会有胆怯心理,教篮球时会出现忽视基本技术学习只想打比赛的想法,练武术时不愿练基本动作的现象。要针对这些情况有的放矢地进行教育。

2. 培养体育骨干的能力

教师应有计划地培养和使用体育骨干是上好体育课的重要保证。为了获得教学过程的最佳效果,可邀请学生中体育素养较好,具有组织才能的“小干部”共同备课。课前教师要向体育骨干说明本次课的教学目标、内容、要求、组织教法等事项,并征求他们的意见从而改进教学工作。体育教师可以课前简单地布置任务让他们先体会动作,学习和掌握保护与帮助方法,使他们领会教师的意图,并明确他们将在课中担任的角色与职责。例如,进行小组竞赛时教师可以请体育骨干维持本组纪律,安排次序;分组练习时,可让小组长带领本组成员到指定地点组织练习;在进行评价时让小组长对其小组内其他成员的学习态度、情意表现与合作、健康行为等作出评价,提高他们的组织指导能力,充分发挥他们小教员、小裁判、小助手的作用。

3. 预计适宜的运动负荷

根据课的目标、类型、组织形式及场地器材、季节气候等条件，设计出本次课的练习密度、强度和脉搏曲线（尤其应注明最高脉搏次数和出现的时间以及本次课平均脉搏预计的指标）。练习密度和脉搏曲线预计应以该班级中等水平的学生为据，不能预计过高或过低，若采用分组教学有不同要求时，也可提出不同的指标。教学中要合理安排好练习和休息时间使脉搏曲线基本呈现逐渐上升—稳定—下降的趋势，符合人体机能发展变化的规律。

（二）备教材

1. 钻研体育教材

钻研教材是体育教师上好体育课的根本保证。钻研教材要坚持以学生体育学习与身心全面发展为出发点，要熟悉课程标准、教学进度表，要了解每个教材的自身特点、锻炼身体的价值、教材的知识体系。深刻理解每一个教学目标和教材内容，明确动作要领、易犯错误及注意事项，明确各单元在本学期教学内容中的地位和前后知识技能的联系，为确定每一次课的教学目标、重点及难点、教师教法和学生学法和整堂课教学顺序搭桥铺路。

2. 确定教材的重点、难点

首先要注意区别体育课的重点与教材重点。在中、小学的体育教学中，体育课的重点一般是指新、难、险的教材及其要达到的目标。一般而言，短短的一节体育课不可能面面俱到地完成所有教学任务。因此，一节体育课一般情况下只有一个重点。教材重点是指某一个身体练习的技术关键或技术环节的重要连接部分。所谓难点包含两层意思：一是教学中对于学生而言难以掌握、理解的主要知识点、运动技术环节或运动能力。二是学习者容易出错或混淆的内容。在体育教学过程中的难点主要来自下几个方面：①学生缺乏体能、技能基础或者基础很薄弱；②学生原有技能或经验是错误的；③动作过程复杂、综合性强的内容。在体育教学中，重点和难点有时是一致的，有时难点内容不见得就是重点内容，或难点与重点无关。这种现象是客观存在的，它不以学习对象的不同而改变。例如，跳远教材的重点就是助跑与起跳的结合。教师在备课中还要了解学生对某教材在技术上不易学习、掌握的部分，即教材的难点。教材的难点具有主观性，它不仅与教材有关，更与教学对象的学习能力、身体素质等有关。例如，跳远教材，有些学生可能是对起跳与助跑的结合（从这一点上看，教材的重点和难点是一致的）掌握不好，从而影响了整体技术的提高；有些人可能是因为助跑速度不好（从这一点上看，教材的重点和难点又是不一致的），从而影响了整体技术的提高；也有些人可能是助跑步点不准确、腾空时不平衡甚至前倾、落地时小腿不能前伸等。总之,教材的难点是因人、因时而异的。

3. 充分挖掘教材中隐含的教育资源

钻研教材要求教师从整体上把握教材以及在各年级内容的具体安排,不但要利用现有教材提供的丰富鲜活的素材,也要善于多角度挖掘教材中隐含的教学资源。教师既要尊重教材,又不局限于教材,可以根据学校、学生实际情况,创造性地理解教材。还可以收集现实生活中对本课教学有用的资源,以充分挖掘教材中隐含的教育资源。

(三) 备组织教法

1. 组织过程安排有效

教师要根据课的教学目标、教材难易程度、学生及场地器材等条件,合理地分配教学总时间和各项教学内容。对教学时间进行合理规划,认真考虑如何导入新课、如何安排课中的双边活动、如何把各种教学方法互相配合、如何指导学生练习、采用什么样的组织形式(是集体教学还是分组教学,分组教学是分组轮换还是不轮换等)、各部分队形如何过渡、如何衔接等。

2. 教学方法要得当

运动技能的教学是一个复杂的过程,在一节课中教师要明确先讲什么,后讲什么;如何讲解示范;如何分解练习和完整练习;如何结合教材进行思想教育等,以帮助学生更好地掌握体育知识和技能。哪种教学顺序更便于学生理解和掌握;哪种顺序效果更好,有利于促使学生学习掌握动作技能和巩固提高;每项教材的时间分配、教学步骤和教学策略等,这些方面都需要教师在课前精心设计、认真思考。

3. 注重“学法”指导

为了培养学生的自我锻炼能力,在准备教法的同时还要对不同层次的学生进行学法指导的备课,在教学时间、学习深度、提问层次等方面做出不同安排,设计学生在体育学习中观察、模仿、练习、提问、讨论的时机,把教学过程由“灌”变为“导”,培养学生体育学习的能力。

(四) 备场地器材

备场地器材是指根据教学内容、教学目标和组织教法,筹划该次课需要的器材及数量、场地的布置及划分、器材使用及轮换等。准备好场地器材是上好体育课的物质保证,课前教师要根据本校实际,有针对性地做好场地器材的准备工作。

(1) 课前教师要根据本校实际,遵循安全、美观、便于管理等原则,精心布置场地，做到节节有新、周周不同。场地器材要便于教师对学生的管理及调控，要注意与同时上课的班级保持适当间隔，并注意各组在练习时的位置和各组之间的相互距离。要考虑器材使用和发放的合理性，严格检查场地、器械的标准和安全系数，如场地平整度、器械的标准度、牢固程度等。场地器材布局尽量避免轮换项目时队伍的相互交叉或穿过练习场地，以保证队伍的迅速调动和练习的安全。如在同一时间内，有同年级的几个班上课，课前应了解清楚，并与同时上课的教师协商，各自班级所需使用场地、器材的情况，妥善安排，确保课的顺利进行。此外，还要了解可供上课的场地器材的数量，再考虑本次课场地器材在操场中所处方位。

（2）场地器材布置要有利于运动负荷安排和卫生。器材要相对集中布置，不同的练习场地距离得当，移动器材向固定器材附近集中，有利于增加学生练习密度，以及节省练习转换时调动队伍和分发器材的时间，使学生练习时达到一定的运动强度和承担一定的生理负荷。准备场地器材要考虑激发学生的兴趣、安全、美观、卫生。如上体操课要把垫子打扫干净，上球类课要给场地画好线，注意球架安全等。

（五）备天气

1. 要了解季节气候特点

教材内容安排、运动负荷的控制和上课的组织形式及考核等都应考虑到季节的特点。如冬天气温低，准备活动时间就需延长以防运动中受伤；夏季气温高，体育课的练习密度应适当减小，练习之间必须有一定的间隙，运动的强度要适当降低。恶劣的天气会影响室外体育课的正常进行，因此，要密切关注天气变化情况，提前做好天气突变的预案。

2. 结合地域气候特点，因地制宜

例如，北方冬季室内外温差较大，气候干燥；而南方冬季则温暖适宜、降雨频繁，气候湿润，这要求教师在备课的过程中应充分地考虑到地域气候的特点，在北方的冬季可以开展堆雪人、打雪仗、滑冰和滑雪等冰雪类运动项目；南方的冬季则可以结合地方特色开展跳皮筋、跳绳、踢毽子、“贴膏药”和打沙包等民族性、趣味性强的运动项目。

（六）编写教案（课时计划）

教案是备课结果的书面呈现，也是体育教学设计的归宿。教师对每一堂课的构思都可以在教案中体现出来。通过编写教案可以提高教学的计划性，防止教学的随意性，是教师上好课的基本前提。编写教案是教师的基本功，每一位教师都必须认真编写教案，尤其是实习教师或新教师要仔细考虑课中所有细节，并用文字、图示表述。

二、体育课教案（课时教学计划）的编制

（一）制订课时教学计划的方法与步骤

1. 确定课时教学计划目标

制订课时教学计划首先要依据单元教学目标和单元的体育教学设计来确定课时计划的教学目标。课时计划教学目标是学生学习本课教学内容后所要达到的结果，体育教学目标的制订必须准确、严密，不能用模棱两可的术语来表达要求学生完成的学习任务。课时教学目标应包含身体、知识技能、心理健康、社会适应四方面，尽可能采用可观察、可测量和可操作的行为动词来陈述，如知道、了解、掌握、提高、发展（个性）、学会、培养、引导等。教学目标是学生学习和努力的方向，是评价教学效果的客观尺度和依据。因此，教师和学生都需要清楚每次课的教学目标。

在制定规范的课堂体育教学目标时，教师应该考虑以下 4 个要素：

谁？	（教学对象）
做什么？	（完成的学习行为）
做到何种程度？	（行为水平）
条件？	（完成学习行为的条件）

例如，“通过本次跨越式跳高的学习，使学生改进过杆技术”。这一陈述是不明确、不具体、不规范的，它缺少了学生完成学习任务的条件和最低标准。学生完成学习任务到何种程度算是“初步”掌握呢？教师在教学结束后又怎样来评价本次课的教学效果呢？在这种陈述中都不明确、具体。

如果将这次课的教学目标改为“通过本次跨越式跳高的学习，学生能够在没有任何辅助条件的情况下，跳过 1.1 米的高度”。这样的教学目标陈述就具体、明确而且规范多了。

谁？	（学生）
做什么？	（改进过杆技术）
做到何种程度？	（至少 1.1 米）

条件？　　　　　　　　　　　　　　（没有任何辅助条件）

明确具体的体育教学目标能够使学生在课的开始就建立起明确的学习心理定势，知道在课堂学习中将要做什么，做到什么程度才算完成了本次课的学习任务，实现了学习目标，有利于激发学生学习的积极性，引导学生向着明确的目标去努力。同时，还有助于教师选择自己的体育教学策略，选择达到教学目标的最佳教学方法和手段。明确学生学习行为将要发生的变化，还便于教师、学生对教学或学习效果予以自我评价，改进教学和学习的态度与方法。

尤其要注意的是体育教学目标的陈述一定是学生的学习行为，而不是教师的教学行为；应该是学生最终的学习结果，而不是学习过程或教学过程。在体育教学目标的设定中，在以提高身体素质、掌握体育健身方法为主导的前提下，需要兼顾情感、态度、价值观和社会适应的目标，这样的体育教学目标才是全面和有效的。

2. 合理安排教学内容和组织形式

（1）准备活动的内容安排：准备部分的时间通常8～10分钟，一般要根据教材内容性质、学生特点和季节气候等具体情况来确定。内容包括集合整队、教师宣布课的任务要求、检查服装、处理见习生和集中注意力的练习，以及根据不同的季节天气安排不同的准备活动。准备活动内容很多，大致可以分为两类：第一，一般性准备活动。目的在于使学生集中注意力，活跃课堂气氛，使学生全身的各主要肌肉群和关节韧带做好充分的准备，经常采用各种走跑练习、徒手操、轻器械体操、队列队形练习、舞蹈、游戏等活动内容。第二，专门性准备活动。是为掌握所要学的技术动作创造条件。主要安排动作性质和结构与基本教材有关或相近似的练习，主要有模仿练习、诱导练习或辅助练习，以及掌握该项教材内容所必需的身体素质练习等。开始部分的练习方式通常采用集体形式，也可以采用分组形式，既可以定位练习，也可以行进间练习。

（2）基本部分的内容安排：体育课的基本部分是整节课的核心。在安排教材时应注意根据课的类型、教材性质和难易程度以及季节气候条件等处理好教材的先后顺序。如果课中安排两个以上教学内容，则应先确定其先后顺序。课内教学内容的排列要符合运动负荷的基本要求，除特殊的教学目的和教学设计外，一般是先易后难、先简后繁、负荷量先小后大、先局部后全身等。然后，再根据各项教学内容的重点、难点排列教学内容的练习顺序。通常是将新的、较复杂或难度较大，以及发展速度和灵敏性的内容放在基本部分的前面；一般将消耗体力较大的内容，如教学比赛、力量和耐力的练习放在基本部分的后面。

基本部分的练习方式，可根据学生人数、场地器材条件和练习的需要，选用全班、分组或个人的形式。

组织方法应根据教材性质、学生、场地器材的条件合理地进行教学。考虑是否需要分组教学或分组轮换教学，安排教师的讲解、示范、提示、讨论等教学方法。

（3）结束部分：根据基本部分最后一个教材的性质和运动负荷大小的情况，选用一些动作结构简单、节奏舒缓、轻快的练习，如活动性游戏、徒手操、舞蹈或慢跑等。值得注意的是，结束部分的放松运动，虽然从生理学的角度，稍作整理就能使机体回复到常态，但从心理学的角度，要把心态由兴奋恢复到平静则相对需要较长时间。因此，为了不影响下一堂课的学习，放松运动更重要的意义在于心理调整。

结束部分通常采用全班集体的形式，也可分组进行整理放松活动，然后全班集中小结。通常用5～10分钟完成体育课的结束部分。

3. 安排各项教学内容的时间

（1）确定课的各部分的时间：课的各部分的时间分配主要是根据各部分在全课中所起的作用来决定。一般情况下，一节40分钟的体育课，准备部分6～8分钟，基本部分28～30分钟，结束部分3～5分钟。

（2）确定“各项教学内容”的时间：课中各项教学内容的教与学的时间总和应等于或小于课的总时间。

（3）确定“练习的次数”并算出时间：练习次数是各个教学内容每项练习中一个学生的练习次数。练习次数的确定应根据各项教学内容的教学时间和相应的组织时间来决定。确定练习次数要留有一定余地。

4. 设计课的生理负荷和练习密度

为了达成课堂教学目标，根据教学内容、所教学生的身体素质情况、场地器材条件、气候条件等，设计课中学生的运动负荷，预测课中最高心率、全课的平均心率，及基本部分的练习密度。

5. 策划课中场地器材布局

策划本课所需要的场地、器材和用具，并在教案中写明该节课应使用的场地位置、范围，需要器材的数量、规格等，以便课前就能充分准备并布置到位。安排课堂教学的体育场地时，要相对集中并便于指导，要充分利用学校现有的体育场地器材，以增加学生的练习密度。

6. 考虑适时进行学习评价

学习评价是课时教学计划设计中不可缺少的组成部分，也是激发学生学习积极性的有效方法。根据教学过程的进度安排和进展情况，针对课中教学内容的相关要求，及学生课中学习的情况，对学生完成动作时的时间、距离、远度、高度、次数、百分比、失误率等作出预测评价，对学生的练习情况和表现程度给予及时的肯定、表扬和鼓励，让学生更多地体验成功和感受愉悦。

7. 课后小结

每位教师应在课后将本次课教学目标的完成情况、主要优缺点及改进措施等简要地写在“课后小结”的栏目中，为改进今后教学工作和教学检查提供参考和依据。

（二）教案的格式

目前常用的体育课教案格式主要有：文字叙写式、表格式、图解式、卡片式、多媒体式等类型。

1. 文字叙写式

一般来说，文字叙写式教案（示例 8-1）主要包括：学校、学生现状；课的设计思想、教学内容和教学目标；教学过程三个板块。其中，教学过程又包含教学常规、准备部分、基本部分、结束阶段四个部分。文字叙写式的特点就像写记叙文一样，没有特定的格式，容易表达教师的情感方式。优点是书写便捷，条理比较清晰。但是，文字叙写式主要体现的是教师如何去教，如何将规定的内容安排下去，至于学生如何学，学到什么程度，如何组织调动队伍等则很难表现出来。

2. 卡片式

卡片式教案（示例 8-2）是按各个内容编写成卡片或图案，经过一定的排列成为完整的教学过程。其优点是简单实用，知识易更新，操作更方便，但在借鉴方面较差。一般在小学低年级中出现较多。

3. 表格式

教案用表格的形式呈现（示例 8-3）比较直观，一目了然，将组织活动单列开来，使人一看就明白学生是如何学习的。但缺点是师生活动放到一起，将教师的传授和学生的学习两者捆绑在一起，难以表达清楚。

表格式教案各栏目的内容见表 8-1。

示例 8-1

文字式教案

一、学校、学生情况现状

××女中是一所有着悠久历史的百年老校，培养了数以千万计的优秀女子人才。在改革开放的 20 世纪 90 年代，学校培养目标是“独立、能干、关爱、优雅"。学校体育的宗旨是面向全体学生广泛开展健美教学和排球活动,在普及的基础上形成垒球特色。

预备班(六年级)学生从生理来看正处于青春期发育阶段,她们来自不同的几十所小学,在体育活动能力、身体各项素质方面层次参差不齐,经过一学期的体育教学活动,她们的体育活动兴趣、能力、学力都有了一定的进步。

二、课的设计思想

根据学校和学生状况,本课的设计围绕"以学生发展为本"、"健康第一"的指导思想,采用针对学生年龄、心理、实际活动能力的发现式学习模式。开展定目标、有指导的学生自主活动。旨在使学生在活动中练习,并在活动中探索练习方法,提高学生的认识水平,进而提高活动的能力,培养学生的兴趣,增强体质和树立正确的合作竞争意识。

本课采用"活动—发现—指导—探索—活动"的教学策略,变教师"要我学"为学生的"我要学",从而使学生既喜欢上体育课,使体育课的育心、育体功能得到全面落实。

三、课的内容

1. 复习排球垫球

2. 复习跳长绳、在活动中创编花式跳绳方法。

四、本课目标

1. 复习排球垫球,改进垫球技术,寻找向上自垫球和对垫球技术的共同点和异处,并进行自主学习,相互纠错。

2. 进行跳长绳的练习和创编活动,培养学生勇敢开拓和合作的团队精神。

3. 提高学生的兴趣,寓教寓学于娱乐之中,培养学生三个学力(基础性学力、发展性学力、创造性学力)。使学生的自我锻炼能力得到提高,上下肢协调发展。

五、课的顺序

1. 体育委员整队,检点人数、服装,向老师汇报。

2. 师生问好,教师宣布课的任务。

3. 准备操:关节操接拍手舞(3～4 分钟)。音乐伴奏"对面的女孩看过来"。

4. 移动练习:前进、后退(2 分钟)。第①、③组相向交叉练习接②、④组相向交叉练习。

要求：身体重心下降，双手碰线，后退时注意安全，用眼睛余光注意周围情况避免碰撞。

5. 移动接力比赛(3 分钟)

要求：移动时身体重心下降，单数绕框，双数取球。击掌后第二位同学出发，不能犯规，犯规一名同学，名次下降一名。

6. 排球

(1) 带着问题分散活动(2～3 分钟)。

问题：排球垫球，向上自垫球与对墙、对人垫球的动作技术有什么不同？

(2) 集中提问，教师讲解示范(2 分钟)，并对吊球中存在的较共性的问题予以纠正，并提供一些练习方法。

练习方法：垫固定球、垫抛球、向上自垫、对墙自垫、二人对垫球、垫发球。

(3) 活动、辅导(8 分钟)。

要求：同学间相互纠正、自主练习，教师巡视、辅导。

7. 长绳

(1) 根据能力学生自主分组结伴练习(2 分钟)。

(2) 长绳花式跳的创编活动(5 分钟)。

要求：根据能力进行练习或创编，每位同学积极参与，开动脑筋，群策群力。可结合器材等开展。

(3) 创编活动的汇报(6 分钟)。

要求：每组至少跳出 1～2 种花式。

8. 放松活动(3～4 分钟)。接龙游戏(音乐伴奏)。要求：身心愉快、放松。

9. 集合、教师小结，布置学生收器材，师生再见。

预计全课运动密度：45%～60%，平均心率 120～130 次/分

所需器材：排球 25 只、长绳 8 根、短绳 10 根、框 4 只，磁带(二个曲目)，录音机、接线板各一。

场地：初中部操场。

示例 8－2

卡片式教案

学校：××× 班级：××× 任课教师：××× 时间：×××

一、教学内容

篮球，耐力、灵敏素质。

二、教学目标

1. 通过音乐节奏熟悉球感的练习，培养学生对篮球的兴趣和爱好；

2. 在熟悉球感的基础上，教师启发学生把音乐与传接球结合起来练习，通过音乐节奏来控制传球速度，提高传接球技术，发展学生的灵敏素质。

教学内容	时间/min	运动量
集合队伍，师生问好，宣布本次课的内容	2	小
游戏：运球与抢球	4	小
球感练习（音乐伴奏）	4	中
介绍在传接球中传球的手法与球的路线	2	
复习传接球技术，掌握传球的速度和路线	8	中
教师启发学生自创练习	2	
自创练习：1. 球感练习（音乐伴奏）	4	中
2. 传接球练习（音乐伴奏）	4	大
素质练习：追逐跑	4	大
放松练习（音乐伴奏）	4	小
小结，讲评，下课	2	

示例 8-3

表格式教案

＿＿＿＿＿体育课时计划

年级		人数		日期		执教	
班级		组班形式		周次		课次	
内容主题				重点			
				难点			
学习目标							

课序	时间	教学内容	运动负荷			教与学的活动	组织与队形
			次数	时间	强度		
开始部分							
准备部分							
基本部分							
结束部分							

场地器材		安全保障			
		预计	练习密度		强度
			全课	内容主题	
课后小结					

表 8-1 表格式教案各栏目内容

班级______男女生人数____ 第____次课 任课老师______上课时间______

本课目标____________________

教材内容		新教材和复习教材内容	运动负荷			写明上课地点场地器材名称、数量
课的部分	时间	课的内容	时间	次数	强度	组织教法
开始部分		包括整队、集合、师生问好,宣布本课任务和教学内容,检查人数和着装,安排见习生,集中注意力或队列练习	队列练习时间		预计心率	注明队形怎么站,为完成本科任务有哪些要求,集中注意力的练习或队列练习,是否需要讲解示范及组织学生练习
准备部分		包括慢跑或做操或游戏,要注明每个练习的名称、练习方法、动作要领、动作难点、练习要求等	各个练习的时间	各个练习的次数	预计心率	写明各个类型的队形、讲解示范的时机与位置,练习步骤
基本部分		主教材动作名称、辅助教材的名称、练习方法,技术要点、难点,练习的重点和练习要求,复习教材达到的要求等	各个练习的时间	各个练习的次数	预计心率	组织形式,场地布置形式,分组情况,调动队伍;教法、学法、提示要求,问题或所学内容的评价等;讲解示范时机和位置,练习步骤,保护帮助,安全措施,易犯的错误及纠正方法等
结束部分		放松整理活动、自评、小组互评、教师小结、预告下次课内容和任务,布置课外作业	整理活动的练习时间		预计心率	整理活动队形,指定个人或小组整理场地,归还器材

续表

课的部分	时间	课的内容	时间	次数	强度	组织教法
预计与实际运动负荷		运动负荷包括：练习密度，各主要练习的脉搏频率等，可用数据表示。脉搏频率也可用生理指标曲线来表示，课的预计负荷可包括全课练习密度、平均心率、最高心率等在课前估计，实际负荷在课后增补，二者加以比较	所需的场地器材 安全保障、场地器材安全、保护与帮助、安全提示等			分析本课成功与失误的主要原因，有何心得体会，提出今后的设想和改进的具体意见

第二节　体育理论课的备课

体育理论课教学是教师在室内通过演讲、板书、多媒体课件等形式传授体育理论知识的过程。体育理论课教学是体育教学不可缺少的组成部分，教师在上好实践课的同时，还必须认真地上好理论课。

一、体育理论课备课的内容

（一）备教材

体育理论课教学内容可以分为三大类。体育健身知识类：主要有体育健身的安全知识，青春期体育健身，运动项目对健身的价值、作用，各运动项目的锻炼特点与方法等。卫生健康知识类：主要有不同年龄阶段身心特点，营养保健，心理健康等。体育文化知识类：主要有体育运动的起源与发展，奥林匹克知识，各竞技运动项目规则、竞技运动比赛欣赏等。

体育理论课教学内容的选择，首先要根据国内、国际的重大体育活动和季节特点选择教学内容。如奥运会期间，向学生传授有关奥运会的知识及各运动项目规则，如何欣赏各项运动项目等，对提高学生体育文化素养具有一定的效用。还可以根据季节特点选择教材内容。夏季即将到来时可选择夏季锻炼应注意的事项，夏季游泳的意义及锻炼身体的价值；冬天时，应选择冬季锻炼的好处和应注意的事项，长跑、滑雪、滑冰项目的锻炼价值及安全常识等。

其次，要密切联系学生体育课学习的实际情况，渗透民族精神教育和生命教育，使学生正确认识生命，培养学生珍惜、尊重、热爱生命的态度，提高生存技能，提升生命质量，有助于学生正确处理好生命与自我的关系、生命与自然的关系、生命与社会的关系，对于促进学生身心健康发展，培养学生自我保护能力和保护他人的高度责任感，具有十分重要的意义。

再次，要联系本校体育传统项目和实践课的教学实际安排内容。学校是篮球传统特色学校，那就要介绍篮球相关知识，为在学校更好地开展篮球项目打好基础。如在某个班级实践课中安排了足球的教学，就可选择足球运动的一些基本知识作为理论课的教学内容。

要根据体育理论课的内容收集整理资料，在初步选择确定理论课素材后必须对其进行加工改造，使这些素材成为适合师生课堂教学的教学内容。在备课中要考虑学生的认知水平，科学设计知识点的容量，知识点的难易度，对学生已经掌握的知识点应有取舍，留一些学生未知或认识上存在疑惑的知识点，这样才能激发学生的求知欲，使教学达到最优化。

（二）备学生

体育理论课教学要考虑学生各个年龄阶段身心发展水平的特征和认知规律，了解学生已有的知识背景和生活经验、喜欢的听课方式以及感兴趣的学习内容等，找准教学起点，从而有针对性地设计教学过程，突出重点，提高教学效率。例如，对于刚进学校的新生，要进行体育常规教育；在学校举行运动会前讲述田径运动会有关内容，让学生了解运动会的基本规则，本校各项运动会的纪录等；对初三和高一年级学生，选择青春期体育锻炼对身体生长发育的作用，如何选择项目自我锻炼等；对于高中可选择一些理论性较强的课题，如体育锻炼与环境，如何评价自身的运动负荷合理性等。

（三）备教法

体育理论课教学方法的设计、选定和加工应根据学生的认识特点，考虑如何由浅入深、由近及远、从具体到抽象、从感性至理性，循序渐进地进行教学；怎样突出重点，怎样引发兴趣，如何联系实际，以及语言的组织，板书的设计，多媒体的使用等。

根据青少年好奇求新的心理特征，选择教学案例要坚持生动、有趣，积极向上、富有知识性的原则。现实的、有趣的、具有挑战性的问题情境，容易激活学生已有的生活经验和知识基础，激发学生学习的欲望。

讲授的语言要生动形象、风趣幽默，富有感染力，要能激发学生学习体育知识的兴趣和热情，尽量避免枯燥无味的讲解和照本宣科。板书设计要体现教学要求，布局合理、结构均衡，通过板书反映教学重点，使学生理解和把握教材内容。要合理安排好主板书和副板书的区间及内容，一般情况下，主板书写在左面，主要内容是标题、概念、原则、重点、难点等，副板书写在右面，主要内容是难懂的词句、人名、地名、动作名称等。

二、体育理论课教案编写

1. 确定教学目标

体育理论课教学目标主要体现在三个方面：一是培养终身体育的思想和能力，了解和掌握各项运动的知识和锻炼身体的方法。二是传播体育文化和体育精神，提高对体育价值的认识，树立爱祖国、爱集体的观念。三是树立健康的生活方式，了解体育锻炼对促进人体全面发展与健康成长的作用，使体育锻炼成为生活的一部分。制定目标要根据本课的教学内容的特点，以及学生的实际水平，并符合全面、明确、具体、切实可行的要求。

2. 把握教学的重点和难点

理论课教学一般围绕一个教材，讲课的重点与教材的重点是一致的。对于重点和难点内容，教师应该详细准备，尽可能讲得透彻。

3. 设计教学过程和选择教学方法

一堂课先讲什么、后讲什么、怎么讲、如何提问、时间如何分配等，都应该预先考虑，必须精心设计。教学方法的确定应根据教学目标、教材的特点和学生的水平有针对性地选择。尽可能采用启发式教学，避免满堂灌，使整堂课有讲有问，诱导性地提出问题，激发学生积极思维，允许学生在讨论时发表自己的见解。教师在提问时应紧扣教学重点，难易程度要适中。对学生提出的问题，要给予正确的解答。因此，教师对传授的知识必须正确理解，对补充的资料要核实，切忌一知半解。

4. 板书设计

板书是课堂教学的高度概括，也是教师教学意图的体现，必须周密考虑，反复推敲，精心设计，设计时要做到条理清晰，概括性强，文字精练，重点突出，正副板书布局合理，使板书起到强化教学的效果，加深学生的印象，增强学生的学习效果。

5. 要理论联系实际

要结合学生的锻炼实际传授基础理论知识，从而更好地指导学生进行身体锻炼，利用音像资料、彩色图表配合使用，使学生加深对有关知识的理解（示例 8－4）。

示例 8－4

体育理论课教案

初二体育基础知识课教案

××中学×××

课题：别小看这五分钟广播体操

教学目标：通过本课教学，讲解广播操的作用，启发学生做操的自觉性，重视每天的广播操，提高做操质量，增强锻炼效果。

教学内容：组织教学，从“考考妈妈”打一成语的答案“小题大做”引出本课题目《别小看这五分钟广播体操》。

1. 什么是广播体操（简称广播操）？它有什么特点（教师提出问题，学生解答，教师归纳）？

广播操是利用广播，配上乐曲锻炼的一种徒手体操。它的特点是动作简单易学，不受年龄、性别、场地条件限制，有节奏的中等强度内容。它易被人们接受，可作为终身锻炼的内容。

2. 广播操的作用（教师引导学生讨论、解答，逐渐搭起“框架”然后由教师进一步充实内容，辅以投影片）。

广播操的作用

功能	例	作　　用	好　　处	课 堂 期 望
提高神经系统功能	汽车开动由慢到快	从抑制到兴奋的转换需要调动和刺激肌肉活动，刺激传向大脑，缩短大脑皮质从抑制到兴奋的时间	头脑清醒，精力充沛，可提高一天的学习效率	初级引导：启发学生认识价值
	跷跷板	肌肉活动把刺激信号传向大脑皮质，使运动的神经中枢兴奋——工作，学习	做操后学习，精神饱满，听课效果好，反应灵敏，	简述效应：引发学生领悟、深化情感

续表

功能	例	作　　用	好　　处	课堂期望
提高神经系统功能	跷跷板	的神经中枢抑制——休息 广播操有节奏，中等稳定，有音乐伴奏，是良性刺激，使大脑皮质处于适宜兴奋状态，可提高神经系统的调节指挥功能	记忆力加强——学习效率提高	
促进新陈代谢	游泳后食欲增加	广播操消耗一定能量，4～5 min约消耗 32.5 Kcal，人类生存—新陈代谢—营养物质—氧化供能—需要氧气—血液输氧 广播操—全身肌肉活动—氧化供能消耗氧气—促进血液流动加快—使人得到更多的氧气—供给肌肉活动，供大脑及人体其他器官—氧气充足—新陈代谢加快	人体功能得到提高，使人体健康，起积极的健身作用	提高理性认识，加深学生信念的形成
提高心血管系统和呼吸系统的功能	拉手风琴	安静时呼吸 12～18 次/min，轻微活动时呼吸次数增加到约 32 次/min。每次呼吸量约 300 mL。由于呼吸肌力量的加强，使呼吸深度加大，提高肺的弹性，为人体活动提供充足的氧气提供条件 做完广播操后平均心率可达 110～130 次/min，心率为 120 次/min 对心脏是很好的锻炼，这时，每搏输出量达最大值，心肌力量最强	安静时，呼吸及心跳次数相对减少，使呼吸肌及心脏得到较好的休息 剧烈活动时，能满足人体对氧气的需要，使人能承受大运动量的负荷	催化感染效应，深化知识广度

续表

功能	例	作用	好处	课堂期望
培养良好的身体姿势	弯曲的小树	广播操的编排具有科学性，每套操既包括上下肢和躯干的活动，又包括肩、腹、背、腰、胸、腿部肌肉韧带及各关节的活动 认真做好广播操，尤其是伸展、扩胸、头的活动，使颈肌得到调节，预防前屈，背肌肩带肌肉力量加强防止肩前倾和脊柱弯曲	全面锻炼身体，使胸廓发育正常，使身体匀称发展，对形体美有良好作用	运用想象训练教学：使学生在头脑里呈现出动作的表象和效应，激发学生追求较高期望的意识
有利于组织纪律和集体主义教育	参加广播操比赛前后的对比	排队进出场，集体认真严肃地做操，通过早操进行组织纪律和集体主义教育 整齐的队形，正确划一、刚健有力的动作，体现了广播操特有的美。使人感到形体的美、健康的美、和谐的美。室外做操，接受自然力的锻炼，提高人体对环境的适应能力	有利于班级集体观念的形成和巩固，有利于组织纪律性的提高。在接受自然力锻炼的同时锻炼意志	目标导向：提高价值透视度，达到指向目的

3. 广播操的要求

(1) 明确广播操的作用，认真、严肃地做操。

(2) 做操要“动作有力、正确、到位”。在做第八套广播操时特别指出要“动作准确、优美，刚健有力”。

(3) 每节操都有它特定的锻炼价值，如果动作不正确，就会达不到应有的锻炼效果和正确姿势的形成（请 1～2 个同学做几个动作并给同学们讲解）。

(4) 注意呼吸的正确性，使呼吸与动作有节奏地配合起来。在身体弯曲胸部受到压缩时呼气，在身体伸直、挺起扩胸时吸气。

小 结

通过本课讲解我们应明确广播操的作用和好处，应认真做好每天的广播操，切记“别小看这五分钟广播操”。

思考题

广播操的作用和好处是什么？

我们怎么做操才能有效增强体质？

第三节 说 课

“说课”是教师备课之后上课之前，面对同行或其他听众讲述体育课教学构思、教学设计及其依据的一项教研活动。说课是一种课前行为，属于课前准备的一部分，与课后的总结有所不同。说课是教学改革中涌现出来的新生事物，是当今一种新型的教研活动，有利于检验教师水平，发掘教师的教学潜能，提高教师的综合素质，促进体育教师专业化发展。

一、说课的类型

1. 研讨性说课

研讨性说课，一般以教研组或教研团体（团队）为单位，先由一名教师事先准备并写好讲稿，然后说课，再请大家讨论评议。研讨性说课主要对教学改革过程中出现的重点、难点问题予以阐述和评议，因此，研讨性说课是创新改革、提高教学质量的有效手段，也是大面积提高教师业务素质的有效途径。

2. 评价性说课

评价性说课要求教师按指定的教材，在规定时间内自己写出说课讲稿，然后登台演讲，评委会针对说课内容予以评析。评比性说课有时还要求将说课内容付诸课堂实践，或者把说课与交流有关的理论和经验结合起来，以便把“说课”活动推向更高的层次。这是培养学科带头人和教学骨干的有效途径。

3. 示范性说课

示范性说课是由一些经验丰富、知名度高的资深教师，在准备充分的前提下进行规范性、高水平的说课，主要起到交流、示范、启迪和指导的作用。

二、说课的内容

说课不仅要说明“怎样教”的问题，而且更要阐明“为什么要这样教”，所以说课重在分析、说理。由于说课者的教学理念和方式以及教学的具体环境不同，因而所设计的说课内容也会有所不同，归纳起来主要包括以下几个方面：

1. 说目标

说课者可从以下三个方面着手：

目标的完整性。说明本次课目标与课程目标及单元目标的关系，体现说课者对教学目标的理解程度。

目标的可操作性，即目标要求具体、明确，能直接用来指导、评价和检查该课的教学工作。

目标的可行性。即教学目标要符合课程标准的要求，符合学生实际和本校条件。

2. 说教材

通过对课的教学目标准确的解读、把握该教材学习进程，说明教材关键、教学重点、难点的确定及其依据。通常情况下，技术关键就是教材中的重点，其确定的依据主要是教材的前后联系与本课学习的知识、技能本身的结构。教学重点是教学过程中需要着力讲解或加强练习的部分，其确定依据要从教学目标、学生基础和年龄特征等方面来说明。教学难点确定要从造成学生难懂的原因来说明。

3. 说教法

说教法要讲清楚在课中是如何运用相应的教学方法来实现教学目标，应重点介绍是采用何种教学方法来突破重点、化解难点的，并详细地介绍各教学环节间是采用何种方法来衔接的。说教学手段、教法组合的依据，要从教学目标、教材编排形式、学生知识基础与年龄特征、教师的自身特点、学校设备条件、主要器材和教具的功能等方面来说明。

4. 说学法

说学法，要凸显学生在体育学习中的观察、模仿、练习、提问、讨论的时机，通过教师指导学生学会什么样的方法，培养哪种能力，达到怎样的学习效果。说学法运用的主要依据，可以从该课的教学目标、学生基础与年龄特征、学法的选择及作用等来说明。

5. 说教学过程

说教学过程是说课的重点部分，因为通过这一过程的分析才能看到说课者独具匠心的教学安排，它反映着教师的教学思想，教学个性与风格。也只有通过对教学过程设计的阐述，才能看到其教学安排是否合理。

在说教学过程时，一般按照课的组织顺序和教学思路，把教学过程所设计的基本环节说清楚，但具体内容只需概括介绍，让听讲人能听清楚教的是什么、怎样教的。要逐点解释教学过程设计的依据，可在教法、学法、教学手段、学生的认识规律等方面加以说明。

6. 说预期效果

在说课过程中，应穿插分析预测所要达到的效果，尤其在动作技能的学习中，要预测在一定的时间、次数练习之后所达到的效果。

三、撰写说课稿

撰写说课稿不同于编写教案，教案只说明怎样教，而说课稿则重点说清为什么要这样教。因此，撰写说课稿要注重对理论依据的阐述，尤其是在说教材、说教法、说学法时，一定要说明其理论依据。理论依据可从以下几个途径寻找：一是课程标准有关课程基本理念、设计思路、课程目标和课程实施建议等，这是指导我们确定教学目标、教学结构以及教法、学法的理论依据；二是课程内容的编排说明、具体要求，以及运动技术动作原理等，这是指导我们把握教材前后联系和确定具体教学目标、重点、难点的理论依据；三是《教育学》、《心理学》、《学校体育学》有关教学原则、教学方法和要求等，这也可以作为我们确定教法、学法的理论依据；四是根据教材内容和学生实际，对教材中的知识点予以切合实际的考虑。

在确定说课内容后，应在备课的基础上，进一步地收集相关材料，在吃透教材、辨析教材内容、教学目标、重点、难点的基础上，遵循整体构思、融为一体、综合论述的原则，分块写清。说课稿阐述的内容与顺序一般同上述说课的内容基本一致。

说课稿要体现可操作性。针对教学目标和内容，说课堂教学设计的思路，把体育课各部分的教学时间安排、组织形式、教学手段、课的运动负荷安排、教学用具和场地布置及本课教学中实践性、操作性强的特点表述清楚。

说课稿要体现创新性。说课的内容和模式不能够按部就班、千篇一律，应体现教师的个性，以充分展示自己的教学风格。要总括地说明本课的构思与设计体现哪些新的教学观点，教学方法与组织形式有何创意，展示自己的教学风格和创新点。

说课稿(示例8-5)有别于教学论文,它比教学论文更具实践性。因此,撰写说课稿要用词精当,切忌长篇大论,注意避免过分表现"理论依据",或脱离教材、学生、教师实际,也要防止面面俱到或泛泛而谈。撰写说课稿不必拘泥于固定、呆板的模式。另外,在语言表述上,既要把问题论述清楚,又切忌过长,避免陈词滥调,泛泛而谈,力求言简意赅,文辞准确,语言针对性强。说课稿完成后可以试讲,在评议基础上进一步修改和完善。

四、说课的技巧

1. 注意形象

说课时要衣冠整洁、仪表得体、庄重大方、教态自然,应做到胸有成竹、满怀自信、声音清晰、语言得体,能够运用准确、熟练、生动形象且富有逻辑性的语言将课堂教学的构思及其理论依据讲述清晰。

2. 开场白与结束语

说课开场白的作用非常重要,匠心独具的说课开场白不仅能够很好地诠释说课的主要内容,而且还能够瞬间吸引注意力,控制说课现场的气氛。开场白的形式多种多样,只要得法即可。说课者可以在开场白中注意融入语言敏慧,创设意境,承上启下,体现新颖简洁,力争用几句话,生动、富有吸引力地引入主题。

说课的结束语是说课内容的自然收束,精彩的说课结束语不仅能够给人留下深刻的印象,还能够很好地弥补说课开场白遗留的不足、予人以有益的启迪。这要求说课的结束语应与开场白相呼应,体现简明扼要。

3. 表述技巧

说课的表述技巧包括语言表述技巧、图文表述技巧和动作表述技巧。

语言表述要注意说课不是备课,不能按教案来说课;说课不是讲课,不能把听说课的同行和专家视为学生,像正常上课那样讲;说课要突出"说"字,不宜照本宣科读说课稿。要说出特点、说出风格,先从表象上感受到说课者对说好课的自信和能力,从而感染听者,引起听者的共鸣。说课的语言表达应十分简练干脆,避免拘谨,力求有声有色,灵活多变,前后整体要连贯紧凑,过渡要流畅自然。

图文表述技巧主要在板书、图表、多媒体课件表述时,在形式上要求设计新颖、布局合理和字迹工整;从内容表现上要求准确鲜明、条理清晰和重点突出。

动作表述技巧是通过运用示范动作将说课内容具体化、形象化,要求示范动作准确优美、规范流畅。

4. 沉着、冷静应对提问

说课者在作好充分准备的基础上，面对同行、领导或是专家评委的提问时要有自信心、沉着冷静，在弄清所提问题的确切含义后，在较短的时间内作出反应，充满自信地以流畅的语言把自己的想法讲述出来。一要抓住要害，简明扼要，不要东拉西扯，使人听后不得要领；二要力求客观、全面、辩证，留有余地，切忌把话说“死”；三要正确使用术语和相关理论知识，条理清晰，层次分明。

五、说课评价

说课评价一般是由同行、专家组成的评委对说课者的整体说课效果和质量予以指导、讲评。对说课的评价标准与说课的内容及要求密切相关，是说课活动不可或缺的环节。其评价的最终目的在于提高教师的综合素质，提高教学质量和教学效果（示例 8－5）。

示例 8－5

××高中“四课”评比说课稿

××中学：×××

各位专家、评委：你们好！

本课的教学对象是高二年级男生，教学内容有：

1. 鱼跃前滚翻。

2. 课课练——跳跃。

一、本课设计的指导思想

本课根据“以学生发展为本”的课程理念，结合高二学生已具有一定自主学习、观察分析能力的实际，运用合作分组的教学组织形式，创设合作学习的氛围，让学生在合作互动中，相互指导，相互促进，建立良好的人际关系，体验合作学习带来的成功快乐；利用师生互动的教学策略，通过让学生相互之间的观察与分析，检测与反馈，提高善于发现问题、解决问题的能力；通过小组形式进行的垫上组合动作尝试与创编，发展学生的个性特长，提供自我展示的机会，满足学生心理发展的需求。

二、本课确定的学习目标

1. 身体发展目标

发展学生的灵敏、柔韧、协调等身体素质，培养学生良好的控制身体及平衡能力。

2. 知识技能目标

通过思与练、议与创的有机结合，提高鱼跃前滚翻蹬、摆、跃的质量和在组合动作创编与练习中发现问题、解决问题的能力。

3. 心理发展目标

创设良好的学练氛围，体验垫上运动的乐趣，享受成功的快乐，培养自信、勇敢、果断等优良品质。

4. 社会适应目标

在合作学习中建立良好的人际关系，增进相互间的友谊，培养相互合作、相互帮助的集体主义精神。

三、本课的教材与学情分析

1. 鱼跃前滚翻是高中《体育与健身》基本内容Ⅰ的教材，由蹬、跃、撑、滚技术环节组成，对高二学生而言，具有一定的挑战性。本课是鱼跃前滚翻的第四、五课次，教学内容是改进与提高鱼跃前滚翻的动作质量与尝试垫上组合动作练习。教学重点是蹬、跃、撑、滚动作的协调配合和身体姿态的控制，教学难点是组合动作的衔接。通过前几次课的练习，学生已基本掌握了鱼跃前滚翻的技术要领，也具备了一定合作、自主、探究的学习能力。但由于个体的差异，一些学生对动作的掌握还不够准确和熟练。

2. 课课练是我县中学体育课堂教学的常规，能有效地促进学生身体素质的提高。本课安排了4、5分钟的跳跃素质练习，既弥补了主教材运动符合的不足，又符合当前对提高学生身体素质的要求。

四、本课的教学流程安排

（一）开始与准备部分

1. 明确任务、振奋精神

教师宣布课的学习目标并提出要求，让学生明确任务。在队列队形的变换练习中，让学生用整齐的步伐，划一的动作体现良好的身体姿态与精神面貌，达到收心聚意的作用，同时针对主教材的特点安排了徒手操，为学生的学习打好身心准备与安全基础。

2. 齐心协力、体验成功

教师安排了齐心协力的小游戏，让学生从两人的配合发展到多人的配合，领悟合作在体育学习中的重要性。小游戏既创设了轻松活泼的课堂气氛，又激发了学生的积极性和竞争意识。

（二）基本部分

1. 鱼跃前滚翻

（1）温故知新、打好基础。教师首先让学生复习鱼跃前滚翻分腿起和后滚翻直腿起。一方面增强学生完成垫上运动的自信心，起到温故而知新的作用，另一方面提高学生的身体控制能力，为接下来复习鱼跃前滚翻打好基础。

(2)相互促进、改进提高。本课的教学内容是复习鱼跃前滚翻，教师在课中让学生通过小组的合作学习，让具有一定自主学习能力的学生在教师的引导下，相互观察与分析、帮助与指导和自我体检，改进和提高鱼跃前滚翻的动作质量。

(3) 评价检测、提升能力。在学生自我改进的基础上，安排了小组的相互评价与检测，学生根据教师提供的检测表，选取其中几项予以评价记录并交流反馈，不仅能让学生知晓各自存在的问题，同时也能让不同个体差异的学生利用现有的器材选择练习方法，进行各种的改进与提高练习，最后再通过相互的评价检测，检验改进的效果。让学生在学习过程中主动地发现问题，解决问题，既提高学生的观察与分析、判断与领悟能力，也是学生对技术动作再认识的过程。

(4) 拓展思维、尝试创编。课中教师通过引导两人配合下的鱼跃前滚翻练习，发展到让学生尝试多人配合的鱼跃前滚翻练习；通过教师讲解组合动作的编排要领，发挥合作小组的集体智慧进行编排动作组合等手段，激发学生主动学习的动力，培养学生用于挑战自我的良好品质，提高学生自主合作、探究学习的能力。

(5) 适时点拨、有效引导。学生虽然是学习的主体，但他们所掌握的知识技能还不多，经验也有限，是处于发展中的不成熟的主体。因此，教师必须发挥主导作用，切实做好点拨引导工作。课中，教师通过指导学生评价与检测表的应用，使检测与反馈更具针对性；通过组合动作编排要求和方法的介绍，提高学生对垫上运动的练习兴趣和活动能力；通过巡回指导，提出改进建议，促进学生动作质量的提高；通过教师参与学生练习，加强师生情感的交流等方法，让每个学生学有所得、感有所悟，练有所成、创有所就。

2. 课课练——跳跃

由于鱼跃前滚翻的技术教学成分较大，因此，课中安排一定的课课练时间，一方面弥补了主教材运动负荷的不足，另一方面也有利于提高学生的身体素质。教师先让学生根据提供的方法尝试练习，然后再让学生利用场内的器材进行拓展性练习，并通过组内竞赛、组间挑战，较好地激发学生练习的热情。

(三) 结束部分

在课的结束部分，教师通过安排切合男生实际的放松练习，使学生的身心得到较好的放松，在教师的点评和激励中结束本课。

五、本课的身心负荷预计

预计本课的运动强度为35%～40%，练习强度中等；80%以上的学生对鱼跃前滚翻的技术动作有了改进和提高，并在练习中体验到了合作学习的成功与快乐。

十一年级鱼跃前滚翻单元教学流程设计

一、单元设计指导思想

根据高中《体育与健身》教材中鱼跃前滚翻的技术特点与要求，针对学生的实际，本单元流程设计把"以学生发展为本"的课程理念贯穿在整个教学中，通过优化教学的策略，把身体练习与思维活动有机结合，让学生在相互观察与分析、指导与帮助、评价与反思中感悟技术要领；通过创设自主学练和探究学习的氛围，让学生在自主学习、合作学习中掌握动作技术，养成良好的体育锻炼能力和习惯。

二、教材与学情分析

鱼跃前滚翻是高中《体育与健身》基本内容Ⅰ的教材，由蹬、跃、撑、滚技术环节组成。动作的重点是蹬地甩臂、跃起腾空、屈臂缓冲、团身滚动，难点是蹬摆的结合、跃起后的身体控制。它对学生身体调控、感知、平衡能力的提高和发挥学生的力量、柔韧、灵敏、协调素质起着积极的作用。该教材具有一定的动作难度与技术要求，对学生而言具有趣味性和挑战性，适合学生的身心特点。有助于激发学生学练的积极性。高中学生已有一定的滚翻基础，具有分析问题、解决问题的能力。因此，教师在教学中要充分发挥这些有利的因素，提高教学的效果。

三、单元学习目标

1. 身体发展目标

发展学生的灵敏、协调、柔韧和力量素质，培养良好的身体姿态。

2. 知识技能目标

掌握鱼跃前滚翻的技术、技能，提高学生观察、分析、解决问题的能力，学会创编、欣赏与评价，懂得其锻炼的价值和自我保护能力。

3. 心理发展目标

创设良好的学练氛围，激发学生的学习兴趣，增强学生的表现欲，建立学生的自信心，敢于挑战自我。

4. 社会发展目标

让学生在互帮互助、合作交流中建立良好的人际关系，体验到团结协作给学习带来成功的快乐。

四、单元流程的设计

有序地安排教学内容，体现与解决动作的重点与难点。

针对鱼跃前滚翻的技术结构，合理有效地安排教学步骤，设置教学的内容，逐步解决动作的重点与难点，实现单元学习目标，为此安排了六课次的教学流程：

第一课次：复习前滚翻，学习远撑前滚翻。重点解决蹬摆、远撑、屈臂、团身动作，让学生领悟到前滚翻与远撑前滚翻动作的异同点。

第二课次：复习远撑前滚翻，学习鱼跃前滚翻。重点解决蹬地甩臂、跃起腾空、屈臂缓冲，体现先蹬后撑，跃起腾空的技术。

第三课次：复习鱼跃前滚翻。重点解决鱼跃的高度与远度，克服学生的恐惧心理，通过由近到远、由低到高设置的标志物练习，提高鱼跃的质量。

第四、五课次：复习鱼跃前滚翻，进行组合动作的尝试练习。重点解决各环节的协调配合及身体姿态的控制，提高学生发现问题、解决问题的能力。

第六课次：鱼跃前滚翻考查，进行组合动作创编练习。让学生在欣赏与评价中解决学练中存在的问题，巩固与提高动作质量；并通过组合动作的练习，提高学生对垫上运动的兴趣。

五、安排教与学的策略

1. 重视知识、技能的传授

技术教学离不开教师传授知识技术，传授方式要根据学生的知识、技能水平，动作技术的特点进行选择，因此，教师要了解学生，熟悉教材，使自己的讲解、示范真正起到指导与引领的作用。在本单元的教学中，充分利用学生已有的知识、技能，让学生通过图例了解前滚翻、远撑前滚翻、鱼跃前滚翻的技术特点，分析提高鱼跃的高度与远度的因素以及应掌握的技术要领。教师适时指出学生学练中存在的问题、产生的原因、改进的方法，让学生知其然，更知其所以然。

2. 体现合作学习

本单元的组织形式主要以小组为单位，要让学生懂得小组合作学习的重要。师生必须明确合作学习是思维与智慧、知识与技能的碰撞，对动作技术的学习、改进与提高起着积极的作用。教学中发挥合作小组的功效，让学生相互帮助与指点，形成一人在练习，多人观察分析，及时发现问题，相互交流互动，提出练习建议的学练氛围。同时还通过开展组与组的交流、竞赛活动，让学生真正感悟到在学练的过程中时时有人关心、处处有人帮助，从而树立学习的信心，激发学生的进取精神。

3. 给学生个性发展的空间

美国著名教育家杜威曾说过：学校最大浪费在于学生学习过程中不能完全自由地运用已有经验，采用自己的方法来获取知识。我们在教学中做到将学生所要学的内容与他们的心理期望及其自身能力结合起来，提供多种练习方法供学生选择，满足他们的心理需求。具体体现在：① 教师提出练习的建议，让学生有选择性地安排练习；② 学生根据学习的目标，动作技术的要领，利用现有的器材，设置练习的方法；③ 给学生与小组以展示的空间，把学习的主动权还给学生，给学生发展个性的空间，教师尊重和信任学生，重视学生的情感体验，激活学生自主学习的积极性。

4. 体现评价的功效

在学习过程中对学生的学习行为给予恰当的评价与激励，可以激发学生学习行为，强化主动学习意识。对学生技术的评价能发现学练中存在的问题，引导学生改善学习态度，改进学习方法，同时也是对教与学效果的反馈。因此，在本单元的设计中体现了：① 对每课次的教学予以评价，师生共同了解教与学的效果；② 教师提示学生的观察点，让学生对学练的动作给予即时性的评价；③ 教师提供评价检测表，让学生相互评价与检测动作的质量；④ 组建学生评价小组，协助教师对学生作出考核评价。让学生在互评中了解自己的学习效果，使学生真正地了解自我、驾驭自我、提高自我。

体育课说课教案
——课的设计

合作互动　检测反馈　改进提高

一、指导思想

通过创设合作学习的氛围，让学生在合作互动中相互指导，相互促进，建立良好的人际关系，体验合作学习带来的成功快乐；通过安排学生相互之间的观察与分析，检测反馈，提高善于发现问题、解决问题的能力；通过以小组形式进行的组合垫上动作尝试与创编，发展学生的个性特长，提供自我展示的机会，满足学生心理发展的需求。

二、对教材与学情的分析

本课是鱼跃前滚翻的第四、五课次，教学内容是改进与提高鱼跃前滚翻动作与尝试垫上组合动作练习，教学重点是蹬、跃、撑、滚动动作的协调配合和身体姿态的控制，教学难点是动作组合的衔接。通过前几次课的练习，学生已基本掌握了鱼跃前滚翻的技术，而且具有一定合作、自主、探究的学习能力，但由于个体的差异，某些方面还存在不足和问题。

三、对教学过程的设计

学生已体会到合作小组的学习方式带来的信心与成功。

1. 合作互动，相互促进

为了使学生进一步认识体育教学中合作学习的重要性，教师在本课的准备活动中，安排了“齐心协力”游戏，由两人的配合发展到多人的配合，让学生领悟彼此相互协作，动作协调一致，才能取得成功的道理；在鱼跃前滚翻教学中，通过发挥小组合作学习的功效，让学生的思维与智慧、知识与技能相互碰撞，改进与提高技术；在组合动作练习中，给学生自我设计、相互交流的时机，把小组编排的动作通过展示让大家共享，达到合作互动，相互促进的效果。

2. 在检测中发现问题，反馈后改进提高

让学生开展相互评价与检测，不仅能较好培养学生发现问题的能力，而且也是让学生对动作技术再认识、再领悟的过程，更重要的是学生通过相互反馈，增强协作意识，对学生动作技术的改进与提高起着积极的作用。因此，教师根据鱼跃前滚翻的动作技术设计检测表，让学生以小组为单位，相互检测与评价，并将检测结果反馈给学生，使大家能明确各自存在的问题，并利用现有器材进行改进与提高，最后再次予以检测与评价，检查改进的效果。

3. 适时点拨、有效引导

学生是学习的主体，但由于他们所掌握的知识技能还不多，教师必须切实做好点拨引导工作。在课中，教师通过指导学生评价与检测表的应用，使检测与反馈更具针对性；通过对组合动作编排要求和方法的介绍，提高学生垫上运动锻炼的知识和能力；通过巡回指导，提出改进建议，特别是通过对学习困难学生的重点帮助，促进动作质量的提高。使每个学生都能感有所悟，学有所得，练有所成。

××中学体育课时计划

<table>
<tr><td>年级</td><td>高二</td><td>人数</td><td>36</td><td>日期</td><td></td><td>执教</td><td>×××</td></tr>
<tr><td>班级</td><td>1.2</td><td>班级形式</td><td>男生合班</td><td>周次</td><td></td><td>课次</td><td></td></tr>
<tr><td rowspan="2">内容主题</td><td colspan="3" rowspan="2">1. 鱼跃前滚翻 6——4、5
2. 课课练——跳跃素质练习</td><td>重点</td><td colspan="3">各环节的协调配合，动作的节奏与姿态</td></tr>
<tr><td>难点</td><td colspan="3">善于发现问题、解决问题，组合动作的衔接</td></tr>
<tr><td>学习目标</td><td colspan="7">1. 发展学生的灵敏、柔韧协调等身体素质，培养学生良好的身体控制、平衡能力
2. 通过思与练、议与创的有机结合，提高鱼跃前滚翻、摆、跃的动作质量和组合动作的创编能力
3. 培养学生相互合作、相互帮助的集体主义精神和积极锻炼、勇于进取的意志品质</td></tr>
</table>

续表

课序	时间/min	教学内容	运动负荷			教与学的策略与方法	组织队形
			次数/次	时间	强度		
开始部分	1	1. 体育委员整队，汇报出勤情况 2. 师生问好 3. 教师宣布课的目标与任务 4. 安排见习生				1. 教师做好常规检查 2. 学生集队做到快、静、齐 3. 明确课的目标与要求	* ▲
准备部分	7	1. 队列队形练习 2. 徒手操 (1) 头颈关节运动 (2) 肩腰伸展运动 (3) 团身抱膝运动 (4) 蹬地摆臂运动 (5) 腕、踝活动 3. 游戏：齐心协力	4×8	2 min 2 min 2 min	中 中 中	1. 教师讲解跑动的路线与要求 2. 动作整齐、精神饱满 1. 教师演示动作 2. 学生按动作要求练习 1. 教师讲解游戏的方法与规则 2. 两人或多人的配合练习 3. 小组比赛	▲ □ □ □ □ □ □ □ □ 要求： 动作有力 精神饱满
基本部分	24	一、复习鱼跃前滚翻 1. 复习前滚翻分腿起、后滚翻直腿起	5	30 s	中	1. 教师提出练习要求，体现：滚动快、推手及时、腿伸直 2. 学生分组练习 3. 学生相互指导，改进提高 4. 教师适时指出存在的问题	□ □ □ □ □ □ □ □ □

续表

课序	时间/min	教学内容	运动负荷			教与学的策略与方法	组织队形
			次数/次	时间	强度		
基本部分	24	2. 复习鱼跃前滚翻	8	1 min	中	1. 教师讲解鱼跃前滚翻的技术要领，重点阐述易犯的错误，提出练习要求 2. 学生分组练习，体现：观察分析、相互帮助、改进提高 3. 教师适时给予小组指导	要求： 体现相互指导 身体配合协调
		3. 小组评价与检测		3 min	中	1. 教师讲解评价与检测表的应用方法 2. 各组按评价表相互评价 3. 做好记录并相互交流反馈 4. 学生根据各自存在的问题改进练习 5. 再次评价，检测改进的效果	要求： 善于观察分析 及时发现问题 改进手段有效
		4. 小组探究练习		2 min	中	1. 教师提示1～2种练习方法 2. 学生尝试练习 3. 小组创设多人配合下的鱼跃前滚翻练习 4. 小组组合动作的设计与练习	要求： 注意相互配合 敢于挑战自我 发挥集体智慧 创编合理组合

续表

<table>
<tr><th rowspan="2">课序</th><th rowspan="2">时间/min</th><th rowspan="2">教学内容</th><th colspan="3">运动负荷</th><th rowspan="2">教与学的策略与方法</th><th rowspan="2">组织队形</th></tr>
<tr><th>次数/次</th><th>时间</th><th>强度</th></tr>
<tr><td>基本部分</td><td>5</td><td>二、课课练——跳跃</td><td></td><td>3 min</td><td>大</td><td>5. 教师适时指导
6. 小组交流，改进与提高

1. 教师提示练习方法
2. 学生分组练习
3. 各组自我设计跳跃练习方法
4. 个人、小组根据实际，逐渐增加难度，进行挑战练习</td><td>□ □ □ □
□ □ □ □
□ □ □ □
□ □ □ □
要求：
注意安全
相互激励</td></tr>
<tr><td>结束部分</td><td>3</td><td>1. 放松练习
2. 教师讲评
3. 布置回收器材
4. 师生再见</td><td></td><td>1 min</td><td>小</td><td>1. 引导学生放松肌肉和身心
2. 师生互评
3. 提出更高的要求与希望
4. 小组归还器材</td><td>————
————
————
————
▲</td></tr>
<tr><td rowspan="3">场地器材</td><td rowspan="3">1. 18 块垫子
2. 有关标志物</td><td>安全保障措施</td><td colspan="3">1. 合理的场地布置
2. 做好准备活动
3. 课中的安全教育</td></tr>
<tr><td rowspan="2">预计运动负荷</td><td colspan="2">练习密度/%</td><td>强度</td></tr>
<tr><td>全课密度
40</td><td>内容主题
26</td><td>中上</td></tr>
<tr><td>课后小结</td><td colspan="5"></td></tr>
</table>

示例 8-6

××市中小学体育教师“四课”综合评价标准

一、主题:内容主题和对象的分析准确、见解独到,目标准确、适当、可测,体现层次性和连续性(单元、课次)。内容组织严谨、联系实际,重点、难点的确定恰当、措施得当。

二、教学方法:教法、学法选择切合实际、整体性强。教学手段运用适宜、有效,学练安排合理,活动推进回应目标。

三、设计流程:有新的教育理念,教学过程与学习目标的关联性强、教学内容和课的结构安排合理,运动负荷预计恰当,组织教学各环节整体设计紧凑、学生活动充分,体现以学生发展为本的指导思想。

四、教师素养:文本规范、简洁、实用、教态亲切、自然,资源使用合理,问题事件应对灵活。

五、教育技术:技术运用熟练、正确、恰当、生动课件制作形象、生动、直观、有创意。

思考题

1. 实施新课程标准后体育课备课过程应注意哪些问题?
2. 比较体育实践课教案、体育理论课教案与说课稿的异同点。
3. 怎样理解上课与说课的区别?

作业题

1. 简述制订教案(课时教学计划)的方法与步骤及注意事项。
2. 自选一个理论课讲课题目写出开场白及结束语。
3. 选择一个高中教材内容分析该教材的重点及难点。

第九章　体育教学评价

本章提要：

本章分析了评价体育教学的特点、功能，介绍了评价体育教学的实施流程，评价体育教师教学质量的内容、指标体系和评价方法，重点阐述了评价学生体育学习的内容、基本要求，以及评价学习的类型和方法。

第一节　体育教学评价概述

体育教学评价是以教学目标为基准，运用科学的手段对教学过程及其结果进行的价值判断并为教学决策服务的活动。对体育教学评价的范围包括教师和学生，既是对学生体育学习能力和学习成绩作出评价的过程，也是对体育教师的教学能力和教学效果进行评价的过程。对体育教学的评价是当前学校体育教学改革的一个重要内容，从体育教学计划的制订到体育教学过程的实施，都必须考虑对体育教学的评价工作。

一、体育教学评价的特点

体育教学评价是教育评价理论在体育教育中的应用，但由于体育教学过程本身的特殊性，使得体育教学评价又不同于一般的教育评价，因此，在体育教学评价过程中应注意体育学科的特殊性。

（一）体育学习效果受先天差异影响较大

由于受遗传因素影响，学生在身体与技能方面的先天差异较大，在体育学习过程中，学生的学习效果与学生努力程度，从横向比较来看，往往不成正比。例如，身体素质较好的学生可能不需要太多练习就能取得好成绩，而身体素质相对较差的学生无论如何努力，也赶不上身体素质较好的学生的体育成绩。

（二）体育学习评价视角的多样性

体育教学评价能反映出体育教学活动的各个方面：教育、教学思想，学科教育的目标，体育教学手段方法，体育教学管理等。因此，体育教学评价涉及的面广，综合了教育学、心理学、统计学等学科的知识，评价的内容指标体系庞杂，评价的手段与方法不一。

（三）体育教学评价的即时性

在体育教学过程中学生的学习行为具有很强的外显性和即时性，如学生完成技术动作如何，同学们都看在眼中，实际上是正式或非正式地被即时评价，而教师也需要即时反馈学生掌握技术的情况，指出需要改进之处。

（四）客观因素对体育教学评价结果的影响

体育教学多在室外进行，受季节、天气状况影响较大，另外学生的身体状态、考核时间、场地器材条件等都会对评价结果产生影响，甚至会影响评价的公平、客观。

二、体育教学评价的功能

（一）诊断功能

诊断功能是对体育教学结果及其成因的分析能力，借此可以了解体育教学各个方面的情况，从而判断体育教学的成效和不足、矛盾和问题。具体表现在：可以诊断学生整体、个体存在的学习问题，从而使教师在教学中有目的地调整自己的教学策略；可以诊断教学中的不足，以便教师有针对性地修正有关内容，改进不足，提高教学水平；此外，在学期、学年前予以诊断，还可以帮助教师对学生进行分组教学。

（二）激励功能

教学评价具有激发动机的功能。正确、公正的评价，尤其是肯定的评价可以进一步激发和提高师生的学习兴趣、工作热情，提高他们的积极性和主动性。否定的评价，其积极性会有某种程度低落，但往往会使师生看到自己的不足，与别人的差距及其原因之所在，以便对症下药，及时矫正。

（三）调控功能

体育教学评价的调控功能表现在对教师的“教”与学生的“学”的调节与控制上，使教学过程成为一个随时得到反馈调节的可控系统。体育教学评价的结果为体育教师和学生提供反馈信息，使他们及时了解教和学的情况，发现体育教学过程中存在的问题，为调整体育教学活动的内容和形式提供依据。体育教师可以据此修订教学计划，改进教学方法；学生可以据此调整学习策略，改变学习方式。

（四）导向功能

教学评价具有引导评价对象朝着理想目标前进的功能。主要通过设置评价指标等方式指明教学工作的方向，评价后的反馈也为体育教学的决策和改进指明了方向。

三、体育教学评价的流程

体育教学评价实施是个系统的工作，具体流程包括以下几个方面：

（一）确立体育教学评价的依据

体育教学评价的依据主要有以下几个方面：一是社会和教育对体育课程的要求，具体体现在《体育（与健康）课程标准》中有关体育课程性质和基本理念，以及对人才的要求等；二是相关学科知识，根据教学过程基本规律、教学原则、教学方法等理论，遵循人的生理、心理活动规律，才能制订出科学的评价标准，才能更好地指导评价实践；三是要从评价对象的实际出发，考虑其总体的状态和水平，才能引导和激励评价对象，朝着体育教学目标方向发展，促进评价对象总体水平的提高。

（二）确立体育教学评价的主体与客体

体育教学评价的主体与客体是指在体育教学评价过程中，由谁来担任评价者——主体；来评价什么——客体，客体可能是人（体育教师、学生、相关管理人员），也可能是体育教学过程。主、客体之间在不同情况下也可能发生相互转变。

1. 体育教学评价实施者（主体）——谁来评

体育教学的双方是学生和教师，因此，学生和教师都是体育教学评价的主体，对教师的“教”、学生的“学”，以及体育教学过程的评价，担当着评价者的角色。除此之外还可以是职能部门管理人员，乃至家长和社会代表，但他们毕竟不是体育教学过程的全程参与者，在客观性、准确性方面只能有一般的参考意义。

体育教学的评价基本上是由教师来承担的，所评价的客体主要是学生的体育学习，同时学生对体育学习也可以予以自我评价和相互评价，可以作为教师评价学生学习的参考。学生是教学活动的参与者，有亲身的体验，对评价教师的教有一定的发言权。

2. 体育教学评价的对象（客体）——评价谁、评价什么

在对体育教学不同层面给予评价时，教师与学生，以及学校体育相关职能部门的管理人员担任双重角色，既是评价的主体，也是评价的客体，即评价的对象。在实践中，对学生学习的评价往往是体育教学评价工作的重心。

(三) 制订体育教学评价的标准和指标体系

评价标准是对所评价对象的功效的数量和质量作出价值判断的准则，体育教学评价标准是评价体育教学实际达到指标的程度的具体要求，是通过参照一定标准来判断测量结果，并赋予这种结果以某种意义的过程。评价标准是否恰当，关系到评价工作的效果，关系到整个体育教学评价工作的科学性和方向性。常用的标准有三种：

1. 目标参照标准(理想标准)

把目标(含总目标、分目标)变为可测量的、具体的指标，通过测量获得数据，然后运用统计方法加以处理，就可以制订出标准，这个标准就叫目标参照标准。普遍应用于学生是否充分掌握了某门课程相关教学单元的全部知识，是否达到一个事先确定的目标。学生的测验结果只与既定的目标相比较，凡达到目标的学生，即被认为合格。

2. 规范标准(比较标准)

规范标准是借助于标准化测量程序和统计方法以及各种评价量表而制定的规范化的评价标准，又称比较标准。规范标准的目的在于鉴别学生对知识掌握的不同程度，测验结果是在学生所得分数的相互比较中加以解释和理解其意义的。这类评价标准可以准确而客观地描述个体水平及其在群体中所处的位置，同时也可以用于个体或群体之间的比较和评价。

3. 个体标准

个体标准是以同一个人在不同状态下(或不同时期)的各种指标加以比较为基础，是相对于自身的状态、相对于时间变化而言的。

(四) 收集体育教学评价的信息

体育教学评价的信息是进行评价的依据，收集信息的方法通常有：

观察法。在体育教学评价中，教学的气氛、师生活动、教师的示范，等等。只有通过深入课堂、实地观察方能掌握真实情况，为作出中肯评价提供可靠依据。

问卷法。它是通过书面形式予以评价的，因而具有自身的诸多鲜明的特点和其他方法不能替代的作用，在问卷的编制和实施方面也有较为严格的要求。

测验法。是通过考试、级评和达标等形式收集学生的体育学习反应、学习行为，是有组织、有计划、针对性较强的定量化获取体育教学信息的工具。这种方法应用最为广泛,测验的内容主要有体育理论知识的测验、体质健康达标的测验、运动技术的测验、身体素质的测验、运动成绩的测验等形式。

文献法。是通过查阅与评价对象有关的文字记载材料来收集评价资料的方法。如收集体育教学计划、教学进度表、体育教师的教案、学生的体育成绩考核记录,等等。

(五) 整理判断体育教学评价结果

在收集与体育教学评价结果相关的资料后要及时加工、处理,并对结果予以判断,并及时反馈评价结论、意见或建议。

(六) 体育教学评价过程的监督

体育教学评价的监督是指对体育教学评价过程、环节的监视、督促与管理,使体育教学评价的结果能达到预定的目标。在体育教学评价监督中应注意:是否有健全的评价体制,包括要有健全的评价组织体系和科学合理的评价依据,体育教学评价手段是否单一,体育教师对学生的评价是否严谨,学生对体育教师的评价是否客观,学生的自评和互评是否具有可操作性。

第二节　体育教师教学质量评价

体育教师教学质量评价的目的,是通过客观、公正、及时、可靠地评定教学工作的质量和效果,发现教学活动中的优点和不足,提供具体、准确的反馈信息以帮助教师改进教学工作,促进教师自身的发展和教学水平的不断提高。

一、体育教师教学质量评价的内容

课堂教学是教学工作的中心环节,也是教学评价的重点,体育教师教学质量集中在体育课教学上,其具体内容一般包括以下几个方面:

1. 教学目标

体育教师的教学指导思想是否与学校体育目标一致,是否贯彻课程标准基本理念;是否紧紧围绕体育教学目标,并与《体育与健康课程标准》及相关教学文件要求一致。

2. 教学内容

主要包括体育教学内容的选取是否合理、重点与难点的处理是否恰当、练习的难易程度如何等方面。

3. 教学组织

主要包括教学环节设计是否合理、教师组织指挥是否严密、管理是否有序、课堂教学效率怎样等方面。

4. 教学方法与技巧

主要包括教学方法及手段是否合理、师生间的交流和关系如何、学习方法的指导以及教学艺术怎样等方面。

5. 教学效果

体育教学目标是否达成，学生是否掌握教学内容、发挥学习积极性和主动性；能否激发和保持学生对运动的兴趣以及促进学生体育锻炼习惯的形成。

以上评价主要是针对课堂教学进行的，对体育教师教学的评价包括对教师专业素质的评价，即教师职业道德、教学能力和教育科研能力三个方面。主要包括体育教师敬业乐业精神及对学生的热爱和尊重，教师是否学习相关教学前沿理论知识，并在实践中发现问题，用先进的教学理念指导体育教学，以及开发和运用体育资源的能力等。

二、体育教师教学质量评价的指标体系

体育教学评价指标体系由反映评价内容的指标及其评价标准和量化符号构成，其主体框架是指标。体育教学评价指标体系的建立关系着评价是否客观、切合实际，能否作出科学、准确的价值判断，关系着体育教学评价工作的成败。

制订体育教师教学质量评价指标体系是一项复杂的工作，评价标准要简单明了，太过复杂的标准不利于操作。同时，评价标准有适用范围，只适用制订标准的样本所代表的这个总体。随着时代的发展，教师的工作能力和水平也在发展变化，一种标准制订后不可能一劳永逸，必须定期予以修订，在一般情况下，一种标准只适用五年左右。

制订评价指标体系是把评价的目标具体化，使评价目标变成能够测量的具体量表和尺度。随着对评价对象的宏观评价逐步细化到微观评价，评价的指标体系也逐步扩展，由一级指标到各个一级指标的分支——二级指标，再到二级指标的分支——三级指标。指标的分层根据评价的需要设定，指标总体应反映体育教学的目标，如图 9－1。

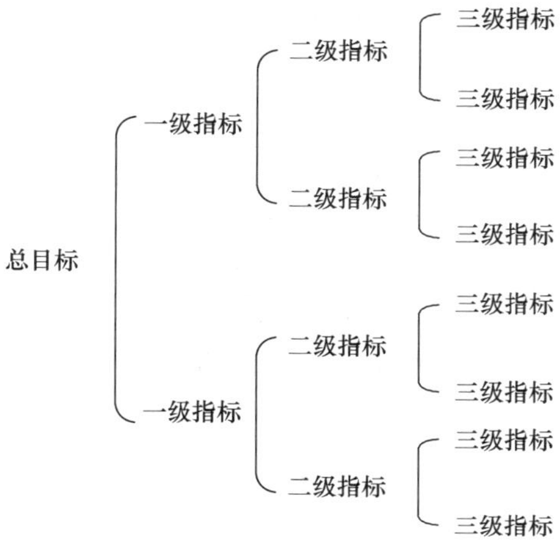

图 9－1 体育教学评价指标体系的框架

根据指标的性质特征，可以分成不同种类：从达标水平看，有必达指标与期望指标两类。必达指标的设置应充分考虑课程标准的基本要求和评价对象的实际情况；期望指标的设置应有超前意识，要充分考虑其对评价对象所产生的激励和导向作用。从指标的精确度来看，有硬指标和软指标。硬指标是指达标要求是固定的、精确的指标，包括实物、证件、统计数据、静态资料等。软指标是指达标要求伸缩性较大、不精确的指标，常采用定性分析评价。不同种类指标间常出现交叉现象，如某些必达指标，同时也是硬指标。

各级指标可以根据评价内容的重要程度对其实施定量的赋值，计算权重，制订定量评价表。在量表的制订中要注意量表的实用性及可操作性，不宜过于复杂、零碎。表 9－1 为体育教师教学质量评价指标体系的示例，仅供参考。

表 9－1 体育教师教学质量评价指标体系

一级指标	二级指标		三级指标及评价标准
体育教学质量	课前准备	0.2	1. 备“学生”：对学生情况较为了解（以学生体育能力水平、年龄、性别比例、身心发展特点等作为选择教学内容、教学方法的依据） 2. 备“内容”：根据学校教学条件及学生情况选择合适的教学内容 3. 备“场地”：充分利用学校现有的体育教学条件，结合课程资源开发，实现为学生体育学习服务最大化的可能，并注意学生的生命安全

续表

一级指标	二级指标		三级指标及评价标准
体育教学质量	教学内容	0.15	1. 教学内容符合学生的年龄特征(体质、心理方面) 2. 教学内容较为全面,学生有选择的余地 3. 教学内容较为新颖,新兴体育运动项目与民族传统体育运动项目相结合 4. 教学重点、难点突出
	教学方法	0.2	1. 体现教师主导与学生主体地位,在教师的指导下,学生积极主动地参与体育活动 2. 教学方法科学合理,讲解清晰明了,示范正确、美观 3. 在教师指导下,学生学法合理有效 4. 教学步骤清晰有序 5. 教态良好,具有体育美的感召力
	教学组织	0.15	1. 能够根据学生情况组织教学 2. 能够反映教学内容学科体系的逻辑性 3. 能充分利用有限的课堂时间,组织快捷有序高效的教学 4. 教学密度、运动量、运动强度安排合理
	教学效果	0.3	1. 能完成预期教学目标 2. 学生能积极主动参与体育活动 3. 学生能掌握相应的体育知识、技术,培养一定的技能 4. 学生体育兴趣稳定,并乐于课后体育锻炼,从而达到终身体育目的

三、体育教师教学质量的评价方法

1. 教师自我评价

教师自我评价是通过课后反思来分析问题与不足,并及时进行总结的过程。可以对照教案衡量整个体育教学过程是否实现了体育教学目标,也可以通过对比学生前后的变化、听取学生意见等手段予以评价。教师既要以每节课后在教学日志或教案上作简要评述的方式进行经常性的自我评价,也要在每学期进行若干次的阶段性自我评价上,对每学期、每学年进行总结性的自我评价,并根据评价和总结对自己提出新的要求。

2. 同行专家评价

体育教学评价是一项专业性强的工作,需要专门的学科知识来保证评价的信度和效度,同行专家评价是一种扎根于教学实践的评价,能够扩展和加深评价内容,揭示教学中的实质问题,结果的可信度很高,具有较强的权威性，能提高评价的信誉程度。同行专家评价还有利于教学评价与教师专业发展密切结合，突出了评价的诊断、调节和激励功能，促进全体教师的专业成长。同行专家评价多采用“公开课”、“观摩课”、“评议课”的形式。

3. 学生评价

学生是体育教学的直接参与者，体育学习的主体，对教师的教学态度、业务水平、教学行为和能力等方面都有感性的认识，在一定程度上了解教师教学中的优、缺点有一定的发言权。学生对教师教学的评价是现代教育理念倡导和重视的评价方式，通常采取学生评教、评课、反馈、建议和要求等方法。

第三节　学生体育学习评价

体育教学的终极目标是培养全面发展的人，教师的教学质量具体体现在教学过程中学生的学习上，因此，对学生学习的评价是体育教学评价的核心。对学生体育学习的评价是对学生学习进程、学习效果的一种评判，它既包括对学习进程的诊断判定，又包括对学习结果的评定。通过对学生学习的评价，了解学生的体育学习情况与表现，以及达到学习目标的程度；为学生提供展示自己能力、水平、个性的机会，培养学生正确认识和评价自己及他人的能力。

一、学生体育学习评价的内容

对学生体育学习评价的内容，主要包括身体素质和运动能力、运动技能水平、体育和保健知识、学习和进步程度、运动精神、体育学习态度等方面。

（一）体育基础知识

体育基础知识学习评价，包括考查学生对体育与健康的认识，体育与健康对于人、社会的价值和重要性，是否懂得科学锻炼的方法，相关体育运动项目知识与运用能力，有关健康知识的掌握与运用情况等。从某种程度上讲，体育认知决定着学生体育学习的态度与动机水平，因此，对学生进行体育基础知识学习的评价不可忽视。

（二）身体素质和运动能力

增强学生体质是学校体育的本质功能，运动能力是学生体育学习结果的展现。学生身体素质的增强和运动能力的提高能极大地鼓舞学生的体育兴趣，增进其学习动力，体验体育乐趣，为终身体育打下坚实基础。身体素质和运动能力的评价维度主要包括：各级达标测验项目的评定，运动技术、战术水平，身体素质达到的水平与进步幅度等。

依据我国学校体育要贯彻“健康第一”的指导思想，并考虑到目前学生的健康现状，体育与健康课程标准将体能作为中学生学习成绩的评定内容之一，更强调对与健康有关的体能予以评价，如心肺耐力、柔韧性、肌肉力量、肌肉耐力等。由于不同性别、年龄以及不同地区学生体能存在差异，体能评价可根据体育课程相应水平的体能发展目标与内容框架，选择几项体能指标予以评定。同时，应结合学生个体基础与进步幅度，参照《学生体质健康标准》，作出体能成绩评定。

(三) 学习态度与情感

体育学习态度与情感是奠定学生终身体育基础的原动力，是体育学习评价的重要内容。体育学习态度与情感评价维度主要有：主动参与体育的表现，体育运动中的自信心表现，情绪调节、体育意志力表现，体育运动中合作交流表现等。学习态度与情感评价可以通过两种途径来评价：一是记录学生体育课的出勤率，二是观察记录学生单位时间内参与体育活动的频率以及心理表征来判断。

(四) 学习能力

学习能力是指获得行为的能力、才能或行为的倾向，简称学力。学力包括对新知识、新技能的接受认知能力以及课下的自我锻炼能力，可以根据接受知识、技能的快慢及程度给予定性的评价。学力评价的目的是了解学生体育学习能力状况及个性差异。

二、学生体育学习评价的类型

根据评价在教学活动中发挥作用的不同，可分为诊断性评价、过程性评价和总结性评价三种类型。

(一) 诊断性评价

诊断性评价是指在教学活动开始前，对学生的学习准备程度作出判断，以便采取相应措施使教学计划顺利、有效实施而作出的测定性评价。

诊断性评价，一般在课程、学期、学年开始或教学过程中需要的时候进行。其作用是确定学生的学习准备程度，安排学生进入适当的学习群体。

(二) 过程性评价

过程性评价也称为形成性评价，是在教学过程中为调节和完善教学活动，保证目标得以实现而作出的确定学生学习成果的评价。过程性评价的主要目的是改进、完善教学过程，它有助于及时了解学生学习的进展情况、存在的问题，以便及时反馈和有效调整教学过程，促使学生有效地学习和不断地进步。过程性评价通常在教学过程中和单元学习结束后进行。

(三) 终结性评价

终结性评价是在教学活动结束时作出的一次性评价，以判定最终的学习成果，并作出成绩评定，如期末的考核、考试等。目的是考查学生是否达到了相应的教学目标，注重的是教学的结果。

终结性评价与过程性评价的区别在于所要达到的预期效用，以及用来收集评价数据的测试内容试图达到的概括水平不同。终结性评价简便易行，能作出准确判断，但终结性评价对学习反馈具有滞后性，对学习进程的激励促进、提高学习效果和帮助学生改进学习方面有局限性。过程性评价不易操作，难以准确评定学生学习结果，但过程性评价对教学的反馈、修正作用方面具有终结性评价难以替代的作用。而且，在体育教学过程中，一些评价内容(如学习态度、情感表现等)需要在“过程”中给予评价，如果都放在学期末评价则会失去应有的价值。因此，体育学习评价环节的改善，有赖于我们对过程性评价的重视和有效运用。

三、学生体育学习评价的方法

(一) 定量评价与定性评价

学生体育学习的定量评价是通过计时、计量对外显性行为进行测量与评价，具有客观化、标准化、精确化、简便化等鲜明的特征。该方法能起甄别和选拔的作用，比较适合于对学生体能和运动技能的评价。但定量评价往往只关注可测性的品质与行为，忽略了那些难以量化的重要品质与行为，有些内容勉强量化后，只会流于形式，并不能对评价结果作出恰如其分的反映。

定性评价是对学生平时的表现、现实和状态的观察和分析，作出定性结论的价值判断，如评出等级、写出评语等。定性评价强调观察、分析、归纳与描述，更加关注对个体独特性作出“质”的分析与解释。但是，定性评价往往使评价结果模糊笼统，弹性较大，难以精确把握。

体育与健康课程将目标定位在增强学生身体、心理和社会适应等整体健康方面，如果仅仅采用定量评价方法显然不能反映学生达成学习目标的情况。因此，要把定量评价与定性评价相结合，对某些可量化的因素作出定量评价之后，再对不能量化的因素作出定性评价，对某些因素适时量化后得到的结果作出定性分析。

（二）绝对性评价与相对性评价

绝对性评价是用目标参照性测试，对学生成绩作出评定。即以预先制定的目标为评价基准，将评价对象与之比较，确定评价对象是否达到目标基准绝对位置的评价。目标参照性测试通常是依据教学目标或课程标准来测量学生学习成绩，判断学生是否达到了要求。绝对评价可以促使学生主动学习，并根据评价结果及时发现差距，及时调整。

相对性评价是用常模参照性测试对学生学习成绩作出评定。即在评价对象群体中建立基准，然后把该群体中的各个评价对象逐一与基准加以比较，以判断每一个评价对象的相对优势。利用相对评价可以了解学生之间的差异，便于比较个体学习成绩的优劣，便于学生在相互比较中判断自己的位置，激发竞争意识。不足之处在于基准会随群体的不同而变化，评价标准未必能反映教学目标的要求，因而，在为改进教学提供依据方面有局限性。

（三）个体内差异评价

个体内差异评价是以评价对象自身状况为基准，对评价对象作出价值判断的评价方法。在这种方法中，评价对象只与自身状况加以比较，包括自身现在成绩同过去成绩的比较以及自身不同侧面的比较（如将学业测验结果与智能测验结果相比较，根据二者的相关程度确定学生的努力程度等）。

个体内差异评价法比较充分地照顾到学生的个性差异，但它只是使评价对象与自身状况进行比较，既不是按照一定客观标准作出评价，亦无评价对象间的相互衡量，容易导致信度降低，学生自我满足，因此常与绝对评价、相对评价结合使用。

四、学生体育学习评价的基本要求

（一）评价内容体系要全面，具有可选择性

对体育学习的评价，尤其是对学习效果的评价，必须以学习目标是否达成作为其衡量的重要依据。体育学习的目标一般包括认知、技能、情感和社会性发展，以及身体发展等几个方面，而这几个维度的目标在建立具体评价指标体系时再予以细分。评价不仅要把内容重心放在身体素质、运动能力和技能的考评上，还要包括体育态度、体育意识、合作精神等体现情感学习目标的有关内容，它不仅是体育教学目标的重要组成部分，从学习的深层动力机制上影响着学习过程与结果，而且还对学生终身体育意识和运动习惯的养成等方面的发展产生很大的影响。

全面评价学生的体育学习主要表现为：既评价学生在体育课中学习运动知识和技能的情况，又评价他们在体育活动中的具体表现；既评价学习的结果，又评价学习的过程；既评价学生在体育课程学习中的能力因素，又评价其情感因素等。通过全面地评价学生，不仅能提高学生的体能和运动技能水平，而且还能完善和健全学生的人格品质。

在确定对体育学习评价的内容时，既要注意其评价内容的全面性，也应给予学生一定的选择权，即在某些评价内容（如运动技能等）上，学生可以选择自己所擅长的项目参与评价，使其有更多机会获得成功的体验。

（二）学习评价内容与教学内容统一

学习评价内容和教学内容相一致有利于发挥评价的诊断、导向、激励等功能。要防止考核评价的内容同教学内容及其过程脱节的现象，如学生大量学习的内容是运动技术、技能，但在考核评价时，却把对身体素质的考核放在主要的位置；或有一些项目内容只教不考，只教不评，或者与此完全相反，考什么就教什么。这种考核评价内容与学习内容及过程的脱离，或者变相的“一致”都不利于体育学习要素的优化，不利于发挥考核评价本身对体育学习的正面促进效应。

（三）评价方法要关注学生的个体差异，关注学生的进步与发展

学生在体育课程的学习过程中无论是在体能、技能、兴趣等方面都存在明显的个性差异，用统一标准评价学生，势必会抹杀学生的个性，挫伤部分

学生学习的积极性。在对学生进行体育学习评价时，要关注学生之间的个体差异，尤其要关注在体能和运动技能方面较为低下的学生，注意保护他们体育学习的积极性。要采取多种方式，不仅要评价学生学习的最终结果，而且要关注学生在学习过程中的行为表现，尤其要关注学生在学习中的进步和发展，培养学生的自尊和自信，把着眼点放在学生的发展上，让学生发现自己的进步，不断获得成功的体验。在评价结论呈现方式上要尽可能突出学生学习的特长与优势，对不同的学生根据其自身特点给出个性化的评价结论并提出以后努力的方向。

(四) 实现评价主体的多元性

学习评价的目的是为了每一个学生的健康发展，为学生提供展示自己能力、水平、个性的机会，并鼓励和促进学生的进步与发展。因此，在进行体育学习评价时应将教师评价与学生自评、互评结合起来，既强调教师对学生作出的外部评价，也强调让学生参与到评价中来，成为评价的主体。让学生对自己学习情况作出评价，学生互相之间作出评价，还可以让家长参与到评价中来等，从而实现学习评价主体的多元化。这样做一方面可以减少体育教师单方面评价的片面性，保证体育课程学习评价结果的公正性；另一方面还可以发挥学生的主观能动性，培养他们正确认识和评价自己与他人的能力，了解体育教学目标及教学要求，促进学生的进一步发展。

思考题

1. 结合学校体育实际阐明体育教学评价的特点。

2. 比较绝对性评价、相对性评价、个体内差异评价方法的优、缺点及其适用范围。

3. 根据学生年龄、学段特点，体育学习成绩评定方法应有何不同？

作业题

根据体育教师教学质量评价内容，结合见习（观摩课），完成一份书面分析。

第十章　课外体育活动

本章提要：

本章阐述了课外体育活动的形式与特点，校园体育社团的特征和体育社团组建、运作的指导。介绍了学校大型体育活动策划的步骤与内容，以及编制大型体育活动计划书的方法。阐述了课外体育活动实施的制度安排与跟踪管理。

第一节 课外体育活动的形式与特点

一、课外体育活动的地位

课外体育活动是实现学校体育目标的基本途径之一，与体育课相互配合，共同为学校体育整体目标服务。体育课教学为课余体育活动开展奠定一定的身体与技能基础，指导并促进课余体育活动的开展；课外体育不仅可以巩固提高体育课教学的成果，而且学生在课外体育活动中的发展，又将增进体育课教学的效果。课内外结合，可以把传授体育知识和技能同养成体育锻炼习惯结合起来；把发挥教师的主导作用同发挥学生主动性、创造性结合起来；把学生共性发展同个性发展结合起来。

课外体育活动也是培养学生善于利用余暇的一种有效方式。通过多种多样、丰富多彩的课外体育活动，使学生能够合理地安排余暇，发挥自己的爱好、特长，发展自己，锻炼自己，完善自己。这种好的习惯一旦形成，将来走上社会，步入工作岗位时，也仍然会坚持下去，受益终生。

课外体育历来受到党和政府的高度重视，早在 1951 年政务院通过的《关于改善各级学校学生健康状况的决定》中就明确规定：学生每日体育、娱乐活动或生产劳动时间，除体育课及晨操或课间操外，以 1 小时至于小时半为原则。1954 年颁布并实行《劳卫制》，1964 年国务院批转教育委、国家体委、卫生部《关于中小学生的健康状况和改进学校体育、卫生工作的报告》，都将课余体育活动推向一个新阶段。1982 年教育部发出的《关于保证中小学生每天有 1 小时体育活动的通知》，明确要求学校开展多种形式课外体育活动，保证每个学生每天有 1 小时以上的体育活动。1990 年颁布的《学校体育工作条例》、《大学生体育合格标准》、《中学生体育合格标准》都对课外体育提出了明确具体的要求。

党和政府在不同时期颁发的有关决定、通知、条例和标准为加强和做好课外体育工作指明了方向，提供了强有力的保证，使课余体育工作取得很大成绩。但与此同时，由于现代生活方式的快速转变，科学的教育观、健康观和生活方式还没有在全社会确立起来，尤其是在升学率的高压之下，“健康第一”往往被“升学率第一”所替代，学生课外体育活动仍然存在一些突出问题。2007 年 4 月 23 日中共中央政治局召开会议，专题研究加强青少年体育工作，随后中共中央、国务院颁布《关于加强青少年体育增强青少年体质的意见》，在全党全社会吹响了加强青少年体育工作的号角。2007 年 4 月 29 日在全国范围内全面启动全国亿万学生阳光体育运动，吸引广大青少年学生走向操场、走进大自然、走到阳光下，积极参加体育活动，使课外体育工作呈现出新的生机勃勃局面。2009 年新颁布的《全民健身条例》再次明确要求：应当保证学生在校期间每天参加一小时的体育活动，每学年至少举办一次全校性的运动会；有条件的，还可以有计划地组织学生参加远足、野营、体育夏(冬)令营等活动。

二、课外体育活动的形式

课外体育活动是学生在课余时间里，以发展身体、增进健康、提高运动技术水平和丰富业余文化生活为目的而进行的多种形式和内容的体育活动。课外体育活动的组织形式多样，有规定在学校作息制度中的学生必须参加的体育活动，如早操、课间操、班级体育锻炼；有全校性的课外体育活动，如体育节、体育周和各种形式的体育竞赛；有为少数擅长运动的学生组织的课余体育训练，以及学生根据各自的兴趣爱好自愿加入的体育俱乐部活动；还包括校外各种形式的体育活动，如家庭体育、社区组织的体育活动等。

(一) 全校性课外体育活动

1. 早操(早锻炼)

早操是作息制度中规定的体育活动。早操可以培养学生良好生活习惯，并以清醒的头脑、充沛的精力和饱满的热情迎接一天的学习和生活，从而提高学习的效率。早操的内容通常选择一些运动负荷不大的活动项目，如跑步、做操、打拳等。早操的时间一般为 15～20 分钟，运动负荷不宜过大，以免造成过分激动和兴奋，影响文化课的学习。早操的组织应根据学校的实际情况而定，一般采用班级、年级或全校的集体形式进行。

2. 课间操与大课间体育活动

课间操是作息制度中规定的体育活动，是我国中小学校最普遍、最有保障的一种课余体育活动形式。课间操是安排在每天上午第二、三节课之间进行的体育活动。课间操的内容一般有广播操、素质操、器械操、游戏、武术、跑步、舞蹈等多种活动项目。课间操的时间一般在 15～20 分钟；运动负荷不宜过大，以达到积极性休息为目的。

大课间体育活动是在课间操基础上发展起来的一种课外体育活动的组

织形式。活动时间比课间操略长，一般为25～30分钟；活动内容更丰富，一般有先进行的全校统一的体育活动，如广播操等，而后为不同年级，不同班级安排的活动项目。

3. 体育节(体育周)

体育节(体育周)是作息制度中体育活动以外的全校性课外体育活动。一般是利用一个学习日(周)开展的主题性体育活动，如体育知识讲座、体育知识竞赛、体育表演、体育比赛、体育游戏等。体育节(体育周)具有浓厚的节日气氛，能有效地提高学生的体育兴趣，调动学生参加体育活动的积极性，对增强体育意识、提高体育素养、扩大知识面、培养能力等方面具有重要的作用。

4. 各种形式的体育竞赛活动

全校性的体育竞赛活动形式多样，如学校田径运动会、学校趣味体育运动会、各种运动项目比赛等。这些活动参与人员多，学生、教师、学生家长都可参与；参与形式广，可作为运动员或裁判员参与，也可作为拉拉队成员或普通观众参与。因此，全校性的体育竞赛活动是推动群众性体育运动广泛开展，提高运动技术水平的重要措施，具有宣传面广、教育作用大的特点。

(二) 团体性课外体育活动

1. 班级体育锻炼

班级体育锻炼是作息制度中规定的体育活动，被列入正式课表中，一般每周安排两次，每次一个小时左右。班级体育锻炼是以班为单位，或将学生分成若干锻炼小组，在教师的指导下，由班干部和锻炼小组长带领学生进行的体育活动。班级体育锻炼的内容可以与体育课教学内容结合、与学校传统项目以及学生喜爱的各种运动项目等结合。也可以根据不同季节、不同的场地器材等条件灵活多样地选择。

2. 体育社团(俱乐部)活动

校园内的体育社团(俱乐部)通常是根据学校体育场地设施、体育传统项目、指导力量和学生体育需求等因素筹建，学生根据各自的兴趣爱好等需求自愿加入社团(俱乐部)。体育社团(俱乐部)中有的是为了提高技术水平的，带有课余体育训练性质，有的则纯粹是为了丰富课外生活。体育社团(俱乐部)自治性强，有经费支持，以参与学生缴纳会费形式筹集活动经费，或学校资助、社会赞助一部分活动经费。这种课外活动形式为学生提供了“我要学、我要练”的平台，对学生掌握和提高运动技能、养成运动习惯，培养学生的终身体育意识，都有良好的作用，不论从参与的积极性，还是参与效果方面都有较好的成效，具有推广价值。

3. 运动队训练

学校运动队是根据本校体育活动基础、本校师资力量，以及场地器材和生源情况，按运动项目，由一些尖子或有培养前途的学生所组成。运动队训练目标主要是提高运动水平，代表本校参加各种级别的比赛。运动队训练可以使学生的体育特长得到发展，为国家输送体育后备人才，同时，运动队对普及体育运动知识和技术，吸引广大学生参与体育活动，推动课余体育活动开展具有示范作用。

（三）个人体育锻炼

个人体育锻炼活动是根据学生自己的兴趣、爱好、需要，按体育锻炼的方法要求，自觉自愿地选择相应的体育锻炼项目，在课外单独进行的体育锻炼活动。它对培养学生体育兴趣爱好，养成体育锻炼习惯具有非常积极的意义。个人体育锻炼活动内容相当广泛，学校通常是为学生提供课外活动的时间、场地设施等活动条件，来推动个人体育锻炼活动的开展。

三、课外体育活动的特点

课外体育活动与体育课堂教学都是实现学校体育目标的重要途径，但由于课外体育活动在活动内容、组织形式、活动方式上又不同于课堂教学。因此，它具有自身的特点。

（一）课外体育活动的性质具有法定性与自愿性

学校课外体育活动是国家法规规定必须开展的，它对确保学生身心发展，解决一般发展与特殊发展具有重要的意义。绝大多数课外体育活动是属于学生自愿参与的、有较强乐趣性的自主性活动，强调学生可以按照自己的兴趣爱好和特长自愿选择，这样，不仅能发挥学生的积极性和主动性，而且能使学生的才能、个性得到充分发展。也有一些课外体育活动形式，如早操、课间操和班级体育锻炼，是学生每天学习生活的组成部分，体现了科学的作息制度，规定每个学生都必须参加，属于强制性体育活动。但这种强制性体育活动也是在宣传教育、组织动员的前提下自愿参加的。

（二）课外体育活动的内容具有多样性

课外体育活动的内容有的与体育课堂教学有着紧密的联系，直接为巩固、扩展课堂教学效果服务，成为课堂教学的延伸和补充，但更多的内容与课堂教学只有间接的联系，不受课程标准或教学计划的限制，是根据本地区、本校的实际情况，学生的不同需求，着眼于增强学生体质，侧重于发展学生的兴趣、爱好与个性特长、培养学生体育锻炼习惯，开展的内容丰富多彩的活动。课外体育活动的内容有娱乐性体育活动、健身性体育活动、竞技性体育活动等，无所不包，范围可宽可窄，程度可深可浅，目前一些时尚的体育活动(如攀岩、登山、极限运动、街舞、瑜伽等)进入校园，为校园体育文化增添了现代时尚气息。

(三) 课外体育活动的形式具有灵活性

课外体育活动的形式多种多样，时间可长可短，活动的规模可大可小，参加活动的人数可多可少，只要适合学生的年龄特点，需要什么形式就可采用什么形式。通常，课外体育活动大都以班级、小组为单位的组织形式来开展，以满足学生多种多样的需求和适应学校场地器材的实际，而相对比较松散灵活的体育社团形式更受学生欢迎。

第二节 校园体育社团

一、校园体育社团的特征

校园体育社团是学生为了满足多方面的体育需求，依据共同的兴趣爱好，自发组织起来的群众性体育组织。校园体育社团在充分满足广大学生日益多元化的体育需求的同时，对推动学校体育工作的开展，建设校园体育文化，丰富课余生活，发挥着越来越重要的作用。教育部、国家体育总局和共青团中央联合制定的《关于开展全国亿万学生阳光体育运动的决定》中，就特别强调了要加强学生体育社团和体育俱乐部的建设。

作为一种由学生自发形成的体育组织，因其成员构成，组织机构、活动方式等决定了它主要具有以下几种特征：

1. 组建的自发性

校园体育社团是在学校管理部门的许可下，由学生自发组织起来的。体育社团负责人自愿承担社团的发起和组建工作，学生参与体育社团的初衷基本都是由于在兴趣、爱好、特长等方面具有某种程度的一致性。由于校园体育社团是自发形成的，同时，丰富多彩的活动内容与形式又会吸引不同年级、不同性别或不同专业的学生参加到体育社团中，所以在人员组合上表现为松散性、流动性，学生可以自由选择参加何种体育社团，何时参加、何时退出，由学生的兴趣和自身情况决定。

2. 运作的自主性

自我管理、自我服务、自我发展是体育社团运作的显著特征。体育社团内部民主、关系平等，社团章程制定与修改须由会员通过，社团的经费主要来源于成员所交纳的会费，社团管理以志愿参与为主，活动内容和方式更加贴近学生个体的不同需求，更符合学生的特点，完全体现了学生的自主性。由于体育社团成员加入社团的自愿性和目标的趋同性，从而在活动中表现出极高的热情和主动性，并在彼此的交往和相处中相得益彰，增强了体育社团的凝聚力。体育社团运作的自主性环境能帮助中学生逐步摆脱对教师的依赖，锻炼他们独立思考、判断、解决问题的能力以及个人行为自律的能力，有意识地培养他们独立的人格。在活动过程中，学生的个性、表现欲和自我肯定的需求可以得到极大限度的满足。

3. 行为的自律性

校园体育社团行为的自律性，首先表现在学生一旦加入体育社团，就应该遵守社团内部的章程和制度，承担相应的责任和义务，学生的主动参与是自律性的重要条件，依靠成员的自觉，实行自我控制，自我约束。同时，自律性还不仅仅是狭义上的自我严格要求，还包括体育社团组织的意见、主张和实现方式要通过组织的自我约束方式来实现，即该干什么、怎样干要看组织成员的集体意志。

二、校园体育社团组建的指导

（一）组建校园体育社团的条件

在学校内成立体育社团，通常要求具备下列条件：

（1）由有若干名学生联合发起，发起人必须具有开展该社团活动所必备的基本素质。

（2）学生社团的名称应当符合法律、法规的规定，不得违背校园文明风尚，社团名称还应当反映体育的特征。

（3）有固定的活动场所，有至少一名指导教师。

（4）有相应的组织机构，有规范的章程。

(二) 校园体育社团发起人的物色

社团产生的必要条件之一是要有能成为会员的群体。如果某一个群体从集体行动中获得的收益高于他们付出的成本，那么这种群体就极有可能成立一个社团组织。这样的群体称为潜在的社团。但并不是所有潜在的社团都会变成现实的社团。任何社团的成立都必须有一位或者几位发起者，一般情况下，一个新社团的诞生，都是最先发起人担当第一届负责人或是临时负责人。因此，体育社团发起人是核心人物和领头人，其素质和能力是体育社团能否顺利开展活动的前提。

首先，体育社团的松散组织特性决定了发起人在组织内部的影响力主要取决于他的专业水准，唯有热心社团工作并具备较高运动技能水平的成员，才有可能团结并领导其他成员，一道开展大家喜爱的活动。

其次，体育社团工作依赖于全体成员的配合支持。因此，社团发起人要有群众观念和服务意识。一个理想的发起人应该是一个很好的沟通者、组织协调者，一个全方位的服务者，要甘于奉献，努力为社团成员的锻炼和施展才干创造机会。

再次，体育社团发起人要甘于付出，善于用自己的态度和工作方法去影响和带动其他人，有民主观念和法制意识。在会费收取、经费使用上，在重大活动的计划、组织上，在社团干部的更替及与兄弟社团的交流上等，都应广泛征求成员的意见，民主讨论，透明公开。无论是在校内活动还是开展社团服务，无论是制定章程还是活动的宣传策划，都要遵守纪律。

(三) 校园体育社团章程的拟定

体育社团章程一般应包括以下内容：

(1) 社团名称。

(2) 性质与宗旨。

(3) 社团成员的权利与义务。要注重社团内部的团结，保持成员之间行动的一致性。

(4) 组织机构产生程序与职权范围。标明可能有的机构名称及职能，适应本社团发展的制度，如会长负责制或全员公决制或理事会制等。

(5) 经费来源及管理办法。写清资金来源和使用办法，财务公开方式等，最好要有专人负责收入与支出账目，定期向社团成员公示财务状况。

(6) 章程修改程序。

(7) 纪律及其他有关事项。在结合校规校纪的情况下制定社团的规章制度，每一个成员都要坚决执行，这是创建一个好社团的基础。

（四）申请设立体育社团的程序

（1）发起人成立筹备小组，进行各项准备工作。

草拟体育社团组织章程，聘请指导老师，联系体育活动场地器材，确立体育社团成立会的时间、地点等。

（2）向学校社团管理机构递交申请文件。主要包括社团申请登记表、体育社团组建方案、体育社团组织章程等。

申请人提交的体育社团组建方案要求内容完整，并具有可行性。组建方案中除了说明社团的名称及类型、组织制度及机构、社团人员构成及规模外，还要包括以下内容：体育社团成立的可行性论述，如潜在群体分析；能持续的时间；可利用的资源等；体育社团通过阶段性的活动想要取得的效果和达到的层次，包括长远目标和活动目标；社团的活动办法及社团组建活动中其他需要说明的内容。总之，组建方案要体现体育社团的构想和特色。

（3）经学校社团管理机构审批通过后即可公开招募会员。

（4）召开会员大会，通过组织章程，依章程规定选定负责人及其他工作人员。

（5）组织章程及组织机构通过后体育社团即可开始正常活动。

三、校园体育社团运作的指导

（一）整合资源，提供保障

目前国内校园学生社团的管理体制通常是校团委受学校委托，在相关部门的支持下，负责校内学生社团的管理工作。体育社团不同于其他类型社团，在体育场地、器材、技术、竞赛等方面，需要体育教研室（部）的指导、支持与协助，为此，体育教研室（部）应主动承担起对体育社团管理的责任和义务，发挥资源优势，对体育社团的活动、体育场地器材使用、竞赛裁判等方面给予支持和指导，为体育社团提供参与体育节、运动会的宣传、组织、表演以及社团评比、表彰和奖励等机会。对影响面广、成绩突出的体育社团，还可作为学校特色，由体育教研室（部）重点培育。

为了使体育社团运作有章可循、有序发展，有必要制定相应的规章制度，如学生体育社团管理办法；体育社团检查评比办法；体育社团场地使用管理规定；体育社团干部培训制度等，确保体育社团规范发展。

指导教师和体育场地是体育社团运作不可缺少的两大因素，可通过资源整合解决技术指导和体育场地的问题。一是体育教研室（部）统筹规划，合理安排人力、物力，为体育社团指派教师和提供固定的体育场馆活动时间，解决体育社团活动安排、比赛组织、裁判工作和活动场地问题。二是同社会联姻弥补校内资源不足，可由体育教研室（部）外聘高水平指导教师帮助体育社团解决指导教师不足；或与社会体育实体合作，以优惠的价格，提供场馆给体育社团使用。

（二）体育社团干部的激励

体育社团的学生干部是社团的核心，具有特殊的地位和作用。要采取各种措施，激发体育社团干部的工作动机，调动其积极性，挖掘其潜力，发挥其创造性，从而高效地开展活动。

（1）要清楚地了解每个学生干部性格特点，准确地把握其心理的价值取向。了解他们加入体育社团的目的是什么，是锻炼能力，扩大交往面，还是其他更功利一些的目的，从而在后续工作中，采取有针对性的工作方式予以引导或激励。

（2）量才而用。尽量使每个干部都能在适宜的岗位上，充分发挥其能力特长，使之能力得到施展，其价值得到肯定，这本身就是一个巨大的激励。

（3）为体育社团的发展设定一个有一定难度又非常明确的目标，并且要向每个干部清晰地说明实现目标的过程与步骤，使其在受到目标激励的同时，切实感受到它的可实现性，从而更加激发士气，提高凝聚力。一方面，对于成绩，在把握其心理价值取向的基础上，要给予肯定和有针对性的适当奖励；另一方面，也要不断以更高的目标作为激励，并给以适当的鞭策。

（4）把握“公平、公正”的原则，加强组织沟通。营造一个轻松、亲切、坦诚的组织氛围，在组织内部要创造一种公信力，使大家产生归属感。将沟通的成果落到实处，使好的意见或建议不断地在社团的发展过程中得到实现。

（三）体育社团筹资路径指导

筹款是社团组织的核心能力之一，公信力是社团筹款的先决条件。校园体育社团的公信力是指社会、学校、会员对社团的认可及信任程度。公信力是通过组织的服务来实现的，体育社团必须分析会员的需求，在活动内容、组织形式上不断推陈出新，吸引更多的学生加入到体育社团中来，努力满足他们的需要，才能增加社团的会费收入和活力。但会费收入有限，还应通过多种路径筹款，支撑学生体育社团生存与发展。

校园体育社团潜在的资助者除学校外，主要有社会基金会或非营利组织、企业、个人。对捐赠者进行有针对性的、细致的研究是成功获得资助的基础，因为这样不仅可以把精力集中到那些最有可能获得资助的目标上，而且还可以通过有针对性地了解资助者，在今后建立积极的相互信任关系。首先，需要明确了解潜在的资助者的资助兴趣，不同的资助者侧重于不同的兴趣和发展方向，资助者可能提供的资助，除资金资助外，还包括各种产品，技术方面的支持或支持性服务，根据以上这些信息，结合自身的情况考虑应该要求多少资助。一旦确定了一个潜在的资助者，就大胆地接触他们，展示出自己的能力和竞争力。

资助者和校园体育社团的关系，与体育社团活动的效果及其影响力直接相关。体育社团最初的目的是为了做好活动而联系资助，最终目的也应该落回到活动效果与影响力上，只有这样，资助者和体育社团的关系才能达到平衡。

体育社团要争取创造好的成绩，树立品牌项目，争取学校或社会组织向体育社团"购买"项目或服务，以此获得资助来促进社团的发展。还可以走出校园，广辟渠道，开展面向社会的有偿服务，或寻求社会资金赞助，增强社团自身的"造血功能"。

（四）体育社团活动指导

开展活动是社团的生命力所在，教师的指导在学生体育社团活动中起着举足轻重的作用，加强体育社团活动的计划与组织指导，是指导体育社团工作的主要着力点。

1. 保证活动的计划性与经常性

每个社团都有自己的社团活动规划，如招新活动、迎新比赛、欢送比赛、联赛等安排。这样的活动内容都以"制度"的形式规定下来，每学期均按照计划执行。社团活动的计划既要有面向大多数学生的活动，又要有鼓励少数学生脱颖而出的活动。

对于一些小型活动，社团自身可以解决的，在学生体协备案即可，对于影响较大，需要学校体育教研室（部）出面协调的，先经学生体协审核，再交由体育教研室（部）定夺，这种分级分层管理，一方面可以减少体育教研室（部）的工作量，更重要的是可以锻炼各体育社团干部的能力，发挥其主观能动性。

2. 力求活动有特色

社团活动是吸引学生的有效载体，要帮助社团建立一套具有自身特点的活动机制，特别是督促社团干部锐意创新，从活动的组织、策划、安排、开展、总结过程等方面进行创新和探索，做到别具匠心，打破传统的活动方式，避免“为活动办活动”，注重活动的质量和效果，增强活动的吸引力，进一步提高社团活动的参与度，使成员更加了解自己所在的社团。

3. 强调活动组织的团队精神

学生体育社团在组织结构的设置上一般都比较简单，学生干部人数也较少，如果单一强调职能与分工不利于活动的开展，许多活动开展时，需要着手建立临时工作小组性质团队，充分调配社团组织中的人力资源，加强社团成员之间的交流，强调组织的整体性和团队精神。

第三节 学校大型体育活动的策划

学校举办大型体育活动具有参与人数多、组织难度大、影响面广的特点，需要事先进行周密的策划。所谓策划，是在调查、分析学校特点和需要的基础上，遵循一定的程序，对某项体育活动事先进行系统全面的构思和谋划，同时制订和选择合理可行的执行方案。策划可以优化活动内容，更好地满足学生的体育需求，确保大型体育活动开展过程中各个环节职责明确，各司其职，落实到位，提升活动效果。

一、学校大型体育活动策划的步骤及内容

（一）明确目标，确立主题

学校举办大型体育活动是开展群众性体育运动，体现特定校园文化的载体和形式。它能调动学生参加体育活动的积极性，增强体育意识，提高体育兴趣和体育素养，起到凝聚人心、理顺情绪、振奋精神的作用。大型活动都有鲜明的目的性，整个目标体系包括活动的功能，传播价值、影响价值等，要根据本校的中心工作，因地制宜地利用学校的各种优势，制定每次大型体育活动的具体目标，确立主题。

大型体育活动主题通常指明为何要举办活动，举办活动要解决什么问题，达到什么目的，是活动的核心思想和内容的提炼。主题包括活动的主题名称、系列分主题和活动的年度主题等，可以是专题，也可以是综合性的；可以既有中心主题，又有附加主题。确定主题直接关系着体育活动形式、操作手段的策划与实施，是整个活动的“点睛”之笔和活动组织与管理的中心要素，活动内容、时间、形式、地点等要素都要围绕主题来设计和安排，因此活动主题的确立是大型活动成功的关键。

学校有些大型体育活动是根据工作计划和法定程序安排举办，如每年举行校运会属于常规性活动，主题原则上是统一的，但学校在每个时期、每个阶段都有不同的中心任务，此类常规活动也应与时俱进、寻找切入点。

大型体育活动主题的提炼，一方面要针对活动的指导思想、目的要求进行反复的酝酿，进而提炼出符合活动要求的主题，彰显活动主旨、运作脉络，参与面等实质特征。另一方面，要用艺术的语言加以修饰，注重语言形象的描述、文化品位的提升、含义广度的延展、个性特质的诉求，以使其具备更大的多维想象空间、更深的底蕴。可以运用艺术手法，渲染、营造与活动主旨相和谐的气氛、情绪，提升主题部分的精神内核。主题词通常要求能准确、生动表达体育活动的宗旨，文字简练，寓意深刻，朗朗上口，便于宣传和推广。

（二）活动内容与形式的创意与设计

学校大型体育活动主题确定后，要给活动主题寻找一个理想的内容和表现方式需要进行创意。创意是提出有创造性的想法，构思。创意的本质是创新，追求与众不同，追求意料之外又情理之中的智慧光芒。从创意与设计的关系看，两者既有联系又有区别，一般来说，创意为先，设计在后，没有好的创意，就不可能有好的设计。设计是创意的延续，是创意的具体化。没有设计过程，再好的创意都只能是空的，毫无意义的。活动的创意与设计过程，不仅体现着组织者开展大型体育活动的创造性智慧，也体现着他的工作艺术，直接关系到活动的效果。

创意过程可以运用模仿法、移植法、联想类比法、组合创造法、逆向思维法等激发思想的火花和创造性，也可围绕主题召开小组讨论会，以“头脑风暴法”集众人才智。实践表明，“头脑风暴法”是创意工作的捷径，它可激励会议成员无约束地自由思考，尽量提出新奇设想，或结合他人见解提出新设想，通过集合所有创意方案，往往会寻找出最佳方案。

学校大型体育活动内容与形式的设计必须紧扣主题、服务主题，从实际出发，充分考虑学生的体育基础、文化素质和兴趣爱好，具体把握好几个要素，即活动举办的时间、地点、主要内容与形式的设计，大型活动衍生品的开发等。

大型活动举办时间的选择首先要考虑活动主题的客观时间，如活动对季节气候的要求等，还要考虑相似活动传统的举办时间、学生学习时间安排以及是否与其他重大活动相冲突等。

选择地点的具体标准一般要从活动规模的大小，活动所要求的硬件水平考虑场所的容量、设施、可视性、可聚集性等条件，组织者还可以根据地点与主题的相关性、对主题的烘托作用等选择最合适的举办场所。

大型体育活动内容与形式设计是展示活动主题的关键，是整个活动最终能否取得成效的决定性因素。可在以下几类活动进行选择或组合，设计出便于学校组织、学生容易接受、有利于广大学生参与的活动内容与形式：

健身性体育活动——以锻炼身体素质效果显著且简易可行、可测的身体练习。如健美操、校园集体舞蹈、《学生体质健康》测试内容等。

竞技性体育活动——以普及性的田径、球类项目为主的体育竞赛。

娱乐性体育活动——以体育游戏、趣味游戏、民间、民俗体育活动为主，如跳绳、呼啦圈、家长参与的亲子类活动等。

体育文化活动——如体育小制作、体育绘画、体育摄影、体育征文、会徽和秩序册封面设计、口号征集、团体操编排等。

体育与健康知识普及活动——如体育知识竞赛、讲座、宣传栏等。

大型体育活动内容与形式的设计，还包括开发大型活动的衍生品，如在全校学生中征集运动会会徽设计、秩序册封面设计、运动会口号及宣传用语，举办体育知识竞赛、体育与健康为主题的征文竞赛，组织学校教师开展体育与健康知识讲座和裁判法培训，各班级入场式方队设计、宣传创意评比，文明拉拉队评比等。

（三）拟定活动组织流程

从组织上看，学校大型体育活动大多是在一段有限的时间之内完成的一次性任务，是由多个环节组成，这些环节相互交叉，相互作用（图 10－1）。

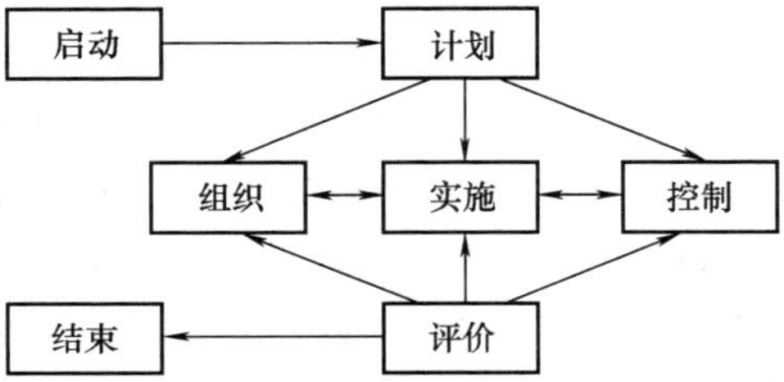

图 10－1　学校大型体育活动组织环节程序

每次大型体育活动在目标、环境、条件、组织、过程等诸多方面都有特殊性，为了提高活动组织的效率，一般可按图 10－1 中活动各组织环节，尽量详细绘制流程图，通过流程图显示所有要求完成的任务、谁负责哪项任务、完成任务允许的时间和任务之间的关系，能够给策划者提供组织实施的整体蓝图，为编制计划提供依据。

工作分解结构图是一种层次化的树状结构，将某项活动按一定的方法划分为可以管理的项目单元，通过对这些单元的控制，达到协调控制整个活动项目。这种设计最初只是一个流程(图 10－2)，建立在大型体育活动提供的要素基础上，在明确各部分人员之后，就可以对工作性质、职责等进行具体的描述与计划安排。

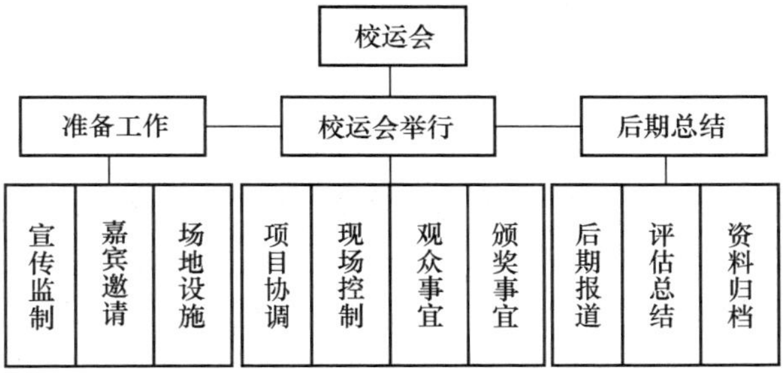

图 10－2 校运会工作分解结构图

表 10－1 是以表格形式来表述完成工作分解结构中每项任务的个人责任的一种明细表方法，它明确地表明了每项工作细目是由谁来负责、由谁来具体执行，并表明了每个角色在整个项目中的地位和作用以及相互之间的协同，实现定位定人定责。

表 10－1 校运会工作分解表

任务描述	负责人	项目进度
宣传工作		
报名工作		
竞赛编排		
场地设施准备		
奖品准备		
嘉宾邀请		
开幕式主席台		
竞赛裁判		
闭幕式主席台		
闭幕式颁奖		

注：项目进度至少应该包括每项工作的计划开始日期和期望完成日期

对一些重要的核心环节可进一步采用备忘录方式进行细化。在备忘录上对活动安排日期、时刻、行动、地点、责任等进行详细的解释说明，尽可能详细地考虑所有时间段内应该完成的任务计划，如场地、设备、奖品、相关资料准备、出场人物、来宾接待、进退场顺序安排、工作人员任务分配等，按时间与相关流程，在每个节点注有详尽的工作进度与责任落实操作流程。

二、学校大型体育活动策划的注意事项

（一）重在调动学生参与

举办大型体育活动的目的是为了推动学校体育工作的落实，客观上要求要调动学生全面参与，没有广大学生的参与，活动就失去存在意义，参与、关注大型体育活动的学生越多，取得的效果就越大。因此，在进行大型体育活动策划时应面向全体学生，把是否能吸引学生参与作为基本原则。

使活动体现时代感、新颖性和趣味性，从多层面、多角度为学生提供施展才华的舞台，利用各种手段扩大影响，造成一种声势，做到人人知晓，从而最大限度地吸引学生参与到活动中来，或者对活动进展加以密切关注，享受学校大型体育活动给他们带来的无限欢乐，真正做到"人人参与，个个受益"。使其成为学生向往、渴望、难忘的校园生活风景线，对活动的策划十分重要。

策划者要加强调查研究，关注社会热点，关注国内外体育动态，收集有关信息资料，吸取外校的好经验、好方法，准确把握校园特色、学生年龄特征和体育需求，注入新鲜的元素，不断以新的亮点来吸引学生。

目前，许多学校正在进行一些探索，将运动竞赛或单一的体育活动变为融健身、娱乐、竞技、文化教育为一体的大型体育活动内容与形式，有以下一些形式与做法值得参考。

综合性运动会：以传统的运动会为基础，加大运动会的前期准备过程，改革运动项目设置，增加娱乐项目的比例，增加集体项目的设置，尤其是将传统竞技运动项目进行改进、延伸、拓展，乃至自编、自创新的内容和形式，集竞技、娱乐、教育、健身为一体，倡导人人参与。

体育文化节：将体育作为一项校园文化内容在一段时间内集中展现，并融入艺术、文化等多项内容，以体育运动项目竞赛、各种民俗体育活动、体育知识竞赛、体育文化传播等内容为主，充分调动了每一个学生参加与积极性。

阳光体育活动：有学校以"快乐运动，快乐生活"为主题开展体育活动健身月活动，将竞技项目比赛、广场健身操表演、趣味运动项目比赛、野外定向

运动、登山运动、自行车运动等富有群众性、趣味性的各种群众体育文化活动于一身，以此激发广大同学们的体育兴趣，培养同学们强烈的参与意识和积极向上、勇于拼搏的体育精神，走入大自然，活跃校园体育文化氛围。

（二）必须进行可行性分析

在策划学校大型体育活动时，要用创新的意识来研究活动的内容与形式，力求别出心裁，与众不同。如果说创新赋予大型体育活动策划的魅力，那么，可行性则赋予策划得以实现的保障。追求创意固然重要，但必须以可行性作为前提，没有可行性的创意，只能是空中楼阁。因此，策划前要对校所能提供的人财物等状况加以仔细了解，形成方案后还要对大型体育活动实施的可能性、有效性进行具体、深入地论证和评价。使活动所需利用的人员、经费、场地、技术设备等与所具备的条件相匹配，不能一味追求造大声势，作大动作，而忽略了本校可能提供的条件。可行性分析一般应包括以下内容：

必要性分析。主要从活动对学校工作、学生发展产生的影响来分析。

技术可行性分析。主要从活动实施的技术角度评价活动组织开展的可能性。有些活动的主题和内容形式都非常新颖，学生也喜欢，但由于学校自身条件有限，在没有其他资源可以利用情况下，超出能力范围的活动形式与内容不宜选择。

财务可行性分析。主要从活动所需经费分析是否控制在预算范围内。

风险因素及对策。主要分析应急能力的适应性，如户外活动要考虑天气的情况，体育竞赛的安全措施问题，关键设备如记分或音响系统故障的排除等，从而确保活动的安全、正常进行。

（三）科学安排，注重细节

策划组织学校大型体育活动一般要涉及多个部门，需要很多人的密切配合，所以建立一个精干、高效的组织实施架构非常重要。组织机构的设立要根据活动规模大小来确定。在组织委员会下通常可按竞赛、仲裁、场地器材、宣传、安全保卫、后勤服务等职能来设立机构。

大型体育活动组织细节问题都极为重要，这种细节最能反映组织者的工作水平，哪怕只是一个微小的组织细节出现问题，都有可能酿成无法弥补的失误。因此，策划要做到细致精确，对活动时间、空间的把握，活动工作人员的调度，活动开展的具体形式、具体步骤等都要考虑周到，安排有序，使操作者十分清楚由何人在何时、何地做何事，以确保活动的圆满成功。尤其要制定并落实安全措施，对每个环节明确安全责任和责任人，确保活动安全、有序进行。

策划学校大型体育活动时还要兼顾计划性与灵活性，使方案具有弹性，即可变性，为活动的操作者留出一定的余地，便于他们在实施过程中遇到突发情况时可以随机应变，保证活动的正常进行。

三、学校大型体育活动计划书的一般格式和内容

将大型体育活动策划细化、有序化，且保证每一步都切实可行，这个过程就是为活动拟订计划的过程。计划书是活动的程序表，是对学校大型体育活动进行策划后展现出的文本，包括活动过程中所涉及的所有要素，并按照合理的秩序将这些要素组织成有机整体。计划书是学校大型体育活动组织与管理工作的前提，它帮助组织者及参与者按照预先安排的项目内容进行，保证活动目标明确、流程规范、节奏适度，从而提升活动质量。学校组织大型体育活动应提前完成活动计划书，以便根据计划书进行筹备。

(一) 学校大型体育活动计划书的一般格式和内容

学校大型体育活动计划书的内容包括活动过程中所涉及的所有要素，一般格式如下：

1. 封面

封面包括计划书名称、活动主办方和承办方(赞助方)、计划书编制者、计划书完成时间。计划书的名称要根据活动具体内容及意义拟定能够全面概括活动的名称，名称要求具体、清楚，如“××年××学校体育节计划书”，也可以写出活动主题后将此作为副标题写在下面。封面设计力求美观、简单，可以用本次大型体育活动的徽标进行适当包装。

2. 正文

(1) 活动目的(活动宗旨)：用简洁明了的语言将目的要点表述清楚；在陈述目的要点时，要将该活动的核心，或活动策划的独到之处及由此产生的意义都应该明确写出。

(2) 活动主题：通过一个短语，简明扼要地说明此次活动的主要内容和主要思想。

(3) 活动时间：注明该项活动的总体时间跨度，即该项活动延续多少时间。

（4）活动地点。

（5）参与对象：写明活动主要参与对象，以确定活动的宣传、组织主要应针对哪些群体进行。

（6）活动主要内容：简单列明各项子活动名称和内容，如果各项活动可以确定时间的话，还应注明活动的大致时间。

（7）活动组织：这是活动计划书中最核心的内容，表现方式要简洁明了，使人容易理解，但表述方面要力求详尽，不仅仅局限于用文字表述，也可适当加入统计图表等。对计划的各工作项目，应按照时间的先后顺序排列，绘制实施时间表有助于方案核查。另外，人员的组织配置、相应权责也应在这部分加以说明，执行的应变程序也应该在这部分加以考虑。

如果是比赛类活动计划书还要注明奖项设计、参赛要求、竞赛规则、评分标准等。

（8）场地器材：除列出所需的体育场地器材外，还包括活动现场所需要的通用设备如广播音响，以及需提供何种方式的协助等。

（9）人员安排：包括具体落实各事项的所有人员的工作任务。

（10）经费预算：预算即预计活动需要投入多少经费，并将预计的结果以文字形式分项列出细目，然后予以合计。

（11）宣传计划：即在什么时间、以何种形式对此次活动加以报道，使活动获得传播效应。

（12）活动中应注意的问题（也可称之为应急方案）：主要针对一些不确定性因素的应急措施加以说明，如在户外的活动防备阴雨天气影响的措施等。

3. 附件

主要是正文中需要细化内容，如活动场地的分布等。

（二）编制学校大型体育活动计划书的注意事项

1. 顺序得当

活动计划的先后顺序体现了相关项目内容的重要性，切不可前后倒置或杂乱无章。合理的活动顺序，既方便参与人集中精力围绕计划开展活动，也易于组织者抓住中心和重点。重要活动还应注意事先预演和排练，尽量熟悉活动程序，防止出错。

2. 内容量适度

活动计划是具体、详细、实际的活动内容，既不能过多，也不能太少。过多，必会影响参与人员的精力和时间，难以收到应有的效果。太少，会使活动过于松散，消耗成本、浪费时间。

3. 主次分清

当活动计划的内容较多时，要注意分清主次和轻重缓急。活动前期参与人员精力比较充沛，解决问题和吸收信息的效率较高，可把重要的、急需解决的问题放在前面，便于集中精力解决。如主题议决难度大，也可按先易后难的原则，把它放在最后，以提高议事效率。

4. 留有余地

任何工作都应考虑周全、留有余地，以应付各种突发事件，安排活动计划更是如此。如果时间安排得过紧过满，发言者没有安排预备人员，座位划分没有富余，那么，一旦出现临时情况就难以应对。所以，要尽量使“变化也在计划中”，确保活动顺利开展。

第四节　课外体育活动的实施与管理

一、课外体育活动实施的制度安排

（一）确立制度和工作规范

课外体育活动实施是以学生自觉自愿为主、强制规定为辅，自主开放的操作过程，必须制定有关制度，并保证各项制度能有效地实施。主要有：

将课外体育活动纳入学校教育、教学计划，不得以任何理由侵占和挤用。制订出课外活动辅导工作岗位职责，及必要的活动公约。

积极为课外体育活动提供各种物质条件，并以制度形式加以确定，保证课外活动顺利开展。

制定完备的安全管理制度来防范各种安全问题，如应急处理、事故责任承担等。

适时把握课外体育活动的动向，建立科学的评估和监测体系，建立合理的奖惩制度。

课外体育活动工作计划对课外体育活动的顺利开展具有重要意义。全校性的课外体育活动计划以学年或学期为单位，一般由体育教研室（部），在广泛听取各方面意见的基础上制定，报学校主管领导批准后执行。其主要内容有：提出新学年（学期）课外体育活动工作的目标；明确全校课外体育活动的种类和要求；筹划需要增添的器材设备和其他物质条件，考虑辅导力量的配备和学生体育骨干的培养；限定执行计划、完成计划的时间，指定负责人员等。

年级课外体育活动计划通常适合规模较大、学生较多的学校，一般由体育教研室或负责年级体育教学的老师和年级主任共同完成。计划是依据学校课外体育活动的计划以及本年级学生特点加以细化，安排适合本年级学生特点的课外体育活动。

班级课外体育活动计划是落实每天一小时体育锻炼的重要保证，通常是在班主任、体育教师的指导下，由班级体育委员在征求全班同学的意见后制定并实施。其主要有：班级课外体育活动的目标、活动的内容和形式、活动小组的划分、检查评比方法等。活动的时间、场地、器材等一般需按学校的总体安排落实。

体育俱乐部的活动计划由专任负责人根据学校体育工作的总体规划和课外体育活动计划确立自己的目标、任务、运营方式、人员安排、场地器材配置、经费预算等。

（二）明确职责和工作范围

课外体育活动实施需要从领导到教师、班主任到学生干部，各司其职、各尽其能。在这个过程中，校长或主管校领导为全校课外体育活动总负责人，要求校长或主管校领导经常到活动场地，了解课外体育活动开展情况，以便及时发现问题、解决问题。

体育教师是课外体育活动的业务工作责任人。具体负责指导、协调和组织工作，如编制全校性课外活动计划并付诸实施，协助班主任组织并指导所带年级的课外体育活动等。

班主任是各班级课外体育活动的负责人。课外体育活动的实施必须充分发挥班主任的作用，通过班主任教育、鼓励、引导和督促学生积极参加活动，其具体的职责是：了解和掌握本班学生的运动兴趣、运动习惯、基础水平及体育特长等基本情况，协助学生干部组织本班学生按时出操或开展其他活动，维持本班级纪律和秩序。

学生干部和体育骨干，尤其是班级体育委员对课外体育活动的顺利实施有很大的影响。学生干部的职责是以身作则，组织并带动全班学生积极主动地参加活动。

课外体育活动相对自由度大，尤其是时聚时散的小团体不容易规范管理，建立一支辅导队伍，是开展课外体育活动工作的重要条件。一般来说，体育教师可以通过指导、咨询、协调等形式介入其间，鼓励、启发学生有计划地锻炼，持之以恒。学校应鼓励各科任教师能者为师，承担辅导任务并把辅导工作纳入工作量。

(三)落实开展课外体育活动的措施

组织开展课外体育活动需要投入人力，提供一定的经费和物质设备，进行时间、空间的合理安排。可以采取以下方法，对人、财、物、时间、空间进行科学的整合：

定小组和人员。组建各种类型的课外体育活动小组，在学生自愿报名的基础上确定成员，人数视活动的性质、内容而定，从四五人到二三十人不等。小组在吸收成员时，要在学生自愿的前提下，规定某些条件，主要是看报名者对该活动是否有比较稳定的兴趣。

定活动时间和地点。由于课外活动的形式多样，学校应对课外活动的时间和地点统筹安排，这样，既可以充分利用活动场地器材，也可以让学生根据自己的兴趣和特长选择活动，避免“冲突”。

定活动内容。开学初拟出小组活动计划，对每次活动的内容有一个系统的整体性安排。

定活动形式。形式是为内容服务的，它的原则是：寓思想性、科学性、知识性、趣味性于丰富多彩的课外活动之中。

定指导教师。发挥体育教研组(部)全体教师和部分有体育特长的教师的作用，建立辅导教师责任制，做到辅导教师固定，加强指导，提高活动质量。

定评比、竞赛和奖励办法。适当组织各种类型、各种层次的评比、竞赛和奖励办法，是推动课外体育活动的有效手段，也是了解课外体育活动成效的信息反馈渠道。

二、课外体育活动的跟踪管理

全校性大型体育活动要涉及众多的师生，并需要多方面的工作配合，往往是牵一发而动全身，因此加强大型体育活动管理的关键是加强计划管理和施行有组织的监督。小组活动小型分散，便于开展多种多样的活动，满足学生的不同兴趣和爱好，多方面发展各种才能，使学生得到更多的学习和实践锻炼的机会。因此，加强小组管理，提高小组的活动质量，是提高课外活动质量的中心环节。

由于课外体育活动具有内容多样性和形式灵活性的特点，在实施阶段往往面临更多不确定因素的影响，这就要求在实施中加以跟踪管理，根据实际变动情况及时调整。课外体育活动跟踪是指管理者通过建立管理信息系统，在课外活动实施全过程，对活动进展的有关情况，以及影响其实施的内外部因素进行及时、连续、系统、准确地记录和报告的一系列活动和过程。对课外体育活动进行跟踪管理是为了及时发现问题，寻找差距，以便及时调整，有效地控制和保证课外体育活动的正常运转。课外体育活动的跟踪管理方式主要有：

（一）活动信息收集

（1）数据统计，对参加课外体育活动的班级数、人数，或各活动项目的人数，或不同时间段参加活动的人数进行统计。

（2）经验判断法，即利用经验来确定课外体育活动开展的情况。

（二）活动状态报告

项目报告的类型有：

（1）日常报告。定期（周、月）进行，主要是活动开展和资源使用情况报告。

（2）例外报告。特别事件发生时的报告。

（3）特别分析报告。针对某项课外体育活动，或某一重大问题进行调研、考察后形成的报告。

（三）活动进度控制

为使课外体育活动顺利实施，首先应该对活动涉及的各项工作任务进行实时监控，及时发现问题，寻找差距，以便及时调整。课外体育活动进度控制的内容主要有：当前计划完成情况；已完成工作任务的质量；场地设施的使用情况；相关部门人员沟通、协作情况等。

随时校正计划与实施之间差异的前提是检查。检查贯穿于整个课外体育活动实施过程，尤其是对于长期开展的、已形成制度化的课外体育活动，检查能发挥督促和提醒的作用，防止虎头蛇尾。检查主要有：检查课外活动工作计划的执行；检查课外体育活动工作的进展；检查课外体育活动是否切实采取措施保证学生的安全和健康；检查课外体育活动在时间、场地、辅导力量、学生参加活动等方面是否发生矛盾；检查课外体育活动与学科课程学习是否发生矛盾。

活动进度要根据具体情况做出适当调整，其原则是从实际出发，从效果出发，总结完善。每组织一次活动，都要在结束以后把主要参与人员集中起来总结经验，对计划、实施过程认真回顾，总结优点，找出差距，提出整改措施。

思考题

1. 怎样理解课外体育活动的特点和意义？
2. 怎样组建学校体育社团？
3. 阐述课外体育活动实施的制度安排及跟踪管理的方法。

作业题

制订一份学校大型体育活动策划书。

第十一章　体育教师

本章提要：

本章阐述了体育教师的社会角色与职业特点，体育教师的职业素养的含义，包括体育教师的职责和体育教师应该具备的素质。阐述了体育教师专业化的意义、内容和发展途径。

第一节　体育教师的社会角色与职业特点

一、体育教师社会角色的基本含义

(一) 社会角色

社会角色是由人的互动行为所表现的特定社会地位、身份所决定的一整套权利、义务的规范和模式行为，既指人们对具有特定身份的人行为的一种期望，也包括相应的行为。社会角色是一套社会行为模式，每一种社会行为都是特定的社会角色的体现；是由人们的社会地位和身份所决定的，角色行为真实地反映了个体在群体生活和社会关系体系中所处的位置；是符合社会期望的，按照社会所规定的行为规范、责任和义务等去行动的。任何一种社会行为，不仅反映了角色扮演者的社会地位及其身份，而且体现出个体心理、行为与群体心理、行为及社会规范之间的相互关系。每种社会身份都伴随有特定的行为规范和行为模式，当个体产生为自己的社会身份所规定的行为规范和行为模式时，便充当了角色。社会角色的要素包括角色权利、角色义务和角色规范，体现了不同职业个体在承担一定的社会角色职责时，既享有一定的社会角色权利，也承担着相应的社会义务，同时，社会也对特定角色提出了明确的规范要求。体育教师作为从事体育事业的专门人才，所承担的社会角色主要体现在用体育专业知识技能为社会需要培养身心健全的人。

(二) 体育教师的社会角色

体育教师的社会角色既代表这一社会群体的地位与身份，也包含着社会对体育教师的角色期望。体育教师是受一定社会委托承担对学生的身心施加积极影响职责的教育工作者。担负着培养全面发展人才的社会责任，他们的劳动无疑对于教育乃至社会都有着很大的作用。随着世界竞争的日趋激烈和知识经济时代的到来，人才培养的规格不断提高，表现在社会对体育教师所应具备的条件和所应承担的教育职责处在不断的变化过程中，这都需要体育教师适应多样化的社会角色。

体育教师以其特殊的劳动方式和内容，为社会培育合格的公民和现代化建设人才。这对提高国力及整个民族的体质健康水平有着深远的意义。

体育教师要明确自身的社会角色定位和要求，充分认识到社会对自己的期望，主动适应社会发展，对自己所承担的职业价值、态度及其行为的意识倾向逐渐形成自身的角色定位，承担起社会赋予的职责，扮演好各种社会角色，并协调好各种角色之间的关系。成为一名合格的现代体育教师。

二、体育教师社会角色的转变

随着社会的发展及教育改革的不断深化，学校体育被赋予了许多新的时代特征，体育教师的社会角色也不断地被赋予更多更新的内容，体育教师势必需要从传统的角色束缚中解放出来，实现体育教师角色转变已经成为教育发展的必然。体育教师必须紧跟时代的步伐，与时俱进，尽快转换角色，成为适应时代发展要求的新型体育教师。

1. 从体育技能的传授者向学生健康的促进者的角色转变

新《体育与健康课程标准》把"健康第一"作为指导思想，以提高学生的身体健康、心理健康水平和社会适应能力为总体目标，满足未来社会对人的体育素质和健康要求。《体育与健康课程标准》强调：运动兴趣和习惯是促进学生自主学习和终身坚持锻炼的前提，是实现体育与健康课程目标和价值的有效保证。因此，体育教师应注意调整自己以往注重运动技术、技能传授者的角色，在教学内容、方法选择上，应注重对学生健康的促进价值，注重激发学生体育锻炼兴趣，创设良好学习环境使学生积极主动地参与到体育活动之中，学会科学健身的方法，形成主动参与体育锻炼的意识，提高他们的体质健康水平。教师应从以往只重视体育技能传授向重视学生健康的角色转变。

2. 从单纯体育教学者向学校与社会的沟通者转变

现代学校体育也要求体育教师树立大的体育教育观，学校体育的空间由学校拓展到社会，在时间上从在校学习一直延续到一生。构建一体化体育教育体系，体育教师不仅承担着学校体育教学、课余体育活动等职责，而且承担着学校与社会沟通者的角色。素质教育的开放性特征需要体育教师将学校体育、家庭体育和社会体育有效地结合起来，充分调动各个方面的教育资源，实现教育教学的效果最优化，更大范围地将学校体育与社会体育结合起来。这些都需要体育教师首先实现社会角色的定位转换。要体现出体育教师在社会角色中的作用，如体育教师在社区全民健身活动担任社区指导员、科学健身知识的传播者和推动者、社区竞赛的组织者等角色。

3. 从教材计划的机械执行者向开拓创新者转变

体育课程改革需要体育教师在教学过程中用研究者的眼光审视和分析教学理论与教学实践中的各种问题，要改变机械地实施教学计划和教材内容的现象。把教育教学的实践活动与研究有机地结合起来。当下学校体育改革在不断深化，需要体育教师也同样随着学校体育的变革而发展。适应学校体育改革与发展成为体育教育改革的研究者、执行者和开拓者。体现现代体育教师在学校体育改革与发展中所发挥的主体作用。

4. 从教学指挥者向参与者、合作者转变

新课标的理念之一就是"以学生发展为中心，重视学生的主体地位"。强调课程要满足学生的需要和重视学生的主体地位，只有这样，学生的学习积极性和学习潜能、学习情趣才能得到发挥，体育学习能力才能得到提高。持有传统观念的体育教师往往如同发号施令的指挥者，以强制色彩的指挥实现教育教学的统一化和规范化的要求。新课标的理念要求体育教师从体育教学过程的指挥者、教学内容的指定者转变为学生体育学习的引导者、参与者、合作者。这就要求体育教师要从传统的角色定位中走出来，从权威的管理者转变为与学生平等相处的合作者角色。体育教师要在教学中尊重学生、关心学生、理解学生，用自己的人格魅力、良好的思想素养去熏陶学生。在这种角色转换所带来的民主、平等、合作的师生关系中，学生的体育兴趣会得到更大程度的激发，学生将更积极地投入到体育锻炼中来，这样不仅能有效改善体质健康，更重要的是使学生养成终身参加体育锻炼的意识和习惯。这是新体育与健康课程标准所追求的核心目标之一。

三、体育教师的职业特点

（一）促进学生身心全面发展的特殊性

学校体育的指导思想是"健康第一"，体育教师是以其教育方式和性质的独特性来促进这一教育目标实现的主要职业群体之一。与以室内教学为主的教育形式相比，体育教育不仅通过体育活动来提高学生的身体素质。而且还通过体育教学来培育完善学生的意志、品德和人格。体育教育与学校教育中的其他教育形式的最大区别便是不仅通过知识的传递来实现教育目标，而且通过体育活动来促进学生的身心全面发展。在体育教学中，生生之间、师生之间的互动，使学生学会尊重，学会合作，在体育活动的竞争中培养学生不畏困难、拼搏进取的意识和集体主义精神。在体育教师的正确引导下，无论是个人项目还是集体项目，都能有效地培养学生遵守体育规则和道德规范，这对学生良好的个人行为和道德风尚的养成有促进作用。这些在体育活动中所实现的教育价值是体育教育特有的教育手段和教育效果，体育教师则是这一教育形式的引导和促进者，也是体育教师这一职业有别于其他学科教师的主要职业特征之一。

（二）教育职责和教育形式的多样性

体育教师职业具备教育职责和教育形式多样性的特征，这一教育职责要求体育教师必须具备多种教育能力，不仅表现在知识结构方面由多个学科知识群组成，在职业教育和培训中，跨多门学科的知识学习为全面的教育能力奠定了基础，不仅涉及教育学、心理学等一般教育规律学科，更是涉及保健、测量、统计以及各种运动项目等方面的知识和技能，使体育教师在教育教学中具备独立完成多项工作的知识能力，不仅能胜任体育教学工作，又能承担课外体育指导；既能有效组织管理学生体育活动，又能参与校园体育文化建设等。

（三）体育技能多样化与个性化统一性

在体育教学活动中，其内容和形式都具有多样化特征，不同类型的教学与活动都需要体育教师懂得相关活动项目的规则、方法等多方面的基础知识。具备更加全面的素质，掌握更多的运动技术、技能，这是体育教师实现教育职责的基本条件。在此基础上，现代教育中的体育教学与活动形式不断丰富，需要教师满足学生多样化、个性化的体育需求，如体育选项课、体育俱乐部、学校业余运动队训练等对体育教师的专业技能提出了更高的要求。随着教育和社会的发展，学生体育需求个性化特征将愈加明显，这带来了对体育教师体育技术、技能的个性化要求。体育教师体育技术、技能的多样化与个性化的统一，是体育教师有别于其他学科的鲜明职业特点之一。

（四）自身榜样的教育性

体育的室外环境特征和体育的活动性特征等，决定了体育教师的活动范围和与学生的接触形式与其他学科教师有明显的区别，能够使体育教师的示范作用更加有效地发挥，体育教师对学生的影响也更为直接和直观，这也为体育教师技术、技能和人格魅力的充分展示创作了条件，体育教师为学生提供了一个鲜活的榜样，教师自身的言行就是非常有效的教育内容和教育手段。体育教师在工作中表现的健美的体魄、勇敢顽强、坚韧不拔等优良品质以及娴熟的运动技巧都是一种无形的教育力量，在潜移默化之中对学生发挥着巨大的影响作用,学生对体育教师运动技艺的崇拜或者健美体魄的欣赏,或许就有可能成为他们终身热爱体育的初衷。通过自身的活动,潜移默化地对学生发挥示范作用,也是体育教师职业的特点之一。

(五) 体育教师社会角色的延展性

随着学校体育、家庭体育、社区体育的一体化建设,体育教育的范畴也不仅仅局限于学校范畴,在空间上、体育资源利用等方面与社会的结合已成为一种趋势,全民健身的深入开展,尤其是学校场地设施对社会开放,更是把学校体育和社区体育紧密结合起来的一种趋势。这种教育和社会发展形势使体育教师的社会角色含义得到了拓展。体育教师在体育健身知识、技能等方面的职业优势使得他们除了在学校体育中担任教育者外,同时还应该在全民健身等活动中承担起社区体育指导员的角色。

第二节　体育教师的职业素养

一、体育教师应具备的素质

(一) 先进的现代教育思想和教育理念

教育思想与理念是教育行动的先导。先进的现代教育思想和教育理念是当今体育教师完成教育职责的前提和保证。缺失了思想保证就使得教师的教育失去了方向与目标,无论其他条件多么完善,体育教师都将难以圆满地完成教育教学的各种工作职责,也无法成为一名合格的体育教师。体育教师要有热爱祖国、热爱教育事业的思想基础,对所从事体育教育事业的意义有正确的认识,有强烈的事业心与责任感,有把自己的毕生精力献给教育事业的信念和奉献精神。贯彻党的教育方针需要体育教师有坚定明确的思想觉悟和职业信念。为此,体育教师要有高尚的道德情操,要热爱学生,全面关心学生的成长,以饱满的热情全身心地投入到教育教学活动中,使教育教学在促进学生的全面成长中发挥更大作用。

同时,体育教师还必须及时了解当今国际、国内的教育发展动态,尤其应该注重学习先进的教育教学理念。信息化社会对教育提出了更高的要求,人类知识和信息总量增长和更新的速度前所未有,体育教师应积极主动顺应全球化、信息化教育时代的特点和需要,不断更新观念,这是体育教师适应教育和社会发展需要的保证。

（二）宽厚的理论基础与广博的知识

素质教育的不断深化需要体育教师必须有更宽泛的知识素养。既要遵循一般教育规律，掌握教育学、心理学等教育基础理论知识，运动解剖学、运动生理学、运动医学、运动生物力学、运动生物化学等专业知识，遵循人体生长发育及其在运动过程中的变化规律，善于根据不同年龄、性别和个性心理特征的学生进行有效的教育教学。同时，体育教师还应该掌握必要的横向多学科知识，素质教育需要体育教师在人文、社会科学等方面有广泛的学科视野，这是体育教师将多学科知识适时、交叉地运用于教育教学活动的基础。教育和社会的快速发展对体育教师提出了更高的文化素质要求，只有具备了宽厚的理论基础与广博的知识才能更好地完成教育教学职责。

（三）全面的教育教学能力

一个合格的体育教师必须具备完成体育教学的运动技术、体育教学能力以及课外体育活动的组织、训练工作和竞赛组织裁判等基本工作能力。教学能力主要体现在通过有效的手段充分发挥学生的主体作用，高效地完成体育教学任务。体育教师在教学实践中要有对课程标准的准确驾驭和处理的能力，既要把握好教师在教学过程中的主导作用又要发挥学生的主体作用，使学生成为体育学习的主人。这将充分调动学生学习的主动性、积极性和创造性，通过教育教学激发学生的体育兴趣，使学生愿学乐学，为终身体育意识的形成打下良好的基础。这种能力具体体现在体育教师科学地选择教学方法、手段，有效地组织好各种教学活动的课堂组织以及教学组织管理和动作示范讲解、对学生的考核评价等诸多方面。

在完成体育教学、训练及社会体育指导等工作需要体育教师在具备全面多样的体育技术技能项目基础上，还应具备良好的专项知识技能，这是激发学生的体育兴趣和学习热情的一个非常重要的因素，学生往往也是最先从专项技能和动作示范上去认识一位体育教师的。体育教师准确、熟练、优美的专项动作示范赢得了学生的敬佩，对体育教师以后的教育教学来说无疑是一个良好的开端。此外，还要求体育教师具有编制各种体育教学计划的能力和参与校园体育文化建设等方面的能力。

（四）强健的体魄和良好的心理品质

体育教师必须具备健壮的体魄，一方面，强健的体魄是体育教师承担各种教育教学活动的身体素质基础；另一方面，体育教师身体的健康、体格的健美、动作的优美和反应的灵敏本身也是教师提高教育教学效果，吸引学生热爱体育、积极参加体育活动的感召力量。

体育教师应具备积极良好的心理品质，包括情绪稳定、性格开朗、意志坚定、勇于开拓、富于竞争、善于交往等方面。现代社会发展迅速、节奏加快，充满各种竞争和挑战，体育教师应健康积极地面对各个方面的压力，具备健康的心理品质并及时有效地调节自己的心理状态，保持一种积极乐观的生活态度，具有广泛的兴趣爱好，心情乐观、豁达，这对体育教师保持良好的工作状态、有效地完成本职工作有重要的作用。

（五）科研与创新能力

现代教育的发展要求体育教师必须更新观念，仅仅完成体育教学和课外体育活动等职责已经难以跟上教育改革发展的需要，面对不断发展的学校体育，有许多新情况、新问题需要体育教师去面对和研究，需要不断创新才能更好地完成教育教学任务。为此，体育教师应该具备科研意识，在密切关注体育教育研究动态，了解教育改革的发展趋势的前提下，不断丰富自己的专业知识和相关学科知识，并通过教育和科研的结合对自己的教育教学实践进行总结，从中把握教育的一般规律，把研究实践中的感性认识上升为理性认识，并及时总结经验、撰写和推广研究成果，以促进自己的教育教学质量的提高。在教学中科研，在科研中创新，使体育教学具有新颖性和时代气息。为此，体育教师应掌握从事体育科研的基本方法，包括科研的设计，文献资料和科研信息的搜集、整理，以及撰写科研论文的文字处理能力等。

现代体育教育需要体育教师加强创新能力的培养。体育教师应关注教育和社会的变化，注重自己创新意识的培养，在长期的学习与科研中，坚持不懈地将学习、研究、实践有机地结合起来，研究教学对象、环境、教材等方面的特殊性，创造性地选择教学内容和教学方法，勇于创新和实践，将自己的知识经验通过转化和重新组合等多种方式实现教学效果的最大化和最优化。

（六）运用现代教育技术的能力

应用现代教育技术是体育教师必备的教学能力。现代社会已经进入“信息化”时代，互联网的广泛普及应用使得教育信息的来源与更新更加便捷和迅速，利用多媒体等现代教育技术也已成为体育教育发展的趋势。通过网络进行教育、多媒体辅助教学和使用先进仪器等已经在学校体育中得到推广，使得体育教师的教学手段更加丰富多样。同时，现代教育技术的运用可以更大程度地提高教育的效果，体育教师合理地使用多媒体等现代教育技术，可以突破传统讲授、示范等教学方法的局限，将大量的信息生动直观地展现在学生面前，使学生在有限的时间、空间获得丰富的感性材料，不仅有效地提高教育教学的效果，而且对学生提高思维能力、培养创新能力都有着积极的意义。因此，掌握一定的现代教育技术是体育教师适应教育发展的必然要求。

（七）参与社会体育活动的能力

现代体育教师的能力范畴已经超越了体育知识、技术、技能传授和课外体育组织、业余训练等的局限。学校体育与社会的结合程度将不断提高。要求体育教师应具有较强的人际交往能力和社会活动能力。体育教师在开展体育课教学、课外体育锻炼、课余体育竞赛，尤其是全民健身等群众性体育活动中，经常与校内、校际甚至社会上的有关部门合作。现代学校体育已经延伸到家庭、社区。早在 1994 年国家体委和国家教委等就联合提出《关于开展“到阳光下，到操场上，到大自然中去陶冶身心”活动的通知》。当前，“阳光体育”的蓬勃开展反映了家庭、社会和学校共同承担起促进学生体质健康的任务，并使得学校、家庭、社会一体化的体育教育网络化程度不断加深。同时，随着全民健身的进一步深入，社会体育场馆的开放，社区体育设施的不断完善，使学生接受体育教育的场所、机会大大增多。这些都对体育教师提出了相应的要求。因此，体育教师应具有较强的协调人际关系的能力，参与社会活动的能力。

二、体育教师的职责

（一）贯彻各项教育、体育工作方针、政策和法规，制定各种教育教学文件

体育教师应根据国家颁布的相关教育制度、体育法规对体育工作的指示，依据体育教学大纲和学校的教育计划，结合体育教学实际，从学生和学校的实际情况出发，配合有关部门制定学校体育工作计划和体育规章制度。

（二）上好体育课，不断提高教学质量

体育的功能主要在于强身健体，促进学生身体和心理健康，体育教师在学校的统一领导下，通过组织和指导学生参加各种体育活动来完成这一任务。体育教师将已有的知识有效地传授给学生，教会学生各种运动技术、技

能，以此促进学生身体健康发展，增强其体质。还应注重对学生进行科学锻炼身体和心理健康教育。同时，也应从实际出发，不断提高自身专业素质，进而提高学校体育工作质量，丰富和发展学校体育教育理论。

（三）搞好课外体育工作

学校体育目标的实现不仅是单靠体育课就可以完成的，还必须通过课外体育活动，引导学生形成体育锻炼习惯、丰富其课余生活。为此，体育教师应切实组织好早锻炼、课间操和班级体育活动，搞好课余体育训练工作和校内外各项体育竞赛工作，真正落实教育部关于每人每天锻炼一小时的要求。另外，体育教师还要配合学校搞好体育场地、器材建设，做好保管和维修工作，为课外体育工作的开展提供保障。

（四）教书育人，全面关心学生身心健康

体育教师在传授体育知识、技能的同时，还要通过体育教学、课外体育锻炼、课外运动训练和课外运动竞赛等多种途径和手段，有目的、有计划地促使学生形成良好的道德意识和情操，促进良好的个性品质发展。鼓励他们树立远大的理想，培养他们吃苦耐劳、勇往直前的拼搏精神，锻炼他们不怕困难，直面挫折的顽强意志。体育运动的教学训练和比赛都要求参加者付出极大的身体和心理能量，通过体育活动让学生在疲劳时具有咬紧牙关、坚持到底，困难时坚韧不拔、持之以恒，失败时决不气馁、再拼再搏，胜利时冷静处之、戒骄奋进等精神。

因此，体育教师应经常与班主任、家长保持联系，及时帮助他们克服各种困难，并对他们进行体育卫生和健康知识的教育，测定、评价学生的身体形态、机能和素质，建立学生健康卡片，使学校体育工作和卫生保健工作密切结合。

（五）培养学生的体育兴趣和终身体育能力

在教学过程中，体育教师要善于发现学生的兴趣、爱好并加以诱导和培养，树立以增强体质、培养能力为主的思想，借助于学校各个阶段的体育教学和课内外、校内外体育活动的结合，培养学生的体育兴趣和能力（如运动能力、自我检测体质的能力、自我锻炼能力、自我评价能力、运用体育环境和条件的能力等）。体育教师在教学中除了完成课堂练习外，还应有目的、有计划地布置一些课外作业，如制订自测体质、健身计划，让学生自学、自练、自评，有利于培养学生自我终身体育锻炼的能力。

（六）体育教师是体育后备人才的启蒙者和培养者

体育教师在教学工作中要发掘有体育才能和专项竞技特长的学生，引导、启发他们在德、智、体全面发展的基础上刻苦训练，不断提高他们的身体训练和专项运动技术水平。实践证明，一名优秀运动员的成长，大都经过了体育教师的发现、培养和输送这一过程。体育教师为我国竞技运动水平的发展做出了不可磨灭的贡献。

（七）全面参与，促进学校体育全面发展

体育教师在上好体育课和组织开展好体育课外活动的同时，要利用业余时间抓好学校的体育竞赛和运动队的训练工作。通过体育竞赛和运动队的训练，吸引越来越多的学生参加体育锻炼，从而挖掘更多的体育特长生。体育教师要积极主动地承担各项社会工作，协助学校和教研组做好各项工作，当好学校体育发展的参谋，出主意、想办法，努力协助改善学校体育工作的客观物质技术条件在整个学校体育组织管理中，体育教师应发挥主导作用，包括在学校体育领导中发挥助手作用，在学校体育的科学化方面发挥参谋作用，在学校体育的组织工作中发挥组织作用，在业务工作中发挥咨询作用等，以推动学校体育各项工作的顺利开展。

（八）协助社会体育工作

体育教师是社会成员中的活跃分子。由于职业关系，他们社交广泛，是学校与社会的主要纽带之一。体育教师精力充沛，且具有献身精神和组织领导才能。他们通过社区组织，协助慈善事业、社会俱乐部或公众福利组织等开展活动。

第三节 体育教师专业化发展

一、体育教师专业化的含义

（一）体育教师专业化发展的背景

20 世纪 80 年代以后，联合国呼吁各国把教师专业化作为提高教师质量和社会地位的共同策略，继而，提高教师专业化水平成了世界众多国家培

养教师的主要手段之一。尤其是随着社会的发展和教育改革的不断深入，教师专业化建设已经成为世界范围的教育发展趋势。我国于 1994 年 1 月颁布《教师法》，1995 年开始施行教师资格证书制度，这标志着我国的教师专业化发展开始步入规范化和制度化时期，不仅有了比较完善的相关法律、法规体系，也设立了专门的机构并采取了专门的保障措施。这些措施从根本上体现教师专业化要求的不断提高。我国《教师法》明确规定：教师是履行教育教学职责的专业人员。这一表述从实质上确认教师专业地位的法律性。2000 年出版的《中华人民共和国职业分类大典》是我国第一部对职业进行科学分类的权威性文件，其中，首次将我国职业归并为八大类，教师定为“专业技术人员”类，并给出了明确的界定：即从事各级各类教育教学工作的专业人员。教师专业化是我国教师教育改革与发展的需要和方向。我国从 2001 年 4 月 1 日开展在全国范围全面实施教师资格认定工作，使我国教师这一职业的专业化建设得到了迅速的发展。尤其是我国教育改革的不断深入，师资队伍的建设是事关教育改革成效的关键因素之一。对学校体育而言，近年来，我国中小学体育教师专业化建设取得了迅速的发展，以继续教育为主要形式的专业化建设取得了显著的成效，对更新中小学体育教师的教育观念，提高师德修养，扩展专业知识，以及提高教师教育教学技能和科研水平等方面起到了积极的促进作用。2001 年 6 月，我国启动了新一轮课程改革。2003 年教育部颁布了以“素质教育”为中心和“健康第一”为指导思想的新课程标准，体育作为学校课程体系的重要组成部分，不断进行深入改革，取得了一定的成效。但是，随着时代的发展和社会的进步，体育教师专业化建设与教育改革的需要之间仍然有一定的差距。

（二）体育教师专业化的含义

教师专业化是指教师作为社会中一个特殊群体、教师职业作为社会中一个专门职业的专业性的提升，也即教师在整个职业生涯中依托专业组织，通过终身专业训练，习得教育专业知识技能，实施专业自主，表现专业道德，逐步提高自身从教素质，成为一名良好的教育专业工作者的专业成长过程。从社会学的角度来看，教师专业化属于成人的职业社会化，又称教师专业社会化（teacher professional socialization）。以上不同学者对教师专业化的阐释为我们理解体育教师专业化含义提供了一定的依据。体育教师专业化包含着丰富的含义，从社会学意义上看体育教师的专业化是指教师逐步发展成为体育教学专业人员，在教育教学中对所从事的教育教学知识、技能的使用效果不断优化的发展变化过程。当然，这是一个包括教师本人和教育环境中诸多主体共同努力的过程，也是一个发展和提升教师群体专业服务质量的过程。

从教育学角度来讲，教师个体的专业化是一个人经过不断的专业训练和自主学习，从“普通人”成长为“教育者”进而变成“研究者”的专业成长过程。体育教师专业化在一定程度上注重的是教师个体职业成长和发展的过程，表现出教师专业化这一过程的延续性，是贯穿体育教师个人职业生涯的连续过程。同时，这一过程还体现出体育教师的专业知识技能不断优化和提高的积累特征，体育教师专业水平的不断提高是建立在原有知识技能基础之上的。总之，体育教师专业化是一个过程，是体育教师从较低水平向较高水平提升的动态过程，也是体育教师职业从一般职业向专门职业发展的动态过程。

由此，可以把体育教师专业化定义为：体育教师在整个体育教师职业生涯过程中，依托体育教师的专业组织（如职前的体育教师培养机构、体育教师学校、体育教师教育学院等），通过长期的、系统的、专门化的专业训练，习得体育教师的专业知识和技能，在从教过程中实施体育教师专业自主，表现体育教师的专业道德，并逐步提高自身的专业素质，成为一个良好的体育教育专业工作者的专业成长过程，是一个人从“普通人”变成“体育教育工作者”的专业发展过程。

（三）体育教师专业化发展的意义

1. 适应教育发展的必然要求

社会分工的精细是社会发展的体现，必然带来对职业技能专业化要求的提高，简单的社会化手段已经难以保证足够的职业技能获取，体育教师职业也与其他类型的职业一样，体现出了鲜明的专业化发展趋势。

时代在进步，教育在发展。这些都对教师提出了更高的要求。发端于20世纪60年代的终身教育思潮影响了世界范围的教育改革。随后在联合国教科文组织以及其他一些经济文化组织的推动下得到了进一步的丰富和发展，并于20世纪90年代形成了一个完整的终身教育思想体系，包括体育教师在内的师资培养也随之逐步向终身教育的方向发展。我国先后发布了《中国教育改革和发展纲要》和《面向21世纪振兴教育行动计划》等文件，对教师进行全面培训是其中的重要措施，用终身教育超越传统的职前教育和继续教育等体现了教师专业化建设的发展趋势。可以看出，体育教师的专业发展应该是一个终身学习的过程，是体育教师的专业理想、专业技能不断提升的过程，这势必要求体育教师抛弃一次职业教育享用终身的思想，用终身教育的思想不断提升专业化水平，惟其如此，才能跟上教育和社会发展的步伐，体育教师的价值意义才会得到不断的丰富和提升。总之，不断提升专业化水平应是广大体育教师在今后的教育发展中能够保持与时俱进，适应教育改革发展需要的坚实基础。

2. 体育教师专业化是深化课程改革的要求

学校体育改革不断深化，尤其是《体育与健康课程标准》的颁布与实施，对学校体育提出了新的要求，如何更加有效地发挥学校体育在提高学生的体质健康水平，促进学生全面和谐发展中的重要作用等，需要中小学体育教师在教育教学实践中应对这样的新挑战。学校体育课程改革的关键之一便是体育教师，而体育教师专业化则是应对这一挑战的措施之一。为了贯彻落实中共中央、国务院《关于加强青少年体育增强青少年体质的意见》（中发[2007]7 号）对促进学生体质健康的要求，2008 年 12 月 1 日教育部印发的《中小学健康教育指导纲要》明确提出：体育教师应进一步更新教育观念，改进教学方法、教学行为和教学手段，扩大知识面，完善知识结构，提高专业化水平。

3. 专业化是体育教师队伍整体素质提升的有效手段

随着学校体育改革的不断深化，体育教师队伍整体素质与全面实施素质教育要求的差距也明显表现出来。能否完成深化学校体育改革的任务关键在于体育教师整体素质，而专业化水平是主要的表现。当前，随着我国师资培养途径和数量的增加，体育师资短缺的矛盾逐步缓解，我国基础教育中体育教师师资队伍建设的主要矛盾正在发生转变，从以“体育师资数量缺乏与教育需求之间的矛盾”向“体育师资质量与教育需求之间的矛盾”转变，体育教师队伍建设的目标也相应的发生变化，从“以学历达标为主要目标”转向“以提高教师素质为主要目标”。因此，提高教师的素质成了当今基础教育中体育师资队伍建设的主旋律。2001 年 5 月 29 日，国务院在《关于基础教育改革与发展的决定》中提出要完善教师教育体系，深化人事制度改革，大力加强中小学教师队伍建设。同时还提出：根据体育教师的不同发展阶段来提供适宜的帮助，能够使体育教师在不同阶段均能够接受到与实际需要相匹配的教育，并不断提高体育教师自身的受教育程度，从而提升体育教师教育的质量。因此，通过体育教师专业化发展来提高体育教师的整体素质成了重要的建设路径。它更注重的是体育教师职业生涯全过程的专业发展。可见，体育教师教育专业化发展，不仅是实现体育教师教育创新的战略选择，也应该是提升体育教师队伍整体素质的有效途径。

4. 专业化是提升体育教师社会地位的有效途径

相比较于其他学科教师，体育教师的社会地位有着一定的差距。虽然导致这一状况的原因涉及诸多方面，但专业化也是一个重要评价视角。从一定意义上看，社会对某种职业的认可程度高低与该职业的专业化程度是相关联的。当前的体育教师专业化程度不高，与社会和教育对体育教师的专业化要求之间存在差距，体育教师的专业地位不高，并直接影响到社会对体育教师职业的认可。中国教育学会会长顾明远教授指出："教育开放、教师自主流动，其实质不是教师教育的转型，而是教师专业化、教师教育质量的提高"，"如果一种职业人人可以担任，那这种职业在社会上是没有地位的。教师必须专业化才能真正受到社会的尊重。"可见，促进体育教师专业化应该是提高体育教师专业地位及其社会地位的重要途径。

（四）体育教师专业化的内容

体育教师专业化主要包括以下几方面：

1. 专业理想

专业理想是体育教师专业化建设的一个部分，体育教师的专业理想是以体育教师对所从事职业的意义与价值认识为基础，逐步形成的关于教育价值、教育目的等方面的理想和信念。如促进每一个学生的健康成长的信念，以及由此而形成强烈的爱岗、敬业的动机等。专业理想为体育教师的教育教学行为提供了支撑，是体育教师专业化建设的思想内核。

2. 专业态度

体育教师的专业态度是教师对待所从事工作的看法以及由此而采取的相应的教育教学行动。现代教育需要体育教师形成对教育事业兢兢业业，对待学生诲人不倦，对待同事精诚协作的教育态度。同时，注重在教育实践中不断拓宽和更新专业知识和理论，及时补充本专业的最新研究动态，学习最新的研究成果。加强对教育规律的深入研究，将课程标准、教材及教法与自身的教育实践密切结合。良好的专业态度还表现在体育教师经常化的对自己的体育教学过程进行自我反思，以更高的标准重新审视和分析体育教学理论与实践的种种问题，并做到随时纠正和提高自己的教育认识，最终形成具有个人特点的教育教学策略。如在传统观念的体育教师职业中，存在着体育教师只求完成教学和课外体育活动而忽视科研的现象，这类只教不研的行为对教师自身的长远发展是不利的，也难以适应学校体育改革的需要。学校体育改革所倡导的全新教育理念以及教育教学过程中所遇到的新情况新问题都需要体育教师主动积极地参与。只有当教师真正确立起自身作为研究者，并在实践中研究行动、改进行动的时候，教师实践反思的能力才会真正培养起来，改革才能取得真正意义上的成功。

因此，良好的专业态度是体育教师专业化建设的重点之一，这对体育教师形成良好的职业道德和行为规范以及较强的爱岗敬业、奉献精神有重要的影响意义。

3. 专业知识

体育教师的专业知识指教师从事体育教育教学所必需的专业知识，也是体育教师与其他职业相区别的知识和经验体系，而且这一专业知识基础是个开放的体系。教师的专业知识需要不断地拓展与积累，不断地补充新的知识，扩大自己专业知识背景。同时，体育教师的专业知识还包含着认识程度不断提高的含义，从知识的初步理解到理性反思再到知识的创新。知识结构的不断优化也是体育教师专业知识提高的一个组成部分，现代教育要求体育教师具有宽泛、合理的专业知识结构。尤其是学校体育改革对体育教学内容形式提出了更高的要求，如课外体育俱乐部、选修课和研究型课程等。这些课程往住横跨多个学科，不仅涉及一般教育知识，而且还横跨人文、社科和自然等众多专业领域，这些都要求体育教师必须不断完善自身的知识结构，既要有宽广的知识背景，又需要更全面的专业知识。这些知识的掌握和运用程度是衡量体育教师专业化水平的重要标志之一。

4. 专业技能

体育教师的专业技能是教师从事教育教学工作所应具备的能顺利完成教育教学任务的必须技能。体育教师的专业技能是教师专业化的核心因素之一，也是体育教师综合素质的外在表现。一般而言，体育教师的专业技能应该包括以下几个方面：制定适合不同教育对象的教学目标、制订各种教学计划、选择科学合理的体育教学形式、讲解与示范、业余竞赛与课外活动组织以及激发学生学习积极性、科学评价教学效果等。

5. 专业品质

专业品质指的是体育教师在从事体育教育教学中所形成的具有稳定特征的认识态度、行为方式和个人品性等。体育教师的专业品质表现在包括对待教师职业的热忱态度和乐观精神，对学生有丰富的情感，能客观公平地对待每一个学生。在完成教育教学任务中有坚韧不拔的意志，沉着、耐心的工作作风以及对待艰巨工作任务的毅力。同时，优良的体育教师专业品质还表现在善于接受新事物、新观念，勇于突破成规，追求创新等。在现代社会发展环境下，社会赋予体育教师更多更高的职业角色，体育教师肩负着更多的社会责任。可见，一个合格的体育教师只有通过长期的专业训练，培养良好的专业品质，才能成为符合教育和社会发展要求的体育教师专业成员。

二、体育教师专业化建设的途径

(一) 自学

自学是提高在职体育教师专业化水平的重要途径之一。国家与民族的发展对教育的要求，人才多样化的培养需求等对体育教师提出更高的要求，体育教师必须与时俱进，这是体育教师专业化发展的鲜明时代特征。体育运动技术、技能和理论知识不断更新，各种体育教育理论和方法不断涌现，这要求体育教师必须具有较强的自学能力和终身学习的观念才能始终站在知识的前沿，才能适应教育和社会的发展。自学的优势在于其形式灵活、自主多样，可充分发挥体育教师的主体意识与主观能动性，并可与体育教师自身的教育实践活动相结合。体育教师通过回顾反思、总结评价从而不断培养和提高自己的教学反思能力，通过自身教学效能和素质的完善而促进体育教师的专业化水平的提高。

自学能力主要包括：

(1) 自我发展意识：只有充分认识到体育教师专业化发展的重要性，有专业化发展的紧迫感和自觉性，才能形成主动提高自身专业化的内在动力，才能化为长期坚持主动学习、自我提高的行动。

(2) 收集与分析资料的能力：自学需要体育教师掌握收集和分析基本信息、查阅和整理、文献资料、使用相关工具书的能力等。

(3) 独立思考和提升理论的能力：在自学过程中，需要体育教师对各种信息进行分析思考和判断，并逐步将思考和发现形成理论，撰写心得体会、读书笔记，使自己的专业化水平得以不断提升。在教师自学的方式中，尤其应注重利用网络途径。网络能够突破时间、空间等多方面的束缚，具有多主体、跨时空、即时性等特点，能便捷高效地获取各种信息，能有效地实现教师与专家、教师与教师、教师与家长之间的跨时空交流、互动和研讨，这对促进教师的专业拓宽和自我完善，提高自学的效果具有重要的意义。利用网络途径可为体育教师的专业化成长拓展更大的空间。

(二) 在职培训

在职培训不仅指的是教育部门组织的体育教师培训，还应包括学校组织的内部以及学校之间组织的定期或不定期培训。在职培训包括校外培训（如与高等体育院校、教育学院、教师进修学校等办的课程研修班、单科进修班与访问学者以及教育学院、教师进修学校或教师培训中心举办的多种形式的进修培训等)，使体育教师有更多的机会接受新教育，获取新知识、新方法，实现在职培训的多层次、多渠道的发展。校内和校际培训也是体育教师在职培训的主要形式，比如开办讲座、体育教学研讨、体育观摩比赛、评估与交流、假期培训班、参观访问等。通过内容广泛、形式多样的在职培训可使体育教师形成先进的教育教学观念，掌握科学与先进的教学方法、措施去指导学生学习，有效促进学生的健康成长。

(三) 提高学历层次

以学历提升为主要途径，通过脱产或不脱产等多种形式进行体育教师的学历教育。通过高等院校、专业培训机构举办的函授、委托培养等形式提高体育教师的学历层次，包括在职攻读专科、本科、研究生课程班等。鼓励广大体育教师提高学历、完善专业知识结构的积极性，在满足体育教师对更高学历的向往和要求的前提下，促使他们不断提高自己的专业素质。

(四) 加强科学研究

学校体育科研是一项具有探索性、创造性的实践活动，是提高体育教师专业素质的重要途径。通过科研的开展可以促进体育教师增长新知识，有效地充实和完善他们的知识结构。特别是将科研与自身在教育教学中遇到的实际问题相结合，在反思和探索中不断地关注问题、验证假设，进而发现、提出、解决教育教学中的各种实际问题。通过科研进一步开发体育教师的潜能，进而激发教师的创新能力。在反复提高课堂教学质量和教学效率的同时，也显著提升了教师的专业化水平。

总之，体育教师的专业化不仅是社会发展与社会分工的需要，而且是与终身教育及终身体育的发展趋势相契合的。顺应世界体育教师培养的发展趋势与潮流，是我国体育教师教育改革的努力方向。体育教师专业化是深化学校体育改革的建设路径。走教师专业化之路，不断提高我国基础教育中体育教师的专业化水平，是新世纪我国学校体育改革和发展的必然趋势。

思考题

1. 体育教师要担任哪些社会角色?
2. 体育教师专业化建设的途径是什么?
3. 体育教师应具备的素质有哪些?

作业题

1. 结合本章学习谈谈你对当好一名称职体育教师的设想。
2. 结合中学见习,记录体育教师的工作职责。

第十二章　学校体育管理

本章提要：

本章以学校体育的有关法律法规为视角，阐述了学校体育管理的概念、意义、学校体育与法规管理、学校体育管理的内容与方法、学校体育组织管理体制和学校体育安全管理等问题。

第一节　学校体育与法规管理

一、学校体育管理的定义

学校体育管理，是指在遵循学校教育规律和运行规律的基础上，为了达到学校体育管理的目标，充分发挥有限的人力、财力、物力、信息和时间等因素的作用，采取最佳的手段和方法，对学校体育工作过程及内外部各种因素与环境条件，所进行的计划、组织、领导、控制和创新等一系列综合活动。学校体育的管理，包括学校体育宏观管理和学校体育微观管理两部分。

学校体育是学校教育的重要组成部分，在学校体育管理工作中，既要涉及管理者的决策，又要见效于学校体育实践。

二、学校体育法制化管理意义

法制化管理是管理体系中的重要内容。依法治国，建设社会主义法治国家，就是要求国家对社会各项事业的管理也逐渐从过去的主要运用行政性的直接干预手段，转向综合运用法律、经济、行政等以宏观调控为主的手段，其中，法律是最基本、最具有权威性的手段。学校体育担负着提高全民素质，培养国家需要的全面发展人才的重任，国家对学校体育工作制定了一系列的法律法规，是学校体育管理依据。

（一）依法治校是学校体育管理的基础

根据教育部《关于加强教育法制建设的意见》和《关于加强依法治校工作的若干意见》，依法治教是21世纪我国教育事业深化改革，加快发展的必然要求。

依法治校是依法治教的重要组成部分。依法治校是全面贯彻党的政策方针，推进依法治国基本方略的必然要求，是教育事业深化改革、加快发展，推进教育法制建设的重要内容。

学校的根本任务是培养社会主义事业的建设者和接班人。实行依法治校，就是要全面贯彻教育方针，坚持教育为社会主义现代化建设服务，为人民服务，与生产劳动和社会实践相结合，培养德、智、体、美全面发展的社会主义建设者和接班人。

在依法治国的大背景下，依法治校应该是学校体育法制化管理的基本理念和理论根基。

（二）加强政府职能，依法管理学校体育

政府职能作为国家基本职能的一个组成部分，是行政部门依据宪法和法律赋予的行政权力来实现的。学校体育是我国体育事业的重要组成部分，具有公益性。要加强政府的行政管理职能，依法保障学校体育工作各主体的权利。

各级教育行政部门要按照依法治教和依法治校的要求，切实转变不适应形势需要的行政管理方式、方法，依据法律规定的职责、权限与程序对学校进行依法管理，切实维护学校体育工作的重要地位。

三、学校体育法规

根据学校体育工作侧重点的不同，可以分为学校体育工作的宏观法律规定和学校体育工作的具体法律及规范性规定。

（一）学校体育工作的宏观法律规定

宪法和法律是依法治国的根本依据，也是学校体育工作的根本纲领。关于学校体育工作，我国宪法和法律都有相应的规定。关于学校体育工作的宏观法律规定主要表现如下：

《宪法》第十九条规定："国家发展社会主义的教育事业，提高全国人民的科学文化水平。国家举办各种学校，普及初等义务教育，发展中等教育、职业教育和高等教育，并发展学前教育。……国家鼓励集体经济组织、国家企业事业组织和其他社会力量依照法律规定举办各种教育事业。"学校教育与学校体育不可分割，发展和举办教育事业，必须重视学校体育工作。宪法的规定，为学校体育工作奠定了基础。

《宪法》第二十一条第二款规定："国家发展体育事业，开展群众性的体育活动，增强人民体质。"宪法强调了发展体育事业的基本国策，以开展群众性体育活动为重点，目的是增强人民体质。这也是学校体育工作应当遵循的基本方针。

《宪法》第四十六条规定："中华人民共和国公民有受教育的权利和义务。国家培养青年、少年、儿童在品德、智力、体质等方面全面发展。"宪法规定了公民接受教育的权利和义务，并对青少年儿童的德智体全面发展给予

保障。

《教育法》第五条规定："教育必须为社会主义现代化建设服务，必须与生产劳动相结合，培养德、智、体全面发展的社会主义事业的建设者和接班人。"《高等教育法》第四条规定："高等教育必须贯彻国家的教育方针，为社会主义现代化建设服务，与生产劳动相结合，使受教育者成为德、智、体等方面全面发展的社会主义事业的建设者和接班人。"《教育法》和《高等教育法》都是根据《宪法》规定了学校教育的方针和任务，也明确了学校体育工作的目标和方向。

（二）学校体育的具体法律及规范性规定

有关学校体育工作的具体的法律及规范性规定，主要有《体育法》、《学校体育工作条例》、《全民健身条例》、《学校卫生工作条例》、《学生体质健康标准》、中共中央、国务院《关于加强青少年体育增强青少年体质的意见》和《国家学校体育卫生基本条件试行标准》等。

1.《体育法》关于学校体育的规定

《体育法》是由全国人民代表大会常务委员会制定的关于体育工作的基本法律，其中第三章是关于学校体育的规定，共有 7 条：

（1）教育行政部门和学校应当将体育作为学校教育的组成部分，培养德、智、体等全面发展的人才。

（2）学校必须开设体育课，并将体育课列为考核学生学业成绩的科目。学校应当创制条件为病残学生组织适合其特点的体育活动。

（3）学校必须实施国家体育锻炼标准，对学生在校期间每天用于体育活动的时间给予保证。

（4）学校应当组织多种形式的课外体育活动，开展课外训练和体育竞赛，并根据条件每学年举行一次全校性的体育运动会。

（5）学校应当按照国家有关规定，配备合格的体育教师，保障体育教师享受与其工作特点有关的待遇。

（6）学校应当按照国务院教育行政部门规定的标准配置体育场地、设施和器材。

（7）学校应当建立学生体格健康检查制度。教育、体育和卫生行政部门应当加强对学生体质的监测。

2.《学校体育工作条例》的主要规定

《学校体育工作条例》是经国务院批准的行政法规，是关于学校体育工作的具体规定。

第一章　总则：明确了学校体育工作的基本任务是增进学生身心健康，增强学生体质；使学生掌握体育基本知识，培养学生体育运动能力和习惯；为国家培养体育后备人才；对学生进行品德教育，增强组织纪律性，培养学生的勇敢、顽强、进取精神。要求学校体育工作应当坚持普及与提高相结合、体育锻炼与安全卫生相结合的原则；应当面向全体学生。

第二章　体育课教学：规定普通中小学校、农业中学、职业中学、中等专业学校各年级和普通高等学校的一、二年级必须开设体育课。普通高等学校对三年级以上学生开设选修课。体育课是学生毕业、升学考试科目。体育课教学应当遵循学生身心发展规律，教学内容应当符合教学大纲，符合学生年龄、性别特点和所在地区地理、气候条件。体育课的教学形式应当灵活多样，不断改进教学方法，改善教学条件，提高教学质量。

第三章　课外体育活动：要求开展课外体育活动应当从实际出发，因地制宜，生动活泼。普通中小学校、农业中学、职业中学每天应当安排课间操，每周安排三次以上课外体育活动，保证学生每天有一小时体育活动的时间。

第四章　课余体育训练与竞赛：要求学校应当开展多种形式的课余体育训练，提高学生的运动技术水平，有条件的学校，经批准后可以开展培养优秀体育后备人才的训练。学校对参加课余体育训练的学生，应当安排好文化课学习，加强思想道德教育，并注意改善他们的营养。

第五章　体育教师：规定学校应当按规定配备体育教师，承担培养优秀体育后备人才训练任务的学校，应当增加体育教师的配备。对于体育教师不仅应与其他教师一样，在职务聘任和工资待遇方面同等对待，还应针对体育教师的工作特点，妥善解决工作服装、工作量及妊娠、产后的女体育教师的问题。

第六章　场地、器材、设备和经费：学校及其主管部门应当按照国家或地方制定的各类学校体育场地、器材、设备标准，有计划地逐步配齐。各级教育行政部门和学校应当根据学校体育工作的实际需要，把学校体育经费纳入核定的年度教育预算内。

第七章　组织机构和管理：规定学校体育工作应当作为考核学校工作的一项基本内容。普通中小学校的体育工作应当列入督导计划。学校应当由一位副校(院)长主管体育工作，在制订计划、总结工作、评选先进时，应当把体育工作列为重要内容。班主任、辅导员应当把学校体育工作作为一项工作内容，教育和督促学生积极参加体育活动。

3.《全民健身条例》关于学校体育的规定

《全民健身条例》是由国务院颁布的行政法规，学校体育作为体育工作的基础也是全民健身体系中重要的组成部分。其中涉及学校体育工作的规定，共有以下几条：① 学生的体质监测由国务院教育主管部门组织实施。② 学校应当按照《中华人民共和国体育法》和《学校体育工作条例》的规定，根据学生的年龄、性别和体质状况，组织实施体育课教学，开展广播体操、眼保健操等体育活动，指导学生的体育锻炼，提高学生的身体素质。学校应当保证学生在校期间每天参加 1 小时的体育活动。③ 学校每学年至少举办一次全校性的运动会；有条件的，还可以有计划地组织学生参加远足、野营、体育夏(冬)令营等活动。④ 基层文化体育组织、学校、家庭应当加强合作，支持和引导学生参加校外体育活动。青少年活动中心、少年宫、妇女儿童中心等应当为学生开展体育活动提供便利。⑤ 学校应当在课余时间和节假日向学生开放体育设施。公办学校应当积极创造条件向公众开放体育设施；国家鼓励民办学校向公众开放体育设施。县级人民政府对向公众开放体育设施的学校给予支持，为向公众开放体育设施的学校办理有关责任保险。学校可以根据维持设施运营的需要向使用体育设施的公众收取必要的费用。

4.《学校卫生工作条例》的主要规定

《学校卫生工作条例》是经国务院批准的行政法规，是关于学校卫生工作的具体规定。

要求学校应当合理安排学生的学习时间。学校或者教师不得以任何理由和方式，增加授课时间和作业量，加重学生学习负担。学校体育场地和器材应当符合卫生和安全要求。运动项目和运动强度应当适合学生的生理承受能力和体质健康状况，防止发生伤害事故。学校在安排体育课以及劳动等体力活动时，应当注意女学生的生理特点，给予必要的照顾。学校应当把健康教育纳入教学计划。普通中小学必须开设健康教育课，普通高等学校、中等专业学校、技工学校、农业中学、职业中学应当开设健康教育选修课或者讲座。学校应当建立学生健康管理制度。根据条件定期对学生进行体格检查，建立学生体质健康卡片，纳入学生档案。

要求各级教育行政部门应当把学校卫生工作纳入学校工作计划，作为考评学校工作的一项内容。

县以上卫生行政部门对学校卫生工作行使监督职权。

5.《国家学生体质健康标准》的主要规定

为贯彻落实"健康第一"的指导思想，切实加强学校体育工作，促进学生积极参加体育锻炼，养成良好的锻炼习惯，提高体质健康水平，教育部和国家体育总局特制定本标准。本标准是《国家体育锻炼标准》的有机组成部分，是《国家体育锻炼标准》在学校的具体实施，是国家对学生体质健康方面的基本要求，适用于全日制小学、初中、普通高中、中等职业学校和普通高等学校的在校学生。本标准从身体形态、身体机能、身体素质和运动能力等方面综合评定学生的体质健康水平，是促进学生体质健康发展、激励学生积极进行身体锻炼的教育手段，是学生体质健康的个体评价标准。本标准将测试对象划分为以下组别：小学一、二年级为一组，三、四年级为一组，五、六年级为一组，初、高中每年级各为一组，大学为一组。学校每学年对学生进行一次本标准的测试。本标准各评价指标的得分之和为最后得分，满分为100分。根据最后得分评定等级：90分及以上为优秀，75～89分为良好，60～74分为及格，59分及以下为不及格。学生体质健康标准成绩每学年评定一次，按评定等级记入《国家学生体质健康标准登记卡》。学生毕业时体质健康标准的成绩和等级，按毕业当年得分和其他学年平均得分各占50%之和进行评定。

《国家学生体质健康标准》实施办法规定了具体的实施细则。主要有：《国家学生体质健康标准》（以下简称《标准》）的实施工作在教育部、国家体育总局的领导下，由各级教育行政部门管理，体育行政部门指导，学校组织实施。《标准》的组织实施工作在校长领导下，由学校体育教研部门、教务部门、校医院（医务室）、学工部门、辅导员（班主任）协同配合共同组织实施。

学生《标准》测试成绩达到良好及以上者，方可参加三好学生、奖学金评选；成绩达到优秀者，方可获体育奖学分。《标准》成绩不及格者，在本学年度准予补测一次，补测仍不及格，则学年《标准》成绩为不及格。普通高中、中等职业学校和普通高等学校学生毕业时，《标准》测试的成绩达不到50分者按肄业处理。因病或残疾学生，可向学校提交免予执行《标准》的申请，经医疗单位证明，体育教学部门核准后，可免予执行《标准》，并填写《免予执行〈国家学生体质健康标准〉申请表》，存入学生档案。对确实丧失运动能力、免予执行《标准》的残疾学生，仍可参加三好学生、奖学金、奖学分评选，毕业时《标准》成绩可记为满分，但不评定等级。认真上好体育课、积极参加体育活动、每天锻炼时间达到1小时者，奖励5分，计入学年《标准》总成绩。

属下列情况之一者，其《标准》成绩记为不及格，该学年《标准》成绩最高记为59分：①评价指标中400米（50米×8往返跑）、1 000米跑（男）、800米跑（女）、台阶试验的得分达不到及格者；②体育课无故缺勤，一学年累计超过应出勤次数1/10者。

6. 中共中央、国务院《关于加强青少年体育增强青少年体质的意见》（中发[2007]7号）的规定

为切实增强青少年体质、促进青少年健康成长，中共中央、国务院于

2007年5月7日发布了《关于加强青少年体育增强青少年体质的意见》。该意见分为三大部分，主要内容如下：

第一，高度重视青少年体育工作

（1）广大青少年身心健康、体魄强健、意志坚强、充满活力，是一个民族旺盛生命力的体现，是社会文明进步的标志，是国家综合实力的重要方面。

（2）青少年时期是身心健康和各项身体素质发展的关键时期。青少年的体质健康水平不仅关系个人健康成长和幸福生活，而且关系整个民族健康素质，关系我国人才培养的质量。

（3）当前和今后一个时期，加强青少年体育工作的总体要求是：认真落实健康第一的指导思想，把增强学生体质作为学校教育的基本目标之一，建立健全学校体育工作机制，充分保证学校体育课和学生体育活动，广泛开展群众性青少年体育活动和竞赛，加强体育卫生设施和师资队伍建设，全面完善学校、社区、家庭相结合的青少年体育网络，培养青少年良好的体育锻炼习惯和健康的生活方式，形成青少年热爱体育、崇尚运动、健康向上的良好风气和全社会珍视健康、重视体育的浓厚氛围。通过5年左右的时间，使我国青少年普遍达到国家体质健康的基本要求，耐力、力量、速度等体能素质明显提高，营养不良、肥胖和近视的发生率明显下降。

第二，认真落实加强青少年体育、增强青少年体质的各项措施

（1）全面实施《国家学生体质健康标准》，把健康素质作为评价学生全面健康发展的重要指标。认真贯彻《学校体育工作条例》，建立和完善学校体育工作规章制度。

（2）广泛开展“全国亿万学生阳光体育运动”。鼓励学生走向操场、走进大自然、走到阳光下，形成青少年体育锻炼的热潮。要根据学生的年龄、性别和体质状况，积极探索适应青少年特点的体育教学与活动形式，指导学生开展有计划、有目的、有规律的体育锻炼，努力改善学生的身体形态和机能，提高运动能力，达到体质健康标准。

（3）切实减轻学生过重的课业负担。中小学要切实纠正片面追求升学率的倾向，减轻学生过重的课业负担。深入推进基础教育课程改革，提高课堂教学的质量和效率，使学生有更多的时间参加体育锻炼。

（4）确保学生每天锻炼一小时。中小学要认真执行国家课程标准，保质保量上好体育课，其中小学1～2年级每周4课时，小学3～6年级和初中每周3课时，高中每周2课时；没有体育课的当天，学校必须在下午课后组织学生进行一小时集体体育锻炼并将其列入教学计划；全面实行大课间体育活动制度，每天上午统一安排25～30分钟的大课间体育活动，认真组织

学生做好广播体操、开展集体体育活动；寄宿制学校要坚持每天出早操。高等学校要加强体育课程管理，把课外体育活动纳入学校日常教学计划，使每个学生每周至少参加三次课外体育锻炼。

(5) 举办多层次多形式的学生体育运动会，积极开展竞技性和群众性体育活动。各级政府要定期组织综合性或专项性的学生体育运动会。学校每年要召开春、秋季运动会，因地制宜地经常开展以班级为单位的学生体育活动和竞赛，做到人人有体育项目、班班有体育活动、校校有体育特色。进一步办好体育传统项目学校和高等学校高水平运动队，充分发挥其对群众性体育的示范带动作用。注重发展学生的体育运动兴趣和特长，使每个学生都能掌握两项以上体育运动技能。

(6) 帮助青少年掌握科学用眼知识和方法，降低青少年近视率。中小学教师和家长都要关注学生的用眼状况，坚持每天上下午组织学生做眼保健操，及时纠正不正确的阅读、写字姿势，控制近距离用眼时间。学校每学期要对学生视力状况进行两次监测。

(7) 确保青少年休息睡眠时间，加强对卫生、保健、营养等方面的指导和保障。根据新时期青少年青春期特征和成长过程中的心理特点，有针对性地加强心理健康教育，逐步建立健全青少年心理健康教育、指导和服务网络。

(8) 加强学校体育设施建设。各级政府要认真落实《公共文化体育设施条例》，统筹协调、因地制宜，加强学校体育设施特别是体育场地建设。城市和社区的建设规划要充分考虑青少年体育锻炼设施的需要，为他们提供基本的设施和条件。

(9) 加强体育安全管理，指导青少年科学锻炼。学校要对体育教师进行安全知识和技能培训，对学生加强安全意识教育。加强体育场馆、设施的维护管理，确保安全运行。完善学校体育和青少年校外体育活动的安全管理制度，明确安全责任，完善安全措施。针对青少年的特点，加强对大型体育活动的管理，做好应急预案，防止发生群体性安全事件。所有学校都要建立校园意外伤害事件的应急管理机制。

第三，加强领导，齐抓共管，形成全社会支持青少年体育工作的合力

(1) 各级党委和政府要把加强青少年体育工作摆上重要议事日程，纳入经济社会发展规划。加大对体育事业尤其是中小学体育设施的投入，正确评价学校的教育质量，为学校实施素质教育、促进学生全面发展创造良好条件。

(2) 各级政府和教育部门要加强对学校体育的督导检查。建立对学校

体育的专项督导制度，实行督导结果公告制度。健全学生体质健康监测制度，定期监测并公告学生体质健康状况。加大体育工作和学生体质健康状况在教育督导、评估指标体系中的权重，并作为评价地方和学校工作的重要依据。对成绩突出的地方、部门、学校和个人进行表彰奖励。对青少年体质健康水平持续下降的地区和学校，实行合格性评估和评优评先一票否决。

（3）制定国家学校体育卫生条件基本标准，加大执法监督力度。通过制定国家学校体育卫生条件基本标准，进一步明确国家对各级各类学校体育场地、器材设施、卫生条件和师资的基本要求。

（4）充分发挥共青团、少先队、妇联组织的优势和特色，开展多种形式的课外体育锻炼活动。

（5）切实加强对学校卫生的监督与指导。中小学要依据《学校卫生工作条例》规定，设立卫生室，配备校医或专（兼）职保健教师，在卫生部门指导下开展学校卫生工作。各级教育行政部门要会同卫生行政部门建立巡查制度，加强行政区域内的学校卫生管理。

（6）加强家庭和社区的青少年体育活动，形成学校、家庭和社区的合力。学校、社区要和家庭加强沟通与合作，组织开展多种多样的青少年体育活动，促进家庭、社会形成科学正确的教育观念和方式。

（7）进一步完善加强青少年体育的政策保障措施。把义务教育阶段学生健康体检的费用纳入义务教育经费保障机制，其他学生由省级政府制定统一的费用标准和解决办法。学校要切实保证体育卫生工作的正常开展，所需经费从公用经费中提取和安排。

（8）努力营造重视青少年体育的舆论环境。大力宣传和普及科学的教育观、人才观、健康观，加大对群众性学生体育活动的宣传报道，形成鼓励青少年积极参加体育锻炼的社会氛围。

7.《国家学校体育卫生基本条件试行标准》的规定

《国家学校体育卫生基本条件试行标准》从体育教师、体育场地器材、教学卫生、生活设施、卫生保健室配备以及学生健康体检等方面明确了开展学校体育卫生工作所必不可少的条件，是国家对开展学校体育卫生工作的最基本要求，是中小学校办学应达到的最基本标准，是教育检查、督导和评估的重要内容。各地应当按照《国家学校体育卫生基本条件试行标准》对中小学校进行核查，尚未达到《国家学校体育卫生基本条件试行标准》的，应积极创造条件，使其尽快达到标准要求。

《国家学校体育卫生基本条件试行标准》首先规范了中小学校体育教师配备基本标准：

(1) 任职资格。中小学体育教师必须经过体育专业学习或培训，获得教师资格证书，并且每学年接受继续教育应不少于48个学时。

(2) 配备比例。学校应当在核定的教职工总编制数内，根据体育课教育教学工作的特点，按照教学计划中体育课授课时数和开展课外体育活动的需要，配备体育教师。小学1～2年级每5～6个班配备1名体育教师，3～6年级每6～7个班配备1名体育教师；初中每6～7个班配备1名体育教师；高中(含中等职业学校)每8～9个班配备1名体育教师。农村200名学生以上的中小学校至少配备1名专职体育教师。

另外，《国家学校体育卫生基本条件试行标准》还对中小学校体育场地、器材配备基本标准作出规定；关于中小学校教学卫生基本标准，从教室、课桌椅、黑板、教室采光、教室照明、教室微小气候等6个方面作出规范；关于中小学校生活设施基本标准，从学生宿舍、学校集体食堂、学校生活饮用水、学校厕所等4个方面作出规范；关于中小学校卫生(保健)室建设基本标准，从卫生(保健)室设置、卫生(保健)室人员配备要求、卫生保健室设施与设备等3个方面作出规范。

以上关于学校体育工作的具体法律法规，是依法进行学校体育管理的依据。当然，也是学校体育工作的重要依据。

第二节　学校体育管理的内容和方法

一、学校体育管理的内容

学校体育管理的内容是纷繁复杂的，与学校体育管理系统相对应，学校体育管理的内容，主要是学校体育的宏观管理和学校体育的微观管理。

(一) 学校体育的宏观管理

学校体育的宏观管理，是指国家及地方各级教育、体育和卫生行政部门对学校体育工作的管理，其中，针对学校体育工作，主要是由各级教育行政部门机构内部的体育(卫生艺术)部门负责实施。主要包括以下几个部分。

1. 各级教育行政部门的学校体育卫生管理

上级教育行政部门有权对下级教育行政部门的体育卫生工作的业务进行管理，其主要管理工作包括检查、督促国家法律法规、教育方针及政令政策的贯彻执行情况；组织各级各类学校经验交流；分级检查和指导学校体育工作的开展。

2. 课程计划管理

各级教育行政部门要根据国家颁发的学校体育课程计划，分级检查督促关于落实学校体育开展的情况，并结合各地区实际有计划的指导实施。

3. 体育师资管理

体育师资管理是各级教育行政部门关于学校体育业务工作的重要组成部分，主要是根据学校体育课程计划与本地区学校和学生的数量，做好学校体育教师的定编工作以及对体育教师的培养、培训和检查工作。

4. 学校体育经费及器材设施管理

各级教育行政部门根据国家对学校体育规模的相应规定，分别制定各级各类学校体育经费、体育器材及设施的规范要求。

（二）学校体育的微观管理

学校体育的微观管理，主要包括对学校体育课教学、学生课外体育活动、课余体育训练与竞赛、学生体质与健康状况、学校体育场地设施及体育信息资料和档案以及学校体育宣传和科研等方面的管理。学校体育的微观管理是在学校校长和体育领导小组的直接领导下，由体育部（系、室、组）具体开展工作。学校体育微观管理的主要手段，是通过实施学校体育工作计划来实现学校体育的目标。

1. 学校体育工作计划的管理

学校体育的工作计划是学校体育工作决策的具体管理形式，也是学校开展体育工作的主要依据。学校体育工作计划包括体育课教学工作、课外体育锻炼、课余体育训练与竞赛、体育教师进修、科研工作、宣传教育工作、卫生保健工作、经费开支与场地器材工作等内容。

学校体育工作计划可由体育部（系、室、组）提出方案，提交学校体育领导小组通过，并由校长批准实施。学校体育工作计划的制订，应以学校体育目标为依据，并结合本校的实际情况而定。工作计划应具体明确，各项工作的安排应有明确具体的任务、期限、主要负责人及实施者等内容。在工作计划施行的过程中，应不断总结经验，采取措施，保证计划的顺利完成。

2. 体育课教学管理

体育课教学管理是指按照体育教学的规律和特点，对体育课教学工作进行管理，包括计划、组织、控制和监督四个过程。

制订体育课教学计划。教学计划是开展学校体育课教学工作的源头，制订教学计划的主要依据是教育部颁布的《体育与健康课程标准》和《全国普通高等学校体育课程教学指导纲要》。为顺利实现教学目标，要善于分析现有的客观因素，如对体育教师师资状况、学校体育场馆器材状况、以往的学生体育教学测评统计资料等，进行科学预测；要区分教学层次，确立各种教学目标；要拟定多种可供选择的行动方案，进行科学决策，遴选最佳方案，最后编制正式的教学计划。

组织体育课教学。组织体育课教学属于学校体育管理的组织职能，贯穿于体育课教学的全部过程。科学严密的组织工作，是实现体育课教学预定的目标任务的具体保障。体育课教学的组织过程，就是围绕教学目标对人、财、物、时间、信息等因素的配置和调整。

控制体育课教学。体育教学目标的顺利实现，体育教学计划的顺利完成，有赖于对体育教学过程进行科学有效的控制。在现实教学过程中，往往会出现既定的教学计划与现实情况的变化而发生冲突，导致教学计划可能无法按原定程序完成，这样，对体育课教学的控制尤为重要。在体育课教学的控制过程中，控制职能必须明确、责任到人；控制机构可以与体育教学部门、器材管理单位等组织机构合二为一，即赋予同一组织机构多项管理职能。

监督体育课教学。任何计划，如果没有检查评定和总结监督，都是不完整的。通过检查评定和总结监督，可以客观地评定教学质量，提高质量评价的科学性；可以加强体育教师的整体观和责任感；可以及时提供反馈信息，调控教学管理，真正实现教学目标。

3. 课外体育活动管理

学生的课外体育活动是体育课教学的延续，是增强学生体质、提高学生健康水平的有效途径，是保证学生每天锻炼一小时、贯彻落实“阳光体育”的重要组成部分，也是活跃校园文化活动的重要场所。加强学生课外体育活动管理，对于学生全面贯彻执行《体育法》、《全民健身条例》、《学校体育工作条例》、《体育课程标准》等具有重要意义。

对于课外体育活动的管理，首先还是要制订课外体育活动计划，包括校内和校外的课外体育活动计划。然后，就是要完成课外体育活动的组织实施工作。组织实施是一个动态的过程，要对课外体育活动的各个环节进行有针对性的管理，可以从以下几个方面入手：①确立制度和工作规范。②明确职责和工作范围。职责明确是课外体育活动顺利开展的有力保证。③控制课外体育活动。

4. 课余体育训练与竞赛的管理

课余体育训练管理要遵循运动训练的原理，着重抓好选材、组队、训练、学生思想品德及学籍管理，加强体教结合工作；学校体育竞赛要坚持小型多样、单项分散，以校内为主的原则，并根据学校体育运动的传统和季节特点安排竞赛活动。

对于课余体育训练与竞赛的科学化管理，要注意以下三点：

（1）要选择合理的体育训练项目：学校课余体育训练不可能面广量大，应根据自身的条件和特点，特别是学校传统的运动项目，有选择地开展学生课余体育训练，即从众多的体育项目中做出选择和取舍。

（2）要建立训练竞赛管理体制：学校课余体育训练与竞赛的管理，既要遵循体育训练与竞赛的规则与规律，又要符合学校教学教育规律的要求。具体表现在：首先，要建立学校课余体育训练管理机构，各级管理机构要根据不同学校的实际情况制定相应的发展规划。其次，要形成学校课余体育训练和竞赛的多级体系。学校课余体育训练是一个系统工程，要构建从小学到中学再到大学的多级训练体系，要根据学生身心发展的规律和竞技体育的要求，提出不同的学习和训练计划，为国家培养和输送优秀的竞技体育人才。再次，要制定严格的课余体育训练与竞赛的管理规定。各级各类学校要根据国家的政策法规，并结合自己学校的实际情况，制定严格的课余训练竞赛管理规定，主要包括学籍管理规定、招生管理规定、训练竞赛补助规定、运动服装管理规定、教练员训练竞赛要求等。

（3）要制订训练竞赛计划：学校的课余训练计划要围绕竞赛目标而制订。学校体育训练计划的制订，要充分考虑到大中小学生的生理心理发展程度的差异，课余体育训练与专业队训练的差异，以及学生体育训练与文化课学习的冲突等因素，进而制订多年训练计划、全年训练计划、学期训练计划、周期训练计划等。学校体育竞赛计划是一所学校体育竞赛管理活动的起点和依据，学校年度体育竞赛日程计划的内容一般包括：体育竞赛的项目、种类、时间、地点、参赛单位、参赛人数和主办单位等。学校年度体育竞赛日程计划是在校领导的领导下，由体育部（系、组、室）根据有关部门的竞赛计划和规定，按照本校教育工作安排和实际情况，经与有关部门协商后制定，报校领导审查批准后执行。

5. 学生体质与健康管理

学生体质与健康管理工作主要有以下内容：学生参加体育锻炼标准登记、学生卫生行为登记、学生健康卡登记，做好从整体上对学生体质管理工作，按照国家有关要求做好学生的体质测试、体检工作和常见病的防治工作。

6. 体育场地设施管理

学校体育场地设施是学校开展各项体育活动的物质保证，学校应当按照国家及地方教育行政部门制定的各类学校体育场地、器材、设备配备标准和学校办学规模，配齐配足体育教学、活动、训练和竞赛的器材设备。学校体育器材设备应纳入教学仪器采购序列计划，及时添置、维修和更换。体育场地设施应有一个总体规划和合理布局。对于学校体育场地设施的管理，要按照国家及地方教育行政部门关于场地、器材、设备的配置标准进行分类设置，建立场地、器材和设备的管理和维修制度，做好场地、器材和设备的购置、保管、维修、借用等工作。体育场地设施的使用、保养和管理，应以提高利用率和管理制度化为原则。为此，学校还应建立相应的体育场地设施管理机构，制定各种体育场地设施的管理制度。根据国家有关部门的规定，学校应在确保正常的体育教学、课外体育活动以及课余体育训练和竞赛的前提下，积极利用现有的体育场地设施的条件，为校内外提供体育服务。

7. 体育信息资料、档案管理

对于学校体育的信息资料、档案的管理，一般可分为保存和张贴两方面。对学生体质状况、学生体育课成绩、学生运动成绩、开展学校体育的有关信息资料等，都应当作为档案，按规定期限加以保存。对日常工作、上级部门要求上报的材料及学校近年来体育发展状况，学生锻炼情况等，可以根据情况分别张贴在宣传栏里。

8. 学校体育宣传和科研工作的管理

学校体育的宣传可以分为定期宣传和专题宣传。学校体育宣传要制订计划，把宣传活动与体育措施紧密结合起来。定期宣传主要有有计划地进行宣传栏、知识讲座、体育表演、图片展览、影视录像等形式的宣传。专题宣传是根据有关专门性的体育活动，如奥运会、亚运会、全运会、校运会等专门的体育活动，有组织地进行短时间的较大规模的主题宣传活动。

学校体育科研管理，主要内容包括：制定体育科学研究政策；选择制订体育科研计划；科学地组织学校体育科研队伍；建立相应的研究室、实验室、课题组；为学校体育科研工作提供必要的物质条件；提供体育科研工作所需要的图书资料与信息情报，加强对研究人员的培训工作；组织科研成果鉴定、推广和评奖等。

二、学校体育管理的方法

学校体育管理方法是指为保障学校体育管理活动的顺利进行、正确实施管理职能、全面实现管理目标而采用的手段、途径或措施的总称。学校体育管理方法的应用直接影响和制约着管理行为的有效性，主要有以下几种：

（一）法律方法

学校体育管理的法律方法，是指运用有关学校体育的法律、法规、规章以及司法仲裁等程序，来管理学校体育的方法。依法治教和依法治校是学校体育管理的重要指导思想，法律方法是现代学校体育管理的重要方法。在其适用范围内具有普遍的约束力，它有利于实现管理的公开、公平、公正，维护学校体育管理秩序，建立健全科学有效的管理制度，从而有助于促进学校体育工作的开展。

在学校体育管理中，要正确运用法律的方法，既要严格遵守现行的法律法规和规章，做到依法治教、依法治校，还要不断总结经验，加强学校体育工作的立法，建立健全学校体育的法律制度，使符合客观规律和行之有效的管理方法和制度用法律法规的形式固定下来，真正做到有法可依，有法必依，执法必严，违法必究。

（二）行政管理方法

学校体育管理的行政管理方法，是指有关行政部门按照行政隶属关系，按照国家的学校体育方针政策及发展规划对下级进行管理的一种方法。行政管理方法是管理工作中最普遍最常用的方法，尤其是对于需要高度集中的领域，更具有独特的作用。行政管理方法一般是采用命令、指示、规定、条例、决议、指令性计划、规章制度等方式，具有权威性、强制性、垂直性、直接性、时效性等特点。

学校体育的行政管理可以通过两个方面来达到管理目的：一方面是颁发有关学校体育的法规、条例、规定、规划、计划、通知及规章制度，要求有关单位执行；另一方面是：通过分级（上级对下级）的指导、检查督促和评估，以考量有关文件的落实情况。

正确运用行政管理方法，要注意下达任务与检查落实紧密结合，注意教育和体育以及有关行政部门的相互配合和相互协作。行政管理方法的正确运用，能够对于组织内部目标、意志、行动的统一和上级方针政策进行迅速有力地贯彻，对全局实行有效的控制；能够迅速地传递纵向信息，通过针对性地发出行政命令和指示的方法，及时有效地解决有关重点的和特殊的问题；能够使管理的作用和管理的职能得到强化和发挥，使得全局及各部门之间相互配合，并不断调整它们的活动与相互关系。

（三）宣传教育方法

宣传教育方法，是指运用多种形式的宣传教育手段或途径来管理学校体育工作的方法。宣传教育方法是我国管理工作的传统方法。学校体育管理工作，需要宣传来使人们理解和领悟，并不断提高对学校体育管理工作的认识。由于宣传教育方法具有思想性、引导性、激发性和灵活性等特点，可以启发管理者和被管理者的自觉性和积极性，使管理制度和方法得以顺利地贯彻和推行，并使管理具有教育意义。

宣传教育方法的手段或途径主要有：①召开各种会议进行宣传教育。如专题报告会、学校动员大会、年级会议、班会等。②利用宣传画、宣传册、黑板报、广播电视媒体、互联网等，进行学校体育工作的宣传教育。③以举办有关的体育表演、讲座、体育周、体育节等形式，来达到学校体育管理的有关目标。

宣传教育方法必须要以人为本，要遵循尊重人、理解人和关心人的原则，既是对管理者的宣传教育，也是对被管理者的宣传教育。通过宣传教育的方法，使得管理者统一思想发挥出表率的作用，也使被管理者理解和领悟管理者的意图，明白并意识到自己的责任，从而自觉地服从管理并参与管理。

（四）经济方法

学校体育管理的经济方法，是指运用经济手段来调解学校体育系统内有关方面的经济利益关系，以调动人们的积极性和主动性，使学校体育工作达到预期的经济效益和社会效益。

经济方法主要是通过经济杠杆来充分调动管理者和被管理者的工作积极性和主动性。在宏观上，通过发挥价格、税收、信贷等经济杠杆的作用，来调整和控制学校体育管理中的经济活动；在微观上，通过工资、奖金、罚款等制度，来调节国家、集团和个人三者的经济利益关系，充分发挥经济杠杆的激励作用。当然，经济方法应该与法律方法等其他方法结合并用，以防止导致为过于追求自己的经济利益而不惜牺牲国家、社会和他人的经济利益的现象出现。

（五）目标管理方法

学校体育的目标管理方法，是指根据学校体育工作的规划和计划，制定出具体的目标，并通过实施去达到目标的方法。目标管理的方法，常用在体育课教学、课余体育训练和竞赛等方面。如制定并完成体育教学计划，使学生达到和完成既定的目标任务。制定训练和竞赛的目标，力争在竞技比赛中取得理想的成绩。通过总结以往的体育工作情况，制定本期学校体育工作应达到的目标，并通过各种手段和途径来实现既定目标。在运用目标管理方法时，要注意实事求是，尊重客观规律，制定的目标不能过高或过低，否则目标管理方法就失去了意义。

计划的制订并非一成不变，主观判断的失误或客观形势的变化，都会导致原定的计划不切实际。学校体育工作的管理者应当经常进行调查研究，不断总结经验，及时掌握情况，善于发现问题，并及时调整计划，采取有效措施，在学校体育管理工作中始终保持主动权，以保证有关学校体育工作的计划顺利进行。

（六）检查评估方法

学校体育管理的检查评估方法，是指在学校体育工作实施的过程中，对完成学校体育目标的程度进行检查、监督、评定、评判的方法。检查评估是进行有效管理的重要方法，一般可分为三个步骤：第一，准备过程。主要是明确检查评估的目的，成立检查评估的组织、制定检查评估的方案。第二，实施过程。检查评估可以自检自评，但更多的是组织检查评估。第三，结果处理。主要是进行综合判断、分析诊断和结果解释工作。正确运用检查评估方法，可以达到激励先进、鞭策后进的目的。但检查评估不能泛滥，应避免干扰实际部门的具体工作。

第三节　学校体育组织管理体制

我国现行的学校体育管理体制，可分为宏观管理系统和微观管理系统。建立健全学校体育管理体制，是学校体育工作的重要组织保障，是保证政令畅通、确保学校体育工作顺利开展的重要举措。同时，依法行政、依法治校又是法制社会的基本要求，是科学管理长效机制的基石。

一、学校体育的宏观管理系统

根据我国学校体育管理的现状，其宏观管理系统是由各级学校体育行政管理机构、学校体育科学研究管理机构以及学校体育社会组织三个领域组成。

(一) 各级学校体育行政管理机构

从国家到地方,凡拥有学校体育管理职责的行政机关,都应依法履行对学校体育的管理职责,并依法管理。

1. 教育部

教育部是直接领导和管理学校体育的最高行政机关,教育部下设体育卫生与艺术教育司,主管各级各类学校的体育工作。其职责是:宏观指导学校体育、卫生健康和艺术教育工作,制定有关体育、卫生、艺术教育教学的指导性文件;协调大中学校及学生参加国际体育竞赛和艺术教育等交流活动;规划并指导有关的专业教材建设、专业师资培训;指导并协调学校国防教育和学生军训工作。教育部体育卫生与艺术教育司的主要任务是:制定和颁布学校体育发展的方针、政策、规划及有关制度;实施、监督及检查法规的贯彻落实情况;审定和颁布学校体育课程计划、课程基本要求和体育教学大纲;决定学校体育工作人员编制、配备和培训计划,学校体育经费比例,体育场地设施标准;领导和组织全国学生运动会;组织参加世界性学生体育竞赛,开展国际性学校体育交流;组织和支持开展学校体育卫生的学术交流;指导学校体育教育科研机构及社会团体的业务工作。

2. 国家体育总局

国家体育总局是国务院主管体育工作的行政部门,其所属的群众体育司和青少年体育司是具体负责对学校体育工作实施指导和监督工作的职能部门。群众体育司的具体职责是:拟订群众体育发展规划草案;推行全民健身计划,推动建立和完善全民健身服务体系;指导开展群众性体育活动;推行社会体育指导员和国民体质监测制度;指导国家体育锻炼标准实施。青少年体育司的具体职责是:拟订青少年体育工作发展规划草案、青少年业余训练管理制度;指导监督青少年体育锻炼标准的实施;指导全国各级各类体育运动学校、体育传统项目学校、青少年体育俱乐部的建设和有关学生文化教育工作;指导开展青少年业余训练及相关活动,组织指导重大青少年国际体育比赛参赛工作。

3. 地方教育行政部门

地方各级教育行政部门,均设有专管学校体育工作的组织机构,根据国家和地方的法律法规及政策,对本辖区的学校体育工作进行管理。

(二) 学校体育科学研究管理机构

学校体育科学研究机构相当广泛,国家教育部属下的中央教育科学研究所设有全国学校体育卫生研究中心,我国各地的高等学校、中等师范学校、教育(学校体育)科研所,以及一些省、市教育研究所设置的体育研究机构等,都是学校体育科学研究的重要组织。它们的主要工作是制定学校体育研究的规划和目标;培养和培训体育教师及体育管理人员;组织编写学校体育教材;开展学校体育教学和科学研究等。

(三)学校体育社会组织

我国的学校体育社会组织是由学校体育学术研究团体和学生体育团体组成,其性质都属于民间社会团体。

学校体育学术研究团体有中国教育学会学校体育研究会、中国高等教育学会体育研究会和中国体育科学学会学校体育专业委员会。在归口管理上,前两个属于教育行政部门的社会团体,后一个属于体育行政部门的社会团体。

学校体育研究组织主要工作是:开展学校体育学术交流活动;组织有关学校体育的学术课题研究;普及和宣传学校体育工作;开展学校体育工作的调查和研究;向教育、体育行政部门提供咨询材料及合理化建议;举办各种培训及学习班;组织出版和推广有关学校体育的研究成果;开展学校体育学术国际交流活动等。

我国学校体育团体主要有全国大学生体育协会和全国中学生体育协会。它们分别是国际大学生体育联合会和国际中学生体育联合会的组成成员。全国各地一般都有大学生体育协会和中学生体育协会,其基础组织是各级各类学校的学生体育协会或学生体育俱乐部。学校体育团体的任务是:组织全体学生参加体育锻炼,增强学生体质;组织有条件的学生参加课余体育训练,发现和培养优秀体育后备人才;组织全国性大学和中学体育竞赛;承接世界大学生、中学生体育协会的竞赛任务;组织参加世界性的学生体育竞赛和体育交流等。

此外,中国共产主义青年团中央委员会、中华全国学联等人民团体和社会团体,均设有学校体育管理部门,并对相关部门组织的学校体育活动进行支持、协调和配合。

二、学校体育的微观管理系统

学校体育的微观管理系统是指学校内的体育管理机构。从管理角度划分,学校体育工作的管理机构,可由学校体育工作领导系统、学校体育工作实施系统以及学生体育活动组织三个部分组成。

（一）学校体育工作领导系统

校领导和学校体育工作领导小组或学校体育运动委员会，是学校体育工作的领导层。其主要职责是：根据《体育法》、《教育法》及《学校体育工作条例》等法律、法规的要求，结合学校实际条件，提出开展学校体育工作的总体规划，制订学校体育工作计划，协调学校内部的各方面关系，充分调动各个相关人员参与学校体育工作的积极性，保证开展学校体育工作的场地、设施、经费等必要条件。

校长（分管校长）负责对学校体育工作的决策、指导、布置和检查。主要是根据法律法规和上级有关文件精神，结合本校的实际情况，提出开展本校体育工作的总体规划；主持讨论制订本校的体育工作计划；协调与发展学校体育工作相关部门的工作关系；整体安排校内体育工作任务；检查、督导学校体育工作的开展情况等。

（二）学校体育工作实施系统

学校体育部（系、室、组）是学校体育工作的组织实施机构。其主要职责有：根据上级文件精神会同有关部门制订本校体育工作计划和有关规章制度；提出学校体育工作发展建议；制定体育课程建设规则；落实体育教学任务；组织课外群体活动；开展课余训练竞赛工作；加强场馆器材建设与管理；制订体育师资队伍建设计划；做好学校体育的宣传工作。

体育教师是学校体育的具体组织和执行者。其主要职责有：积极参与讨论制订学校体育工作计划和有关规章制度；深入钻研教材，不断改进教学方法，认真备课，组织好每堂课的体育教学任务，保证教学质量；认真组织好课外体育活动；积极推行《学生体质健康标准》和进行各项测试工作；培训体育骨干；为人师表，教书育人。

学校医院（医疗所、卫生室）的医疗保健人员，学校总务部门以及班主任、辅导员等，也是学校体育工作的中坚力量，都应当把学校体育工作作为自己的一项工作内容。学校的卫生部门应当与体育管理部门互相配合，搞好体育卫生工作；总务部门应当搞好学校体育工作的后勤保障工作；班主任、辅导员应当教育和督促学生积极参加体育活动，与学校各部门一道，共同做好学校体育工作。

（三）学校体育活动组织

学校学生会、共青团、少先队、学生体育协会（体育俱乐部），是开展学校体育工作的重要组织。学校体育工作开展的是否成功和活跃，与学生体育组织的积极参与和组织管理密切相关。其主要任务是：根据学校体育工作的有关安排，积极宣传学校体育工作；在体育教学部门的领导下，组织各种符合学生特点的文体活动。

学校内部的体育组织机构是一个多层次结构的完整体系。上述各层次机构和组织人员，在履行学校体育工作的职责时，应在校长和主管部门的领导及协调下，做到分工负责，密切配合，共同实现学校体育管理的目标。

第四节　学校体育安全管理

学校是培养德、智、体全面发展的学生的场所，学校除依法开展常规的教育教学活动外，还有依法保护学生的人身安全的责任和义务。

由于体育活动是以身体练习为基本手段的专门性活动，经常要挑战自身的承受能力，而且在集体活动中不可避免地要进行身体接触，有些运动项目具有风险性可能会带来安全的问题，即学校体育伤害事故。有些学校为避免发生学校体育安全问题，不惜以牺牲学生的体育权利为代价，其结果自然是从根本上损害了广大学生的体育权益，这不仅有悖于素质教育，也是违反教育方针的。因此，正确认识学校体育伤害事故，是学校体育工作的重要问题。

一、学校体育安全概述

（一）学校体育伤害事故的界定

学校体育伤害事故，顾名思义，应当是在学校体育活动中发生的伤害事故。参照教育部《学生伤害事故处理办法》第二条的规定，学校体育伤害事故可以界定为：在学校实施的体育教学活动或者学校组织的校外体育活动，以及在学校负有管理责任的体育场馆或其他体育设施内发生的，造成在校学生人身损坏后果的事故。根据以上的界定，学校体育伤害事故有以下特点：

（1）内容确定性：学校实施体育教学活动包括体育课教学、课外体育活动、课余体育训练和体育竞赛活动。非体育活动不包括在内。

（2）地点多发性：学校体育伤害事故的发生地点一般在学校负责管理的体育场馆或体育设施，但也有可能发生在校外，即发生在学校组织的校外体育活动中。

(3) 形式多样性：学校体育伤害一般是指在学校组织的体育活动中发生的事故，但也可以是在校生自己在学校作息时间以内进行体育活动中发生的事故。

(4) 主体特定性：学校体育伤害事故的受害人一般是指在校学生，故学校体育伤害事故又可称为学生体育伤害事故。

(5) 后果严重性：学生受到伤害的程度一般是骨折、组织器官功能障碍、残疾甚至死亡等对人身健康有重大影响的损害，一般轻微的手指挫伤、踝关节扭伤、皮肤擦伤或划伤、身体相撞导致青肿等不应列入体育伤害事故之中。

(二) 学校体育伤害事故的类型

学校体育伤害事故多种多样，根据有关责任人的过错程度，可以分为以下几类：

(1) 因学校过错导致学生受到伤害：学校过错包括由于学校未尽到或疏于管理义务，致使体育场地设施或器材设备等存在安全隐患而导致的伤害；体育教师在教学或训练过程中违反教学常规或青少年生长发育的规律而导致的伤害；体育教师体罚或变相体罚学生而导致的伤害等。

(2) 因受害人自己过错受到伤害：主要有学生不服从体育教师的管理，违反纪律导致的伤害；学生或者其监护人故意隐瞒了自己的特异体质及病情伤情导致的伤害等。

(3) 因第三人过错导致的学生伤害：这是指学校已经尽到了合理的管理义务，在学校所能控制或预见的情形范围之外，由于第三人的过错，导致学生受到伤害。

(4) 因正常的体育风险导致学生伤害：体育活动存在一定的风险性，即便是正常的体育活动，也无法完全避免伤害事故的发生。

二、学校体育伤害事故的责任认定

责任认定的基础

出现学校体育安全事故，自然就会涉及损害赔偿问题。根据我国民法理论，责任认定的基础，取决于归责原则。所谓归责，是指侵权行为人的行为或物件致使他人损害的事实发生以后，应以何种依据使其负责。而归责原则即指归责的基本原则，是确定行为人侵权民事责任的根据和标准。主要有过错责任原则、无过错责任原则和公平责任原则。

1. 过错责任原则

《中华人民共和国民法通则》(以下简称《民法通则》)第一百零六条第二款规定:"公民、法人由于过错侵害国家的、集体的财产,侵害他人财产、人身的,应当承担民事责任。"其含义表明:构成过错责任的必要条件只能是过错,而不是损害结果,即有过错就有责任,无过错就无责任,过错的大小与责任的轻重相一致。

在学校体育伤害事故的归责原则上,当然可以适用过错责任原则。学校有过错的,学校承担赔偿责任;学生自己有过错的,学生自己承担责任;因第三人加害,学校没有过错的,学校不应承担责任,应由加害的第三人承担责任。但是,在适用过错责任原则时,举证责任是由受害人承担的,即谁主张、谁举证。

2. 无过错责任原则

无过错责任原则也称为客观责任、严格责任、结果责任,是指在特殊情况下,无过错的行为人也要承担民事责任的原则。《民法通则》第一百零六条第三款规定:"没有过错,但法律规定应当承担民事责任的,应当承担民事责任。"无过错责任原则是在损害发生后,既不考虑加害人的过错,也不考虑受害人的过错的一种法定责任形式,其目的在于填补受害人的损失。由于过错责任原则要求受害人举证,但在有些情况下受害人无法或难以举证,而受害人若举证不能则无法维护自己的合法权益,故过错责任原则并不能全面地保护受害人。而无过错责任原则强调在特殊情况下,依照法律规定,当事人即使没有过错,也要承担民事责任。在举证责任上,无过错责任原则要求举证责任倒置,即当事人如果不能证明受害人的伤害是由他自己故意造成的,就应当依法承担民事责任。显然,无过错责任原则对于保护受害人的合法权利意义重大。

但是,无过错责任原则不能滥用,只能适用法律规定的几种特殊情况。学校体育伤害事故是否适用无过错责任原则,也要看法律是否有明文规定。根据我国《民法通则》及相关司法解释,并无明文规定学校体育伤害事故要适用无过错责任原则。因此,学校体育伤害事故不能适用无过错责任原则。

3. 公平责任原则

所谓公平责任原则,又称衡平责任,是指当事人在对造成的损害均无过错的情况下,由人民法院根据公平的观念,在考虑当事人的财产及其他情况的基础上,责令加害人对受害人的损失给予适当补偿。《民法通则》第一百三十二条关于"当事人对造成损害都没有过错的,可以根据实际情况,由当事人分担民事责任”的规定,就是公平责任原则的法律依据。

体育活动的内在风险性,决定了在正常的体育活动中,即便当事人都没有过错,也可能会出现伤害事故。世界上许多国家在立法上就清楚规定,即只要运动员(体育参与者)不是故意以加害他人为目的的行为,在正常的体育活动中造成其他运动员(体育参与者)或者甚至参观者伤害的,都不应当适用公平责任原则判决分担损害。况且,公平责任仍然属于法律责任,应当依法由法律作出规定,而“适当补偿”则属于道德或情感的范畴,不应由法律作出规制。再说,学校属于公益性公共性的教学机构,在责任承担上应当与一般的营利性机构有所区别。学校的教育经费专用于教学,如果以教育经费来补偿学校体育伤害事故的损失,必然会对正常的教学秩序带来负面影响。现实中,由于学校无过错也要承担责任的判例,已经迫使有些学校宁愿放弃或缩减体育活动,以避免赔偿或补偿责任。

综上所述,学校在学校体育伤害事故中的归责原则,应当适用过错责任原则,不能适用无过错责任原则,不宜适用公平责任原则。

三、《学生伤害事故处理办法》的具体规定

学生伤害事故的责任,应当根据相关当事人的行为与损害后果之间的因果关系依法确定。因学校、学生或其他相关当事人的过错造成的学生伤害事故,相关当事人应当根据其行为过错程度的比例及其损害后果之间的因果关系承担相应的责任。当事人的行为是损害后果发生的主要原因,应承担主要责任;当事人的行为是损害后果发生的非主要原因,应承担相应的责任。

1. 因下列情形之一造成学生伤害事故的,学校应当依法承担相应的责任。

(1) 学校的校舍、场地、其他公共设施,以及学校提供给学生使用的学具、教育教学和生活设施、设备不符合国家规定的标准,或者有明显不安全因素的。

(2) 学校的安全保卫、消防、设施设备管理等安全管理制度有明显疏漏,或者管理混乱,存在重大安全隐患,而未及时采取措施的。

(3) 学校向学生提供的药品、食品、饮用水等不符合国家或者行业的有关标准、要求的。

(4) 学校组织学生参加教育教学活动或者校外活动,未对学生进行相应的安全教育,并未在可预见的范围内采取必要的安全措施的。

(5) 学校知道教师或者其他工作人员患有不适宜担任教育教学工作的疾病,但未采取必要措施的。

(6) 学校违反有关规定，组织或者安排未成年学生从事不宜未成年人参加的劳动、体育运动或者其他活动的。

(7) 学生有特异体质或者特定疾病，不宜参加某种教育教学活动，学校知道或者应当知道，但未予以必要的注意的。

(8) 学校在校期间突发疾病或者受到伤害，学校发现，但未根据实际情况及时采取相应措施，导致不良后果加重的。

(9) 学校教师或者其他工作人员体罚或者变相体罚学生，或者在履行职责过程中违反工作要求、操作流程、职业道德或者其他有关规定的。

(10) 学校教师或者其他工作人员在负有组织、管理未成年学生的职责期间，发现学生行为具有危险性，但未进行必要的管理、告诫或者制止的。

(11) 对未成年学生擅自离校等与学生人身安全直接相关的信息，学校发现或者知道，但未及时告知未成年学生的监护人，导致未成年学生因脱离监护人的保护而发生伤害的。

(12) 学校有未依法履行职责的其他情形的。

2. 学生或者未成年学生监护人由于过错，有下列情形之一，造成学生伤害事故，应当依法承担相应的责任。

(1) 学生违反法律法规的规定，违反社会公共行为准则、学校的规章制度或者纪律，实施按其年龄和认知能力应当知道具有危险或者可能危及他人行为的。

(2) 学生行为具有危险性，学校、教师已经告诫、纠正，但学生不听劝阻、拒不改正的。

(3) 学生或者其监护人知道学生有特异体质，或者患有特定疾病，但未告知学校的。

(4) 未成年学生的身体状况、行为、情绪等有异常情况，监护人知道或者已被学校告知，但未履行相应监护职责的。

(5) 学生或者未成年学生监护人有其他过错的。

3. 因下列情形之一造成的学生伤害事故，学校已经履行了相应职责，行为并无不当的，无法律责任。

(1) 地震、雷击、台风、洪水等不可抗的自然因素造成的。

(2) 来自学校外部的突发性、偶发性侵害造成的。

(3) 学生有特异体质、特定疾病或者异常心理状态，学校不知道或者难于知道的。

(4) 学生自杀、自伤的。

(5) 在对抗性或者具有风险性的体育活动中发生意外伤害的。

（6）其他以外因素造成的。

4. 下列情形发生的造成学生人身损害后果的事故，学校行为并无不当的，不承担事故责任；事故责任应当按有关法律法规或者其他有关规定认定。

（1）在学生自行上学、放学、返校、离校途中发生的。

（2）在学生自行外出或者擅自离校期间发生。

（3）在放学后、节假日或者假期等学校工作时间以外，学生自行滞留学校或者自行到校发生的。

（4）其他在学校管理职责范围外发生的。

四、学校体育安全事故发生后的处理

（一）事故处理程序

学校如果一旦发生体育伤害事故，就应当积极面对，并以正当的程序妥善进行处理。

1. 积极救助，及时报告

事故发生后，学校首先应当及时采取救助措施，并及时通知未成年学生的监护人。如果事故情形严重，学校还应及时向主管教育行政部门及有关部门报告。教育行政部门应学校要求或者认为有必要，可以指导、协助学校进行事故处理工作，以尽快恢复正常的教育教学秩序。

2. 合情合法，协商解决

发生学校体育伤害事故后，学校与受害学生或者学生家长可以通过协商的方式解决善后问题。也可以在双方自愿的基础上，书面请求主管教育行政部门进行调解。教育行政部门在收到申请后，可以指定专门人员进行调解，调解应当在受理申请之日起 60 日内完成。

在合情合法的基础上，如果双方达成一致意见，应当在调解人员的见证下签订调解协议，并结束调解。事故处理结束，学校应当将事故处理结果书面报告主管的教育行政部门。

如果调解不成，或者在调解过程中一方提起诉讼且法院已经受理的，应当终止调解。如果已经达成调解协议，但一方当事人不履行或者反悔的，双方仍可依法提起诉讼。

（二）事故损害的赔偿

学校体育伤害事故发生后，如何进行赔偿，往往是学校和学生及其家长争议的焦点。作为学校体育伤害事故关于损害赔偿的重点和难点问题，主要涉及以下问题：

1. 赔偿范围

根据我国现行法律规定，损害可以分为财产损失、人身伤亡和精神损失三类。发生学校体育伤害事故，一般也是围绕这三类损失主张赔偿，赔偿的依据是现行法律规定。学生伤害事故的赔偿范围应当根据人身伤害的具体情况确定，根据具体情况，可以分别主张财产损失、人身伤亡和精神损失，也可以一并主张其中的两类或三类损失。

2. 赔偿项目

根据有关规定，学生伤害事故的责任人应当赔偿医疗费、营养费、误工补助费、护理费、交通费等费用。造成学生残疾的，还应当赔偿残疾用具费、残疾生活补助费、残疾护理补助费等费用；造成学生死亡的，还应当赔偿丧葬费、死亡补助费等费用。对于受伤害学生的伤残程度如果存在争议，可以委托当地具有相应鉴定资格的医院或者有关机构，依据国家制定的人体伤残标准进行鉴定。

学校对学生伤害事故负有责任的，应当根据责任大小予以经济赔偿，这是符合过错责任原则的。但不承担解决户口、住房、就业等与救助受伤害、赔偿相应经济损失无直接关系的其他事项。

学校无责任的，如果有条件，可以根据实际情况，本着自愿和可能的原则，对受伤害学生给予适当的帮助。这是体现了学校的人道主义精神，而不是适用公平责任原则。

3. 赔偿标准

对于学校体育伤害事故的赔偿标准，在原则上既要把握住以现行法律的规定为依据，保证赔偿标准的合法性，又要充分考虑我国的国情，兼顾社会承受能力，考虑其合理性，力争妥善圆满地解决问题。至于具体的赔偿标准，应按照现行法律规定执行。

五、学校体育活动安全管理

（1）加强安全教育。体育教师在体育课、课间操、课外活动和运动竞赛中，对学生进行思想、运动常识、生理卫生和运动安全教育，使学生了解造成运动伤害的原因、后果和预防措施，要求学生在进行体育活动时遵守纪律、思想集中、严肃认真、掌握科学锻炼方法。

（2）加强运动技术指导和安全保护工作。要使学生知道每一项运动动作的技术要领，懂得锻炼和保护的方法以及可能发生的意外事故和应该注意的事项。教师应耐心地指导学生练习，并多做示范动作。要加强运动安全保护，并逐步提高学生的自我保护和互相保护的能力。

(3) 加强教学组织。严格活动纪律，严格规定运动程序，克服体育活动中打闹、涣散的现象。

(4) 体育教师要与医务人员密切合作，建立学生体格检查制度。对于有病与体弱的学生，必须在医生指导下才能进行适当的体育活动。

(5) 体育场地和器材等设施应符合体育活动安全和体育卫生标准要求，与学生年龄、特点相适应。体育教师和体育设备管理人员必须合理划分运动场地和设置警戒标志，并根据具体情况规定运动秩序和规则。场地、设备应注意经常检查，及时修理，消除隐患。

(6) 利用马路或其他公共场所进行活动时，要注意周围的环境，加强安全保护，防止车祸、跌落、倒塌等事故的发生。

(7) 进行铅球、垒球等投掷运动时，特别要加强组织、严格纪律、认真保护。

(8) 不得组织学生到非正式游泳场馆游泳。组织学生到游泳池游泳必须要有领导、有组织地进行。要事先进行安全教育和纪律教育；要进行下水前的准备活动；要限定活动时间；要组织安全保护和救护小组；游泳结束，一定要清查人数。

(9) 组织学生进行远足、登山、野营等活动应加强领导和组织，出市活动应执行报批制度。

(10) 学生参加体育活动的衣着应符合安全要求，一般要求穿运动服和无跟软底鞋。衣服要宽松，不应穿带有口袋的制服，身上不要佩带金属徽章、别针、小刀和其他尖利或硬质物体等。

思考题

1. 怎样理解学校体育法制化管理？
2. 学校体育管理的内容和方法有哪些？
3. 学校体育安全事故发生后应如何处理？

作业题

1. 根据《学校体育工作条例》，简述学校体育的工作的基本任务和原则。
2. 阐述学校体育工作实施系统的构成及其职责。

附录:学校体育相关术语

在前两节的论述中，体育这个领域的称谓及体育学科的称谓，出现了有的国家称体操，有的国家称体育的情况，另外，有的国家还出现了先体操，后体育的情况。为了更好地理解学校体育的发展历程，在这里对与学校体育相关的几个术语做进一步的解释。

一、体育

体育一词并不是我国固有的，而是19世纪末从日本传入的，来自日文中的“体育”一词。不过，日文中的“体育”一词也不是日本固有的，而是译自physical education。由于日文中的“体育”一词译自physical education，所以我国也把physical education译作体育。因此，体育一词在我国的最初含义是“身体教育”。

在我国，体育是以学校为中心，经历了由学校到社会的发展过程。我国的学校体育始于“身体教育”，即“体操科”时代。那时的学校体育，以体操为主，学校以外的体育，即竞技体育和社会体育都还没有发展起来。从体育的结构看，那时的体育，几乎就是学校体育，而学校体育，又几乎就是体操。因此，当时的体操，既是体育学科的称谓，也是体育这个领域的称谓。

在我国，最初是把体操作为学校的一门课程，后来才由“体操科”改为“体育科”。因此，我国体育这个领域的称谓，就有了从体操到体育的变化。在我国，由于“体操科”时代也称“身体教育”阶段，所以这时把体育解释为“身体教育”是没有问题的。

当体育仍以学校为中心发展，体育的结构没有发生质的变化，学校体育仍占绝大部分份额时，体育这个领域的称谓并不会出现问题。但是，当学校以外的体育，即竞技体育和社会体育发展起来时，问题就出现了。这时，体育这个领域的称谓就面临两种选择，或者继续用原来的术语作体育这个领域的称谓，或者启用新的术语作体育这个领域的称谓。很显然，在这两种选择之间，我国选择了体操，继续用原来的术语，也就是用体育作体育这个领域的称谓。

从一些国家体育这个领域的称谓的变迁来看，一个国家在体育这个领域的称谓如果发生变化的话，那么会有两种选择。我们把这两种选择称作术语变化型和内含变化型。所谓术语变化型，指的是体育这个领域的称谓的变迁，发生在术语的更替上，即启用新的术语来替代原来的术语。日本就属于这种情况。日本体育这个领域的称谓，先后发生了“体操”、“体育”(physical education)、“体育・スポーツ”(physical education and sports)、

“スポーツ”(sports)的变化。所谓内含变化型,指的是体育这个领域的称谓的变迁,发生在术语的内含上,即术语没有发生变化,但其内涵却发生了变化。

我国体育这个领域的称谓的变迁,经历了术语变化型和内含变化型两种形式的变化。体育取代体操,属于术语变化型;之后一直用体育作体育这个领域的称谓,属于内含变化型。我国先后把体育译作 physical education、physical education and sports、sports,这就是内含变化型的证据。

在我国,当学校以外的体育,即竞技体育和社会体育发展起来时,也就是说,在体育的结构中,当学校体育不占绝大部分份额时,体育是“身体教育”的解释,就出现问题了。在这种情况下,我国没有像过去用体育替代体操那样选择术语变化型,而是选择了内含变化型,继续用体育作体育这个领域的称谓,并持续到今天。

我国先后把体育译作 physical education、physical education and sports、sports。这一事实表明,体育是 physical education,还是 physical education and sports 或 sports,完全取决于体育的结构,即 physical education和 sports 在体育中所占的份额。当 physical education 占绝大部分份额时,就把体育译作 physical education;当 physical education 所占的份额与 sports 大体相当时,就译作 physical education and sports;当 sports 占绝大部分份额时,就译作 sports。

目前,我国的体育发展已经形成社会体育、学校体育和竞技体育三足鼎立的局面。在 1995 年颁布施行的《中华人民共和国体育法》中,把体育划分为社会体育、学校体育和竞技体育三个组成部分。在其英译本中,把体育和社会体育、学校体育、竞技体育分别译作了 sports 和 social sports、school sports、competitive sports。

原来译自 physical education 的体育一词,在今天被译作 sports。这一事实表明,目前的体育一词是一个符号,不能再从文字本身的含义去解释它了。

二、体操

体操曾是古代、近代一些国家的体育和体育学科的称谓。

我们今天所说的体育,是一个各类体育都得到充分发展的体育,由社会体育、学校体育和竞技体育构成。然而在古代和近代,体育还没有发展到今天这个样子。如在近代,德国体育的主要成分是体操,而英、美两国体育的主要成分是户外运动、游戏以及在此基础上发展起来的竞技运动。德国人发展体操是出于锻炼身体的需要；英国人和美国人发展户外运动、游戏和竞技运动是出于消遣娱乐的需要。在近代，turnen 是德国人对体操的称谓；sports(或 sport)是英国人和美国人对户外运动、游戏和竞技运动的称谓。因此，近代德国的体操与英、美两国的户外运动、游戏和竞技运动是两种不同的体育。

在学校，turnen 还是近代德国人对体育学科的称谓。在日本，从明治维新初期至第二次世界大战结束前，体育学科的称谓也是"体操"。在我国，体育学科就是始于"体操科"。

但是，近代德国、瑞典和日本的体操，与今天的体操并不是一回事，在范畴上更加宽泛。在我国，体育这个领域的称谓，在体育之前就是体操。因此，锻炼身体的各种运动都是体操的范畴，体操是锻炼身体的各种运动的总称。

三、physical education 和 sports

physical education 是学校开展的体育教育活动，更确切地说，是体育学科的称谓。

在我国，目前体育一词有两种不同的翻译：一是译作 physical education，如《中国学校体育》和《体育学刊》的英文翻译，前者译作 China School Physical Education，后者译作 Journal of Physical Education；二是译作 sports 或 sport，如在《中华人民共和国体育法》的英译本中，把体育一词译作 sports，国家体育总局的英文全称是 General Administration of Sport of China，其中的体育一词被译作 sport。把体育一词译作 physical education 和 sports 的事实表明，这个术语有两种解释：一种解释，指的是教育范畴的体育，即 physical education；另一种解释，指的是一般意义上的体育，即 sports(或 sport)。

德、瑞两国的体操和英、美两国的 sports，差不多是在同一时间传入我国的。但是，两者在学校所受的待遇却大不相同，体操作为正规课程教授，而 sports 作为课外活动开展。也就是说，在"体操科"时代，即"身体教育"阶段，由于 sports 还没有成为正规课程的内容，所以两者之间并无关系。但是，这种情况在"体育科"时代，即"通过运动进行的教育"阶段就改变了。

"通过运动进行的教育"注重身心健全发展，这就与注重身体发展的"身体教育"有着本质的区别。注重身体发展的"身体教育"，在内容上可以选择以身体锻炼为目的的体操，而注重身心健全发展的"通过运动进行的教育"，就不能选择以身体锻炼为目的的体操。因此,“通过运动进行的教育”在内容上选择了以各种运动(身体活动),如竞技运动、体操、舞蹈等,但以竞技运动为主。这样,作为课外活动开展的 sports,在“通过运动进行的教育”阶段,就成为了正规课程的内容,就成 physical education 的手段。

在我国,“体操科”改称“体育科”发生在 20 世纪 20 年代。当时 sports(或 sport)的主要含义是竞技运动。在我国,对 sports 一词的翻译,直到 20 世纪 80 年代末一直是译作竞技运动。但是,sports 一词的含义也不是一成不变的。目前,sports 是含有身体锻炼、游戏、竞争要素的运动(身体活动)的总称。我国在 20 世纪 90 年代以后把体育译作 sports,充分说明了这一点。如果 sports 是竞技运动,那么我国的体育一词是绝不会译作 sports 的。

在学校,sports 是 physical education 的手段,这种情况,即便是进入“运动教育”阶段后也没有改变,因为身心健全发展依然是体育学科的目标之一。这样,也就是说,在这种情况下,sports 是 physical education 手段的性质,即 sports 是竞技运动的性质并没有改变。因此,sports 也就有了体育的两种解释,在学校教育的范畴,sports 是竞技运动;在学校教育以外,sports 是体育。由于 sports 在学校教育的范畴是竞技运动,所以体育是 physical education 的解释就行得通,并被保留下来,延续至今。这种情况不仅在我国存在,在我们的邻国日本也是这样。

在日本,体育这个领域的称谓,经历了“体操”、“体育”(physical education)、“体育・スポーツ”(physical education and sports)、“スポーツ”(sports)的变化。但是,体育学科的称谓,只是发生了从“体操”到“体育”的变化。也就是说,自“体操”以后,“体育”即 physical education,一直是日本体育学科的称谓。也就是说,日本与我国一样,尽管体育领域的称谓是 sports,但是体育学科的称谓一直是 physical education。

参 考 文 献

[1] 佐藤正夫著. 教学论原理[M]. 钟启泉译. 北京:人民教育出版社,1996.

[2] 李建军. 现代体育教学目标的特点与构建[J]. 体育学刊,2002(5).

[3] 余云德. 论体育课时教学目标的设计与表述[J]. 北京体育大学学报,2005(4).

[4]《学校体育学》教材编写组. 学校体育学[M]. 北京:人民体育出版社,1999.

[5] 周登嵩. 学校体育学[M]. 北京:人民体育出版社,2004.

[6] 全国体育学院通用教材. 学校体育学[M]. 北京:人民体育出版社,1991.

[7] 王大志. 体育教学过程中的人际交往[J]. 高师理科学刊,2003(2).

[8] 毛振明. 体育教学内容的分类方法[J]. 体育学刊,2002(6).

[9] 教育部. 体育与健康课程标准[M],2003.

[10] 毛振明. 体育教学论[M]. 北京:高等教育出版社,2005.

[11] 潘少伟,于可红. 学校体育学[M]. 北京:高等教育出版社,2005.

[12] 潘绍伟,于可红. 学校体育学 .(第二版). [M]. 北京:高等教育出版社,2007.

[13] 郑金洲. 备课的变革[M]. 北京:教育科学出版社,2007.

[14] 王皋华. 体育新课程设计[M]. 北京:高等教育出版社,2003.

[15] 龚德贵. 初中体育课堂教学设计[M]. 海口:南方出版社,2000.

[16] 罗希尧. 中学体育教材教法[M]. 北京:高等教育出版社,2001.

[17] 广东省教育厅教研室编. 高中新课程体育与健康优秀教学设计与案例[M]. 广州:广东高等教育出版社,2005.

[18] 谢彬. 新课程教学设计(体育)[M]. 北京:首都师范大学出版社,2004.

[19] 体育与健康课程标准研制组. 体育与健康新课案例评[M]. 北京:高等教育出版社,2004.

[20] 毛振明,于素梅. 体育教学评价技巧与案例[M]. 北京:北京师范大学出版社,2009.

[21] 李祥. 学校体育学[M]. 北京:高等教育出版社,2001.

[22] (美)阿妮塔·伍德沃克著. 教育心理学[M]. 陈红兵,张春莉译. 南京:江苏教育出版社,2005.

[23] 张志勇. 体育教学论[M]. 北京:科学出版社,2006.

[24] 王策三. 教学认识论[M]. 北京:北京师范大学出版社,2004.

[25] 杨贵仁. 新时期我国学校体育改革与发展研究[C]. 北京:北京体育大学出版社,2008.

[26] 中国学校体育研究会. 新世纪学校体育改革探索[C]. 北京:人民教育出版

社,2007.

[27] 吴志超,刘绍曾,曲宗湖. 现代教学论与体育教学[M]. 北京:人民体育出版社,1993.

[28] 全国体育学院教材委员会审定. 学校体育学[M]. 北京:人民体育出版社,1992.

[29] 王则珊. 学校体育理论与研究[M]. 北京:北京体育大学出版社,1995.

[30] 姚蕾,杨铁黎. 中小学体育教学评价的基本理论与实践[M]. 北京:北京体育大学出版社, 2004.

[31] 中华人民共和国教育部. 体育与健康课程标准(实验稿)[S]. 北京:北京师范大学出版社,2001.

[32] 袁贵仁. 在教师教育改革与发展研讨会上的讲话[N]. 中国教育报,2003-03-08(2).

[33] 钟启泉. 课程改革与教师专业化[J]. 河北教育,2003(1).

[34] 钟启泉. 教师专业化:理念、制度、课题[J]. 教育研究,2001(12).

[35] 叶澜,白益民. 教师角色与教师发展新探[M]. 北京:教育科学出版社,2001.

[36] 张惠珍. 我国中小学体育教师专业化发展研究[D],2006 年西北师范大学硕士学位论文.

[37] 李一玉,许明荣. 论提高我国体育教师专业化水平的必要性[J]. 职业与教育·理论版,2009(11).

[38] 朱慕菊. 新课程与教师的专业成长[M]. 上海:上海教育出版社,2005.

[39] 保罗·朗格让. 终身教育导论[M]. 滕星译. 北京:华夏出版社,1998.

[40] 万玮. 教师专业成长的途径[N]. 中国教育报,2006-06-06(5).

[41] 刘捷. 专业化:挑战 21 世纪的教师[M]. 北京:教育科学出版社,2002.

[42] 张贵新. 对教师专业化的理念、现实与未来的探讨[J]. 外国教育研究,2002(2).

[43] 胡艳. 从 21 世纪教育发展趋势看未来教师角色特征的变化[J]. 北京师范大学学报(人文社会科学版),2002(2).

[44] 刘诚香,刘林. 基于新课标下体育教师专业化的几点思考[J]. 教育前沿·理论版,2010(1).

[45] 金钦昌. 学校体育学[M]. 北京:高等教育出版社,1994.

[46] 张瑞林,秦椿林. 体育管理学[M]. 北京:高等教育出版社,2008.

[47] 张文显. 法理学[M]. 北京:法律出版社,1997.

[48] 董小龙,郭春玲. 体育法学[M]. 北京:法律出版社,2006.

[49] 王利明. 民法·侵权行为法[M]. 北京:中国人民政法大学出版社,1995.

[50] 杨立新. 侵权特别法通论[M]. 长春:吉林人民出版社,1990.

[51] 周运清. 新编社会学大纲[M]. 武汉:武汉大学出版社,2004.

[52] 陈作松,季浏. 新体育课程实施对体育教师提出的新要求[J]. 北京体育大学

学报,2004(3).

[53] 王则珊.学校体育与理论研究[M].北京:北京体育大学出版社,1955.

[54] 沈建华.体育与健身课程标准解读[M].北京:少年儿童出版社,2006.